디지털 트랜스포메이션 시대, 옴니채널 전략 어떻게 할 것인가?

-○- 디지털 트랜스포메이션 시대 -○-

김형택 지음

-○- 옴니채널 전략
어떻게 할 것인가?

e비즈북스

차례

프롤로그 8

PART 1
쇼루밍 고객의 등장과 구매 패턴의 변화

01 고객과 구매 채널이 달라지다 14
02 쇼루밍 고객의 등장 18
03 쇼루밍과 역쇼루밍, 유통의 패러다임을 바꾸다 21

PART 2
이제는 옴니채널 시대

01 발등에 불이 떨어진 유통 업계 26
02 멀티채널의 한계와 옴니채널의 대두 30
03 이것이 옴니채널이다 33
04 O2O와 옴니채널의 차이점 37

PART 3
옴니채널 전략, 어떻게 할 것인가?

01 옴니채널 전략을 위한 마케팅 4P 40
02 고객의 구매 프로세스에 옴니채널을 연결하라 42
03 고객 중심으로 채널을 통합하고 연계하라 45

유형별로 고객을 파악하라 46 | 고객의 구매 여정을 분석하라 52 | 구매 경험에서 니즈를 추출하라 64 | 구매 경험에서 서비스를 도출하라 68 | 옴니채널을 효율적으로 운영하기 위해서 73

PART 4 | 국내 주요 기업들의 옴니채널 추진 전략

01 모바일 퍼스트 및 매장 통합 전략 82

02 백화점의 진화 85

그룹 차원에서 전사적으로 움직이고 있는 롯데그룹 85 | 고객의 편의에 중점을 둔 신세계그룹 90 | 구매 편의성 및 고객 접점을 늘리는 현대백화점 94

03 고객의 접근성을 높인 대형마트 97

온·오프라인 매장 연결에 중점을 둔 롯데마트 97 | 모바일로 맞춤형 서비스를 제공하는 이마트 98 | 고객의 편리한 장보기 서비스를 지원하는 홈플러스 100

04 공간의 한계를 뛰어넘는 편의점 103

모바일 쿠폰 서비스를 강화하고 있는 세븐일레븐 103 | 옴니채널 모바일 플랫폼으로 확장하는 GS25 105 | 즉석 할인 쿠폰의 위력을 체감한 CU 107

05 모바일과 결합한 홈쇼핑 109

온·오프라인 채널을 확대하는 CJ오쇼핑 109 | 모바일 퍼스트를 지향하는 GS홈쇼핑 110 | 채널 다변화로 고객의 편의성을 제공하는 현대홈쇼핑 111 | TV 홈쇼핑과 현장 체험을 확대하는 롯데홈쇼핑 112

06 온라인과 오프라인의 경계가 허물어진 서점 115

모바일로 주문하고 매장에서 받는 교보문고 115 | 반품과 교환까지, 반디앤루니스 116

07 오프라인 의존을 극복한 패션 업계 117

08 새로운 경험을 제공하고 있는 화장품 업계 119

오프라인 채널의 디지털화, 아모레퍼시픽 119 | 뷰티 체험을 제공하는 LG생활건강 121

PART 5 옴니채널을 선도하는 기업들

01 옴니채널 성공 기업 사례 124

M.O.M 전략, 메이시스백화점 124 | 새로운 기술에 대한 꾸준한 투자, 노드스트롬 128 | 기존 인프라의 통합 연계, 테스코 132 | 매장 내 온라인 및 모바일 지원, 존루이스백화점 134 | 실시간 매장 방문 고객 지원과 편의성 강화, 막스 앤 스펜서 137 | 카탈로그의 변신, 윌리엄스 소노마 139 | 최고의 쇼루밍 공간으로 만들다, 베스트 바이 141 | 크로스 채널 사용자를 잡다, 스테이플스 143 | 젊은 층을 공략하다, 버버리 145 | 하나의 작은 도시를 만들다, 이온몰 151 | 단계별 옴니채널 프로젝트, 세븐&아이홀딩스 154

02 옴니채널 기업의 성공 법칙 10 159

PART 6 옴니채널 구현을 위한 디지털 기술

01 고객을 인지하다, 인식 기술 166

바코드의 변신, QR코드 166 | 유통과 물류 환경의 개선, RFID 173 | 모바일 신용카드, NFC 180 | 손쉬운 검색을 가능하게 하는 이미지 및 얼굴 인식 183

02 고객을 안내하다, 위치 기반 기술 192

인터넷 접속을 지원해주는 Wi-Fi 192 | 위치 정보로 혜택을 제공하는 GPS 197 | 고객과의 커뮤니케이션, 비콘 198 | 위치 반경 내 고객을 유혹하는 지오펜싱 211

03 고객을 파악하다, 분석 기술 215

옴니채널의 기술, 빅데이터 분석 215 | 방문 고객의 행동 패턴을 분석하는 매장 트래킹 분석 225 | 고객의 행동을 예측하고 취향까지 분석하는 AI 230

Special Column 뇌 속의 구매 버튼을 자극하라, 뉴로 마케팅 233

04 고객과 커뮤니케이션하다, 모바일 쇼핑 애플리케이션 242

05 고객의 지갑이 되다, 결제 기술 248

06 고객의 현실에 가상을 입히다, 디지털 체감 기술 252

몰입감 있는 경험 강화, AR 252 | 동작과 표정을 인식하는 키넥트 258 | 고객 맞춤형 생산의 가능성, 3D 기술 263

Special Column 손끝으로 느끼는 브랜드 경험, 촉감 마케팅 268

07 고객을 움직이게 하다, 디지털 사이니지 275

디지털 사이니지의 성장 배경 277 | 디지털 사이니지의 활용 278

Special Column 브랜드 경험 공간을 창출하라, 스페이스 마케팅 285

08 고객에게 직접 배달하다, 드론 291

디지털 트랜스포메이션 시대, 옴니채널 전략 어떻게 할 것인가?

프롤로그

왜 지금
디지털 트랜스포메이션인가?

전문가들은 2017년 말까지 미국 내 오프라인 매장 폐점 수가 8,300개에 달할 것으로 분석하고 있다. 이는 2016년보다 세 배 이상 늘어난 수치이며, 2008년 금융위기 때의 6,163건을 넘어 사상최대치를 기록하였다. 더욱 암울한 것은 2017년에 파산한 업체가 620곳에 달한다는 것이다.

 리테일 업체들이 파산하거나 매장을 폐점하는 원인에는 여러 가지가 있지만, 빠르게 변화하는 디지털 환경에 대응하지 못한 것이 가장 큰 원인이다. 아마존Amazon은 매장 내에 무인자동차에 활용하는 컴퓨터 비전 및 딥러닝 기술을 활용한 무인매장을 선보이면서 기존 오프라인 매장에서의 구매 방식을 바꿔놓고 있다. 달러 셰이브 클럽Dollar Shave Club은 고객들이 저렴하고 빠르게 면도기를 받을 수 있도록 정기적으로 배송하는 서비스로 기존 오프라인 면도기 업계 1위 기업인 질레트의 시장점유율을 감소시키며 성장했다. 반면 미국의 가전 업체 베스트바이BestBuy는 아마존에 밀려 '아마존의 쇼룸Showroom'이라는 비난을 받은 후, 고객이 가격 비교를 하지 못하게 자사 매장에서만 활용

프롤로그

할 수 있는 바코드를 변경했다. 그러나 도리어 고객의 외면을 받아 매출 하락으로 이어지면서 위기에 직면하게 되었다.

변화된 디지털 환경에 새로운 디지털 기술과 새로운 디지털 서비스, 새로운 고객가치로 무장한 기업들이 기존 시장을 파괴하고 재정의하고 있다. 디지털이라는 변화를 받아들이지 않고 기존 시스템에 안주하는 기업들은 도태될 수밖에 없다는 것이다. 현재 리테일 업계에서 가장 중요한 변화와 혁신의 최우선 과제는 디지털로의 전환이다. 즉 디지털 트랜포메이션Digital Transformation 해야 한다는 말이다.

포레스터 리서치는 '2020년까지 모든 기업은 디지털 약탈자Digital predator 또는 희생양Digital Pray 중 하나의 운명을 맞게 될 것이다'라고 예측했다. 포레스터 리서치의 예측이 맞는다면 남은 3년이라는 기간 동안 기업이 디지털 트랜스포메이션 전략을 추진하기 위해 얼마나 노력하느냐에 따라 성공과 실패의 운명이 결정될 것이다.

옴니채널 추진을 넘어서
디지털 트랜스포메이션 전략으로

국내외 옴니채널이 본격적으로 추진되기 시작한 시점은 2014년부터 입니다. 초창기 옴니채널은 기존 오프라인 매장에 디지털 기술을 도입하여 매장을 디지털화하고 온라인 및 모바일 쇼핑몰을 구축하는 채널Channel과 테크Tech에 집중하는 전략으로 추진되었다. 그러나 2016년 중반부터 리테일 기업에서 디지털이 본격적으로 전략의 중요한 축을 담당하면서 단순히 온·오프라인의 채널을 연결하는 채널 전략을 넘어서 성공적인 디지털 전략을 추진하기 위한 디지털 트랜스포메이션 관점에서 옴니채널 전략을 바라보기 시작했다.

현재 리테일 기업은 디지털 트랜스포메이션 전략에 중점을 두고 변화된 환경에 맞춰 기존 조직, 프로세스, 비즈니스 모델, 시스템을 통합하고 연결하고 재정의하고 있다. 또한, 채널과 테크 중심의 옴니채널 전략에서 벗어나 고객Customer과 데이터Data에 초점을 맞춘 새로운 서비스와 마케팅을 제공하기 위해 노력하고 있다.

모든 것은 변한다
그러나 아무것도 변하지 않는다

에르메스Hermes 광고 카피 중에 '모든 것은 변한다. 그러나 아무것도 변하지 않는다Everything change but nothing change'라는 카피가 있다. 모바일과 새로운 디지털 기술의 출현으로 다양한 채널이 생겨나고 구매 방식도 변화되고 있지만 사람들이 가지고 있는 기본적인 본질은 바뀌지 않는다는 의미이다. 그렇기 때문에 우리는 옴니채널 전략을 추진하면서 새로운 기술과 서비스를 도입하

프롤로그

는 데 급급해하기보다는 옴니채널의 본질인 '고객'을 이해하는 데 초점을 맞추고 많은 노력을 기울여야 한다.

옴니채널 트렌드와 사례를 최대한 소개하고 기업 실무자가 옴니채널 전략을 추진하고 기획함에 있어서 필요한 방법을 제공하려고 노력했다. 그러나 개인적인 지식과 경험의 한계로 다소 부족한 부분이 있다. 이러한 부분은 너그러이 이해해주시리라 믿는다.

이 책을 쓰는데 동안 곁에서 힘이 되어주신 많은 분들께 감사를 전한다.

2018년 1월

김형택

Part
01

쇼루밍 고객의 등장과
구매 패턴의 변화

고객과
구매 채널이 달라지다

미국의 최대 가전 유통 업체인 베스트 바이BestBuy는 고객이 매장에 와서 바코드를 이용하여 제품을 스캔하거나 가격을 비교하는 것을 막기 위해 베스트 바이만의 고유 바코드로 바꿨으나, 2012년 12억 달러의 영업 손실을 입었고 50개 매장을 폐쇄했다. 호주 브리즈번Brisbane의 글루텐-프리Gluten-free 전문점은 매장에서 구경만 하는 고객에게 의무적으로 5달러를 청구하는 정책을 시도했다. 고객이 매장 입구에 들어서면 5달러를 청구하고 제품을 구입한 고객에게 5달러를 구매 비용에서 공제하는 방식을 적용한 것이다.

모두 매장 내에서 구경만 하고 물건은 구매하지 않는 고객을 차단하기 위한 조치들이었으나, 두 기업 모두 고객 이탈과 더불어 막대한 손실을 입었다. 고객 구매 패턴이 바뀌고 있다는 것을 인식하지 못한 채 기존의 강압적이며 폐쇄적인 방식으로 매장 운영과 마케팅을 전개했기 때문이다.

현재 다양한 온·오프라인의 유통 채널이 증가하고 있다. 그리고 소셜미디어, 모바일 등 기술 및 커뮤니케이션 발전이 이루어지고 있다. 고객의 구매 방식 또한 자신이 원하는 시점에 빠르고 신속하게 보다 저렴한 제품을 구매하고자 하는 합리적인 방식으로 변화하고 있다.

쇼핑 채널을 한곳만 이용하는 고객은 감소하고 있는 반면 온·오프라인의 다양한 쇼핑 채널을 넘나들며 자유롭게 자신이 원하는 제품을 구매하는 멀티채널 고객 비중은 점차 늘어나고 있다. 멀티채널 고객은 제품에 관한 정보 획득과 가격 비교 활용은 온라인 채널을 선호하며, 제품에 관한 직접적인 체험 및 부가적인 정보 획득은 오프라인 채널을 활용하고 있다. 가격 및 기능에 따라서도 다양한 채널들을 활용하고 있다. 고가 상품의 경우 백화점 및 전문매장 등의 오프라인 매장 선호도가 여전히 높지만, 생활용품 및 중저가형 상품은 홈쇼핑, 모바일, 인터넷, 아웃렛 등의 비중이 증가하고 있다.

국내 고객의 경우 이용하는 구매 채널은 연간 평균 4.43개이며, 과거부터 현재까지 증가 추이를 볼 때 그 수치는 계속 늘어날 것으로 전망된다. 또한 다양한 온·오프라인 채널을 활용하는 멀티채널 고객 비중은 70% 이상으로 꾸준히 증가했다.[1]

대한상공회의소가 2017년 7월 수도권 및 광역시 소비자 310명을 대상으로 실시한 '온·오프라인 융합에 따른 소비행태 조사'에 따르면 '상품 구매 시 온라인과 오프라인을 동시에 활용한 경험이 있는지'를 묻는 질문에 응답자의 43.2%가 '있다'고 답했다.

국내 스마트폰 가입자가 4,800만 명(2017년 8월 기준)으로 늘어나면서 모바일 쇼핑도 증가하고 있다. 통계청 발표에 따르면 2016년 온라인(PC+모바일)쇼핑 거래액은 64조 9,134억 원으로 2015년 53조 8,883억 원 대비 20.5%가 늘어난 수치다. 또한 모바일 쇼핑 거래액은 34조 7,031억 원으로 2015년

---

[1] 이지혜, 〈채널 융·복합 시대, '멀티 쇼퍼' 움직여라〉, 《리테일매거진》, 2014년 1월호.

디지털 트랜스포메이션 시대, 옴니채널 전략 어떻게 할 것인가?

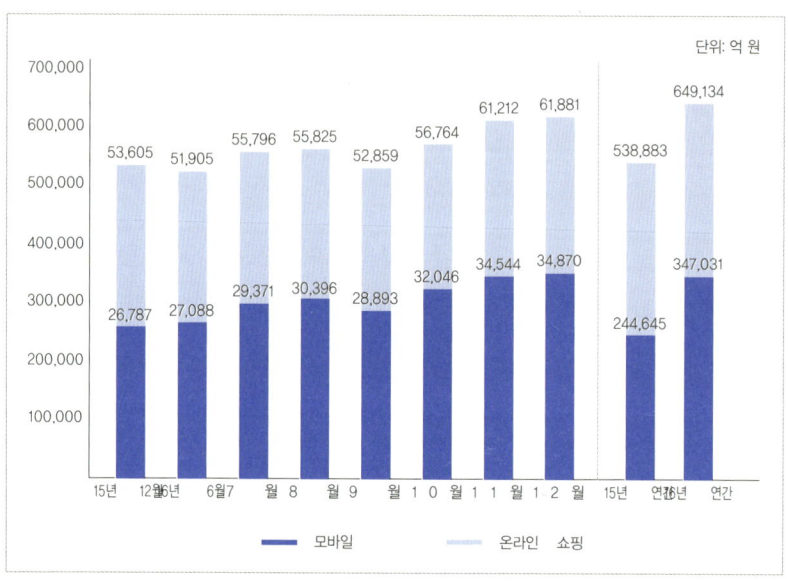

▲ 온라인 쇼핑 시장 규모 (출처: 통계청)

보다 10조 2,386억 원 증가했다. 온라인 쇼핑 시장 거래액에서 모바일이 차지하는 비중은 53.5%로 PC거래액을 추월하며 모바일 중심으로 온라인 쇼핑이 재편되고 있다.

언제 어디서나 마음에 드는 제품을 간편하고 손쉽게 구매할 수 있다는 장점 때문에 모바일을 활용한 구매가 꾸준히 늘어나고 있는 것이다. 11번가는 2015년 38~49%였던 모바일 매출 비중이 2016년 4분기 58.7%를 기록하였으며, G마켓도 2015년 40%였던 모바일 매출 비중이 2016년 4분기 56%를 넘어섰다. 모바일 비중이 절반을 넘어선 것이다.

모바일 쇼핑은 소셜커머스(77.4%), 오픈마켓(75.7%), 종합쇼핑몰(44.9%) 등의 웹사이트 및 애플리케이션을 통해 주로 이루어지고 있다.

이러한 모바일 쇼핑이 급증하고 있는 이유는 무엇보다 장소 제한 없이 언제 어디서나 편리하게 이용이 가능하기 때문이다. 모바일 쇼핑을 이용하는 이유를 묻는 질문에 장소에 제한 없이 이용 가능해서(78.1%)라는 응답이 가장 높게 나타났으며, 이용이 편리해서(47.6%), 모바일 이용하는 시간이 많아서(43.6%), 쿠폰 등으로 좀 더 싸게 구입할 수 있어서(30.9%) 순으로 나타났다. 시장조사 전문기업 마크로밀엠브레인의 트렌드모니터가 스마트폰을 이용하는 전국 만 19~59세 남녀 1천 명을 대상으로 모바일 쇼핑 환경에 대한 조사를 실시한 결과 응답자 중 67.5%는 오프라인 쇼핑을 할 때 PC나 스마트폰을 이용해서 사전 검색을 하는 것으로 나타났다. 또한 58.6%는 오프라인 매장에서 물건을 살 때 스마트폰으로 가격을 비교했으며, 남성(54.6%)보다는 여성(62.6%), 그리고 20대(64%)와 30대(64.4%)에서 두드러졌다.[3]

모바일은 온·오프라인 쇼핑을 지원해 고객의 합리적인 구매를 도와주고 있으며, 온·오프라인을 넘나드는 크로스오버cross over 쇼핑을 활성화시키고 있다.

---

2 오픈서베이, 〈모바일 쇼핑 트렌드 리포트 2017년 하반기〉, 2017.6.
3 트렌드모니터, 〈2014 소셜커머스 및 모바일 쇼핑 이용 관련 조사〉, 2014. 11. 13.

디지털 트랜스포메이션 시대, 옴니채널 전략 어떻게 할 것인가?

쇼루밍 고객의 등장

고객이 단일화된 쇼핑 채널에서 제품을 인지하고 최종 구매까지 이어지는 획일화된 구매 패턴에서 벗어나 다양한 유통 채널을 활용하여 자신이 원하는 조건에 부합하는 구매를 하는 합리적인 구매 성향이 나타나기 시작했다. 즉 제품을 구매하기 전 온라인을 활용해 미리 가격 비교 및 구매에 관한 세부적인 정보를 획득한 뒤, 오프라인 매장을 방문하여 제품의 기능 및 성능, 품질 등을 꼼꼼하게 따져 최종 구매 시 합리적인 가격과 최적화된 서비스를 제공하는 채널을 선택하는 구매 패턴으로 변화하고 있다.

특히 오프라인 매장에서 제품을 체험한 후 온라인 쇼핑몰에서 저렴하게 구매하는 '쇼루밍showrooming' 고객이 늘어나고 있다. 쇼루밍은 진열대를 뜻하는 쇼룸showroom에 진행형 ing가 결합된 단어로 백화점이나 전문점 같은 오프라인 매장이 마치 온라인 쇼핑몰의 진열대나 전시장처럼 변하는 현상이다.

그리고 스마트폰 가입자 및 모바일 쇼핑의 증가로 쇼루밍 고객의 '모루밍 morooming'화가 두드러지고 있다. 모루밍은 모바일과 쇼루밍이 합쳐진 단어로, 매장에서 제품을 체험한 후 모바일을 통해 보다 저렴하게 구매하는 고객이 늘어나면서 생긴 신조어이다.

이와 반대로 온라인을 통해 가격 비교와 상세 정보를 얻고 오프라인 매장에서 제품을 체험한 뒤 구매하는 '역쇼루밍reverse-showrooming' 현상도 함께 나타나고 있다.

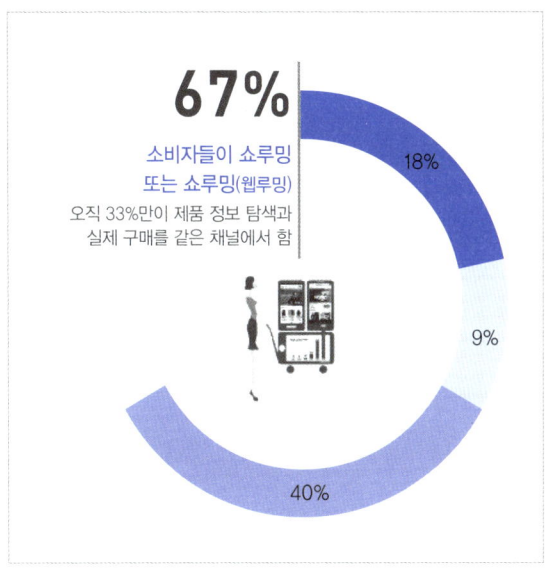

▲ 쇼루밍 및 역쇼루밍 고객 비율 (출처: 칸타월드패널)

칸타월드패널이 2015년 7월에 일상 소비재 구매 시 '크로스 오버 쇼핑행태'대해 조사한 결과 전체 가구의 59%는 오프라인 매장에서 상품을 비교한 뒤 온라인에서 구매하는 쇼루밍 고객인 것으로 나타났다. 41%는 쇼루밍과 역쇼루밍을 동시에 하는 옴니쇼퍼인 것으로 분석하였다.[4]

쇼루밍이 늘어나고 있는 이유에 대해 대한상공회의소가 실시한 조사에 따

---

[4] 중앙일보, 〈소비자 10명 중 6명은 쇼루밍족〉, 2015.10.11.

르면, '가격 만족'과 '품질 만족' 때문이라는 결과가 나왔다. 즉 쇼루밍은 제품의 품질에 대한 확신이 있으면서도 가능한 한 저렴한 가격으로 구매하고 싶은 소비자의 욕구가 강하기 때문에 늘어나고 있는 것이다.[5] 쇼루밍 및 역쇼루밍으로 구매하는 제품 대부분은 상품이 규격화되어 있어 온라인으로 비교 검색이 용이하며, 직접 만져보고 기능, 성능, 품질 등을 비교할 수 있는 제품 중심으로 구매가 이루어지고 있다.

2014년 상반기 국내 소비자 503명을 포함한 글로벌 온라인 패널 3만 명을 대상으로 닐슨코리아가 조사한 결과에 따르면 온라인 검색과 구매 품목에 뚜렷한 차이가 있다.[6] 22개 상품 카테고리별로 향후 6개월 이내의 온라인 검색과 구매 의향을 분석한 결과, 쇼루밍으로 가장 많이 구매하는 제품은 도서인 것으로 나타났다. 온라인으로 책을 검색하고 오프라인 매장에서 책에 관한 추가 정보를 확인한 후 구매는 다양한 혜택을 제공하는 온라인을 선호하는 고객이 많다는 것이다. 가전제품 및 의류, 신발 같은 직접 제품을 체험해봐야 하는 제품들은 온라인을 검색 도구로 활용하는 비율이 높았다.

TV, 냉장고 같은 가전제품의 경우 가격이 고가이면서 구매 전 제품의 성능과 기능을 꼼꼼히 비교 분석해봐야 하는 고관여도 제품으로, 쇼루밍과 역쇼루밍으로 구매하는 고객이 많다. 그리고 제품이 규격화되어 있지 않고 상품이 다양해 직접 제품을 만져보고 착용하면서 체험해야 하는 의류, 패션, 잡화 같은 제품들도 쇼루밍과 역쇼루밍으로 활발하게 구매가 이루어지고 있다.

---

5 최경운, 〈매장에서 보고 온라인으로 사는 쇼루밍족이 늘고 있다〉, 《LG Business Insight》, 2013. 1. 23.
6 〈전자상거래, 한국은 도서·티켓…외국은 항공권 구입 의향 높아〉, 《한국경제》, 2014. 8. 28.

쇼루밍과 역쇼루밍, 유통의 패러다임을 바꾸다

쇼루밍과 역쇼루밍의 특징과 구매 패턴의 변화를 살펴보면 다음과 같다.

첫째, 디지털 기술에 민감하면서 다양한 디바이스를 활용하여 구매하고 있다. 쇼루밍과 역쇼루밍 고객은 PC, 모바일, 태블릿 등 하나 이상의 디바이스를 활용하여 구매하는 N스크린 N-Screen 형태의 특징을 가지고 있다. TV, PC, 모바일을 모두 이용하는 3 스크린 이용자들의 97%가 한 개 이상의 매체를 활용하여 한 달에 한 번 이상 온라인 쇼핑을 이용하고 있으며, 그중 83%는 두 개 이상의 매체를 조합하여 이용하는 멀티채널 쇼퍼이다. 그리고 세 가지 채널을 모두 보유하고 있는 홈쇼핑의 경우, 이용자의 44%가 PC 또는 모바일을 병행하면서 이용하고 있었다.[7] 즉 오프라인 매장 및 PC 중심의 단방향적 구매 패턴에서 벗어나 TV, PC, 모바일 등의 디바이스를 활용하여 언제 어디서나 손쉽게 '탐색', '인지', '비교', '경험', '구매'를 하고 있는 것이다. 롯데그룹과 TNS에서 함께 실시한 설문 조사에 따르면 구매하고자 하는 상품을 인지

---

[7] 강경란, 〈옴니채널(Omni-Channel) 소비패턴이 대세, 지금 기업에게 필요한 것은?〉, 2014. 9. 4.
〈www.nielsen.com/content/corporate/kr/ko/insights/2014/column-omni-channel.html〉

하는 과정에서 77%, 탐색하는 과정에서 81%가 온라인이나 모바일 채널을 활용한다고 답했다. 이는 대부분 소비자가 상품 구매 전 온라인에서 상품 정보를 검색하고 가격 비교를 통해 의사 결정을 한다는 의미이다.[8]

둘째, 온라인에 의존하고 활용하는 비중이 점차 늘어나고 있다. 한국 IBM이 2014년 전 세계 3만여 명의 소비자 행태를 분석한 보고서에 따르면 오프라인 매장의 위기 및 위협은 쇼루밍 고객 때문이 아니라는 것이다. 웹사이트를 직접 방문한 쇼핑 고객의 결제 내역이 온라인 구매의 70%를 차지하는 것으로 조사되었기 때문이다. 즉 모바일을 통해 언제 어디서나 온라인으로 연결하여 즉시 결제 및 구매를 진행하고 있는 것이다.[9] 스마트폰으로 항시 온라인에 연결되어 있는 고객에게 온·오프라인 매장 및 쇼루밍, 역쇼루밍이라는 고객 구분은 더 이상 의미가 없어졌다. 시간과 장소를 불문하고 가장 최적화된 구매를 하게 해줄 수 있는 채널이 곧 구매 채널이 되는 것이다.

셋째, 가격에 민감하며 합리적인 가치 소비를 하고 있다. 쇼루밍 및 역쇼루밍 고객 모두 가격을 비교 검색하고, 제품을 체험한 후 할인 및 마일리지 혜택 등을 온·오프라인 매장에서 꼼꼼히 따져보고 구매하고 있다. 칸타월드패널의 조사 결과, 모바일을 능숙하게 활용해 구매하는 디지털 쇼퍼들은 식·음료 및 소비재 등의 일용소비재FMCG 가격에 민감하고, 구매 시 판촉 행사를 중시하며, PB 상품을 구매하는 비중도 높은 것으로 나타났다.[10] 자신의 취향에 맞고 품질과 성능이 우수하며 합리적인 가격에 구매할 수 있는 채널을 선택

8 〈버버리까지 눈독, 옴니의 '치명적 매력'〉, 《CBSi-더스쿠프》, 2014. 11. 7.
9 "넌 어떻게 쇼핑하니?"…IBM이 들여다봤더니〉, 《블로터닷넷》, 2014. 10. 22.
10 이지혜, 〈디지털 시대 소비코드 변화, '브랜딩'으로 잡아라〉, 《리테일매거진》, 2014년 9월호.

하기 위해서 기꺼이 많은 시간 투자를 할애하고 있다.

넷째, 구매 경험을 중요하게 생각하고 있다. 오프라인 매장이 쇼룸으로 전락한 가장 큰 이유는 온라인 쇼핑에서 제공하는 검색의 편의성, 가격 비교 및 할인, 개인화된 맞춤 서비스 등 높아져가는 고객의 구매 경험을 제공하지 못했기 때문이다. 구매 채널이 증가하고 구매 환경이 복잡해지기 시작하면서 편리하고 간편하게 자신이 원하는 서비스를 제공해줄 수 있는 최적화된 쇼핑 채널에 고객이 반응하고 있다. 고객은 자신의 니즈에 바로 신속하게 대응해줄 수 있는 서비스를 제공하는 채널을 찾아간다.

쇼루밍과 역쇼루밍 현상은 일시적인 현상이 아니라 유통의 패러다임을 바꾸고 있다. 유통 산업은 50년마다 커다란 변화가 일어났다. 지역 상점 및 카탈로그 판매 방식에서 1860년 백화점이 등장하면서 본격적인 유통 시장이 형성됐다. 1910년 도시 외곽에 대규모 쇼핑몰이 들어서고 그다음으로 대형 할인마트가 등장했으며, 2000년대 초 인터넷의 등장으로 인터넷 쇼핑몰이 활성화됐다. 현재는 스마트폰 보급 확대와 함께 기존 온·오프라인 기반 구매 채널의 경계가 사라지면서 온·오프라인을 넘나드는 크로스오버 구매 패턴의 변화가 일어났고, 이는 인터넷 쇼핑몰 다음의 유통 패러다임을 변화시키는 커다란 요인이라고 볼 수 있다.

이제 더 이상 온라인인지 오프라인인지는 중요하지 않다. 항상 자신이 원하는 제품에 관한 정보를 손쉽게 획득하고 가격 비교를 통해 합리적으로 구매할 수 있는 니즈가 발생했을 때 즉각적으로 대응하는 채널이 곧 고객의 구매 채널이 될 것이다.

Part
02

이제는
옴니채널 시대

디지털 트랜스포메이션 시대, 옴니채널 전략 어떻게 할 것인가?

발등에 불이 떨어진 유통 업계

롯데그룹의 신동빈 회장은 "롯데그룹은 소비자 접점이 다양하므로 다양한 소비자 구매 패턴을 결합한 옴니채널을 활용해 혁신적인 가치창출과 새로운 성장기회를 모색해야 한다"라고 말했다.[1] 또한 "옴니채널을 성공시킨다면 아마존 같은 글로벌 유통기업에도 지지 않을 충분한 경쟁력을 갖추게 될" 것이라고 롯데그룹의 옴니채널 추진 의지를 강하게 어필했다.[2] 정재은 신세계 명예회장도 "온·오프라인 유통 채널에 정보기술IT과 모바일 기술을 융합한 '옴니채널' 전략이 미래 유통 혁신의 지향점"이라고 강조했다.[3] 화장품 업계인 아모레퍼시픽그룹 서경배 회장도 "국내 시장에서는 옴니채널 전략을 고도화해 온·오프라인 채널이 상생할 수 있는 시너지 효과를 기대하고 있다"고 언급했다.[4] 국내 주요 유통 기업의 회장들이 향후 유통 시장의 성장을 이끌어나갈 핵심 경쟁력으로 '옴니채널'을 우선순위에 두고 있는 것이다.

---

[1] 〈옴니채널 활용해, 고객편의 극대화〉, 《동아일보》, 2014. 8. 26.
[2] 〈신동빈 롯데 회장 진두지휘 "옴니채널의 미래를 엿보다"〉, 《머니투데이》, 2014. 11. 26.
[3] 〈버버리까지 눈독, 옴니의 '치명적 매력'〉, 《CBSi-더스쿠프》, 2014. 11. 7.
[4] 같은 곳.

옴니채널은 유통 담당자들에게도 가장 시급하게 대응해야 할 사항이다. 《리테일매거진》에서 유통 업계 담당자 235명을 대상으로 한 소비 시장 변화에 따른 유통 업계의 대응으로 온·오프라인을 융합하는 옴니채널이 우선으로 추진해야 할 전략이라고 답했다.[5]

국내 주요 유통 기업들이 앞다퉈 옴니채널을 기업의 생존 전략으로 고민하고 있는 이유는 무엇일까? 이는 유통 시장의 변화와 스마트폰 보급에 따른 기술 및 고객의 변화 때문이다.

영국 시장조사 기관 칸타월드패널이 정리한 소매시장 진화모델Retail Market Evolution Model에 따르면 미국, 캐나다, 프랑스, 한국 등의 유통 시장은 현재 성숙기인 것으로 조사됐다.[6] 성숙기 시장은 대형 유통 업체들이 시장의 주도권을 장악하고 있어서 시장 진입이 어렵다. 시장 진입을 위해서는 기존 사업자와 차별화하거나 신규 니치마켓을 공략할 수 있는 전략이 모색되어야 한다.

국내 유통은 경기침체와 저출산으로 소비가 감소하고, 대형마트와 기업형 슈퍼마켓에 대한 영업 규제와 오프라인 유통 채널의 신규 출점 둔화로 성장세가 약화됐다. 그리고 온라인 유통 기업들의 오프라인 시장 진출에 따른 시장 장악력이 약화되면서 기존 채널에 관한 정비 및 차별화된 전략 접근 모색이 필요하게 됐다.

《리테일매거진》의 조사에 따르면 2017년도 리테일 업계의 최우선 전략으로 기존 포맷혁신 및 신新업태 발굴(20.3%)이 급선무라고 답했으며, 다음으로 옴

---

[5] 〈유통업계 종사자 "올해 지난해 보다 힘들었다"〉, 《이데일리》, 2014. 11. 10.
[6] 손현진, 〈ICT와 리테일의만남: 옴니채널(Omni-Channel)〉, KT경제경영연구소, 2013. 9. 27.

니채널 고도화(17.4%) 등이 미래성장동력 확보를 위한 중점 과제라고 보고 있다. 성숙기 시장에서의 차별화를 위한 신규 사업 진출, 새로운 유통 채널의 확장, 디지털 기술을 기반한 유통 채널 혁신을 위해 '옴니채널'에 기업들이 접근하기 시작한 것이다.

구분	과거	현재 및 미래
소비 스타일	정형적, 대중, 대량, 과시	비정형적, 개성, 공동, 공유, 합리
경쟁력 포인트	외형 지배력	채널 전략, 전문성, 상품 소싱
소비 생태계 파워	사업자 우위	소비자 우위
채널 전략	단일 → 멀티채널	멀티 → 옴니채널

▲ 전환기 소매 시장의 상황[7]

쇼루밍과 역쇼루밍 현상도 무시할 수 없는 요인이다. 구매 패턴의 변화에 따라 오프라인 유통 업체의 매장 쇼루밍화와 역쇼루밍 고객의 매장 경험 강화를 위한 전략 모색이 절실해졌다. 자연스럽게 온·오프라인을 통합하고 연계할 수 있는 대안으로 옴니채널 전략을 고민하게 된다.

스마트폰의 확산과 빅데이터, 센서, 인식, 결제 관련 기반 기술들은 고객 커뮤니케이션 변화 및 유통 업무의 혁신을 가져다주었다. 고객은 스마트폰을 활용해 자신이 원할 때 정보 탐색, 가격 비교를 하여 온·오프라인 채널을 넘나들며 쇼핑을 즐기고 있다. 매장은 다양한 센서와 인식 기술을 활용해 잠재고객을 파악한 후 실시간으로 쿠폰, 할인 등의 혜택을 제공할 수 있게 됐다. 결제 또한 지갑을 가지고 다닐 필요 없이 모바일을 활용하여 간편하게 결제할

---

[7] 홍성수, 김정욱, 〈채널전략의 진화가 종목선정의 패러다임〉, NH농협증권, 2013. 11. 19.

수 있는 환경이 됐다. 모바일 및 다양한 기술의 혁신이 이루어지면서 불가능했던 온·오프라인 채널의 유기적인 연결과 개인화된 고객의 요구에 실시간으로 대응하는 것이 가능해졌다. 점점 스마트해지는 고객과의 커뮤니케이션과 온·오프라인 채널의 유기적 연결에 최적화된 고객 경험을 강화하기 위해서는 옴니채널의 역량을 필수적으로 갖춰야만 한다.

주요 배경	상세 사항
유통 시장 정체	· 유통 시장 성숙기에 따른 시장 성장 정체 · 오프라인 유통 채널의 규제에 따른 신규 출점 제한 · 온라인 기업의 오프라인 유통 시장 위협
고객 변화	· 정형화된 구매 패턴에서 비정형화된 구매 패턴으로 변화 · 고객 편의성 제공 및 저렴한 가격 제공 채널 활용 증가
기술 발전	· 스마트폰의 보급 확대 및 네트워크 속도 증가 · 빅데이터, 센서, 인식, 결제 관련 기술 발전

▲ 유통 기업의 옴니채널 추진 배경

메이시스Macy's 백화점 CEO인 제프 게넷Jeff Gennette은 '온라인 채널 때문에 오프라인 매장이 죽는 것이 아니며, 온라인뿐만 아니라 오프라인에서 강해야 미래시장의 진정한 승자가 될 수 있다'고 옴니채널의 중요성을 강조하고 있다. 다윈은 "결국 살아남는 종은 강인한 종도 아니고, 지적 능력이 뛰어난 종도 아니다. 종국에 살아남는 것은 변화에 가장 잘 적응하는 종이다"라고 변화와 적응을 강조했다. 기업 입장에서 옴니채널을 어떻게 활용하느냐에 따라 변화와 적응이라는 관점에서 기업의 전략적 변곡점Strategic inflection points을 찾아나갈 수 있는 기회가 될 것이다.

디지털 트랜스포메이션 시대, 옴니채널 전략 어떻게 할 것인가?

멀티채널의 한계와 옴니채널의 대두

일반 소비재에서 서비스에 이르기까지 고객의 구매 패턴이 변화하면서 다양한 유통 채널이 늘어나기 시작했다. 기존에 판매하는 상품 및 서비스 특성에 따라 하나의 채널에 집중하는 전략에서 세분화된 고객과의 구매 접점을 강화하기 위해 멀티채널로 확장하고 있다.

구분	주요 품목	기존 주력 채널	채널 확장		
내구재	가전, 가구 등	전문점	전문점	인터넷	
준내구재	의류, 잡화 등	백화점, 로드숍	백화점, 로드숍, 아웃렛	홈쇼핑	인터넷	모바일
비내구재	식품, 생활 용품	할인점, 중소 소매점	할인점, SSM 편의점	기업형 전문점	인터넷	모바일
서비스	외식, 공연, 여행 등	전문점	전문점	인터넷	모바일

▲ 유통 채널의 변화[8]

---

[8] 홍성수, 김정욱, 〈채널전략의 진화가 종목선정의 패러다임〉, NH농협증권, 2013. 11. 19.

2장 이제는 옴니채널 시대

현재 기업의 유통 채널 전략은 '싱글채널single channel'과 '멀티채널multi channel'을 넘어서 '옴니채널omni channel'로 진화하고 있다.

'싱글채널'은 기업이 주력으로 하는 온라인과 오프라인 매장 중 하나의 채널만 운영하는 전략이다. 단일 채널에 집중하면서 효율적인 매장 관리와 원활한 고객 커뮤니케이션을 할 수 있다는 장점이 있다. 그러나 제한된 채널 제공과 고객 접점 및 다양한 구매 기회 제공이 불가능하다는 한계가 있다.

'멀티채널'은 온·오프라인에 한 개 이상의 채널을 구축하는 채널 확장 전략이다. 오프라인 매장과 온라인 채널을 구축하는 게 일반적이며, 주력 채널 외의 다양한 온·오프라인 채널을 신규로 개설하는 것이다. 채널 확장을 통해 채널 간 경쟁을 유도하고, 다양한 고객 접점을 통해 고객 유입 강화와 매출 확대 기회를 얻을 수 있다. 기업들은 멀티채널을 위해 온·오프라인에 신규 채널을 개설하거나 다른 채널과 제휴하여 입점하는 형태로 채널 확장을 전개하고 있다. 미국의 장난감 업체인 토이저러스ToysRus는 아마존과 제휴하여 아마존 쇼핑몰에 입점하는 형태로 멀티채널 전략을 전개해 성공한 대표적인 사례이다.

그러나 기업들은 채널의 특성이나 방문 고객의 형태에 따른 개별 정책으로 운영하고 있다. 즉 채널 간 연계가 이루어지지 않으며, 방문 고객에 대한 일관된 대응이 어렵다. 미국의 대형 가전 양판점인 서킷 시티Circuit City는 인터넷에 www.circuitcity.com을 개점할 때 채널 간의 연계는 전혀 없이 완전 다른 매장처럼 운영했는데, 결국 2009년에 파산했다.

이러한 멀티채널의 한계를 극복하기 위한 대안이 '옴니채널 전략'이다. 멀티채널은 개별 채널이 독립적으로 운영되어 채널 간의 연계와 일관된 고객 경험을 제공하는 데 한계가 있다. 그러나 옴니채널은 온·오프라인 채널 간의 통합과 연결을 통해 인지, 탐색, 경험, 구매, 배송 같은 고객 구매 프로세스 전 과정에 일관된 고객 경험을 제공할 수 있다. 멀티채널에서 채널 간의 경쟁이 이루어졌다면, 옴니채널은 채널 간의 유기적인 연계를 통해 동일한 고객이 어떤 채널을 방문하더라도 동일한 서비스와 혜택을 받을 수 있도록 한다.

가장 대표적인 사례가 미국의 메이시스 백화점이다. 메이시스는 온·오프라인의 상품과 고객 데이터를 하나로 통합해 구매 편의와 다양한 혜택을 제공하고 있다. 주문 상품의 경우 온라인에서 구매한 상품을 가까운 오프라인 매장에서 받을 수 있으며, 오프라인 매장 방문 시 구매하고자 하는 상품이 없는 경우 온라인으로 주문한 후 배송받을 수 있다.

핵심 정리

유통 채널	채널 구성	채널 운영 전략
싱글채널	온라인과 오프라인 매장 중 하나의 채널만 운영	단일 채널에 집중하면서 효율적인 매장 관리와 원활한 고객 커뮤니케이션이 가능
멀티채널	온·오프라인에 한 개 이상의 채널을 구축	채널 확장을 통해 채널 간의 경쟁을 유도하고, 다양한 고객 접점에서 고객 유입 강화와 매출 확대 기회 제공
옴니채널	온·오프라인 채널 간의 통합과 연결	온·오프라인 채널 간의 통합과 연결을 통해 인지, 탐색, 경험, 구매, 배송 같은 고객 구매 프로세스 전 과정에 일관된 고객 경험을 제공

▲ 유통 채널의 채널 확대 전략 변화

2장 이제는 옴니채널 시대

이것이
옴니채널이다

옴니채널omni channel은 모든 것을 의미하는 라틴어의 '옴니omni'와 상품의 유통 경로를 의미하는 '채널channel'이 합성된 단어이다.

한국경제 용어사전에서는 옴니채널을 "소비자가 온라인, 오프라인, 모바일 등 다양한 경로를 넘나들며 상품을 검색하고 구매할 수 있도록 한 서비스. 각 유통 채널의 특성을 결합해 어떤 채널에서든 같은 매장을 이용하는 것처럼 느낄 수 있도록 한 쇼핑 환경", 위키피디아는 "멀티채널의 진화된 형태로 PC, 모바일, 오프라인매장, TV, 다이렉트메일DM, 카탈로그 등의 모든 이용 가능한 쇼핑 채널을 통하여 고객 경험을 끊기지 않고 집중화하는 것", 베인&컴퍼니의 다렐 럭비Darrel Rigby는 "온라인 쇼핑의 풍부한 정보를 물리적 스토어의 장점 안에 녹여 통합된 고객 경험을 제공하는 것"이라고 정의했다. 옴니채널의 선구자로 꼽히는 윌리엄스 소노마Williams Sonoma의 경우 옴니채널 전략을 "인터넷, 모바일, 카탈로그, 오프라인매장 등 여러 채널을 유기적으로 결합해 고객 경험을 극대화해 판매를 촉진하는" 전략이라고 있다.[9]

---

[9] 조형진, 〈온-오프라인 통합 챔피언이 시장 주도한다〉, 《리테일매거진》, 2013년 7월호.

정리해보면 옴니채널은 고객이 이용 가능한 온·오프라인의 모든 쇼핑 채널channel들을 대상으로 하고 있으며, 이러한 채널들이 통합omni되어야 하고, 고객customer을 중심으로 채널들이 유기적으로 연결connect되어 끊기지 않는seamless 일관된 경험experience을 제공하는 것을 말하는 것이다. 즉 옴니채널은 '고객 중심으로 모든 채널을 통합하고 연결하여 일관된 커뮤니케이션 제공으로 고객 경험 강화 및 판매를 증대시키는 채널 전략이다.'

기존 유통 채널 방식은 기업이 채널 운영의 효율성 및 수익성 개선 측면에 따라 각 채널을 독립적으로 운영하는 반면 옴니채널은 고객이 중심이 되어 고객 경험 강화에 중심을 두고 채널 간의 유기적인 연결을 통한 시너지를 발생시키는 게 핵심이다.

옴니채널 개념이 처음으로 소개된 것은 2011년 1월 전국소매협회NRF의 표준화 단체인 ARTSThe Association for Retail Technology Standards가 〈모바일 리테일링 블루프린트2.0Mobile Retailing Blueprint V2.0〉을 발표하면서이다.[10] 보고서에 따르면 전통적인 채널 운영 방식은 온·오프라인을 독립적으로 운영하여 별개의 비즈니스로 생각하고 있으며, 가격 또한 온·오프라인의 가격 정책이 다르다. 그래서 최근 고객이 오프라인 매장을 방문하지 않거나 오프라인 매장에 와서 모바일 스캔으로 저렴한 가격을 비교하는 구매 패턴을 보이고 있다는 것이다. 따라서 타깃Target, 홈데포Home Depot와 같은 전통적인 유통 기업의 경우 보유하고 있는 매장, 웹사이트, 소셜미디어, 모바일 등을 재정의하기 시작했으며, 브랜드와 고객의 관계를 강화하기 위해 모바일을 비즈니스 모델에 결합시키는

---

10 NRF, 〈Mobile Retailing Blueprint V2.0〉, NRF, 2011. 1. 4.

작업을 진행하고 있다. 그리고 유통 업체들이 생존하기 위해서는 디바이스와 채널에 상관없이 브랜드 상호작용을 위해 일관된 경험을 제공해야 하며, 기존 보유 채널 시스템, 비즈니스 프로세스, 조직 장벽과 이기주의를 끊임없이 개선하고 진화시켜야 한다고 분석하고 있다.

옴니채널은 갑자기 튀어나온 일시적인 트렌드가 아닌 고객, 기술, 채널의 변화에 유통 기업들이 생존을 모색하면서 나온 채널 전략인 것이다. 이러한 흐름 속에서 생겨난 옴니채널의 특징을 살펴보면 다음과 같다.

첫째, 쇼핑 채널 및 고객 구매 프로세스에 연관된 모든 것들을 대상으로 한다. 옴니채널은 고객이 구매하는 직접적인 온·오프라인 유통 채널 외에 상품, 서비스, 조직, 시스템, 프로세스, 물류 등 구매와 연관된 전후방의 모든 지원 체계를 포함하고 있다.

둘째, 모든 구매 프로세스가 통합되고 연결되어야 한다. 온·오프라인에서 상품, 가격, 서비스, 배송 등이 동일하게 제공되어야 하며, 오프라인에서 구매하고자 하는 상품이 없는 경우에는 온라인에서 주문하고 동일한 조건으로 받을 수 있도록 각 채널이 통합되고 유기적으로 연결되어야 한다.

셋째, 옴니채널은 언제 어디서나 끊기지 않은 일관된 경험을 제공해야 한다. 고객이 상품을 구매하기 위해서 상품을 인지할 때부터 사후 관리까지의 구매 프로세스 전 과정에서 고객과 지속적인 커뮤니케이션이 이루어져야 한다. 고객과의 일대일 소통을 통해 고객이 원하는 가치를 얻을 수 있도록 일관된 고객 경험을 제공해야 한다.

마지막으로 고객을 중심으로 이루어져야 한다. 모바일을 통한 구매의 일상화, 매장의 쇼루밍화 등 고객의 구매 패턴의 변화는 단순히 기업 중심의 판매 채널 통합이 아닌 고객 중심의 커뮤니케이션의 통합이 원활하게 이루어져야 한다는 것을 의미한다. 그렇기 때문에 기존 기업 중심의 채널 운영 방식, 마케팅 커뮤니케이션, 조직 및 시스템 방식을 벗어나 고객 중심의 체계 마련이 옴니채널 전략의 핵심이라고 볼 수 있다.

핵심 정리

구분	멀티채널	옴니채널
주체	기업 주도	고객 주도
운영	독립적	통합적
채널	분리	유기적 연계
전략	채널 운영 효율성 및 수익성	고객 경험 강화

▲ 멀티채널과 옴니채널의 차이점

O2O와 옴니채널의 차이점

모바일 시대 기업 전략의 중요한 트렌드로 최근 O2O와 옴니채널이 함께 이슈가 되고 있다. O2O와 옴니채널이 온·오프라인 연결을 지향한다는 측면에서는 유사하지만 기업의 전략적 측면에서는 서로 다른 점이 있다.

첫째, O2O는 기업이 주도적으로 온라인이나 오프라인 채널을 확장하는 데 초점을 맞추고 있다면, 옴니채널은 고객을 중심으로 모든 채널과 체계를 통합하는 데 중점을 두고 있다.

둘째, O2O는 사업적인 측면에서 새로운 영역으로 신규 사업이나 새로운 비즈니스 모델을 구축한다면, 옴니채널은 기존에 기업이 보유한 채널을 통합하고 유기적으로 연결하는 채널 통합 연계 전략이다.

셋째, O2O는 특정 분야가 아닌 전 사업 분야에 걸쳐서 일어나고 있지만, 옴니채널은 다양한 오프라인 매장이나 기존에 온라인 채널을 구축하고 있는 유통 및 금융 분야를 중심으로 일어나고 있다.

넷째, O2O는 기 구축된 플랫폼을 중심으로 하여 온·오프라인으로 사업 확장이 일어난다면, 옴니채널은 고객 경험을 중심으로 개별 채널을 통합하고 연계하여 일관된 경험을 제공하기 위한 커뮤니케이션 확장에 중점을 두고 있다.

다섯째, O2O는 고객 인식 및 결제 기술을 중심으로 하지만, 옴니채널은 고객 인식, 탐색, 구매, 고객 관리 등 온·오프라인에 걸친 고객 경험 및 관리를 위한 기술들을 활용하고 있다.

O2O와 옴니채널은 온·오프라인 연결이라는 채널 접근은 같지만 기업이 추구하는 전략과 방향성이 다르다. 가장 큰 차이점은 사업 확장과 고객 커뮤니케이션이다. O2O는 인터넷 초창기처럼 온라인 기업이 오프라인 사업의 확장을 위한 클릭앤드모타르click&mortar 개념이 모바일로 확장되어 진행되고 있는 측면이 강하다. 즉 온라인 기업이 주도적으로 신규 사업을 오프라인 채널로 확장하고 비즈니스 모델을 구축하는 전략이라고 볼 수 있다. 반면 옴니채널은 기존 다양한 고객 접점 채널을 보유하고 있는 기업들이 모바일 환경의 변화에 따른 고객 대응과 구매 활성화를 위한 접근이 강하다. 신규 사업보다는 기존 채널을 통합하고 연계하는 데 중점을 두고 온·오프라인에서 일관되고 즉각적으로 대응 가능한 고객 커뮤니케이션 강화 전략이다.

핵심 정리

구분	O2O	옴니채널
주체	기업 중심	고객 중심
전략	신규 사업 및 비즈니스 전략	채널 통합 연계 전략
분야	전 사업 분야	유통 및 금융 분야 중심
기반	플랫폼 기반	고객 채널 기반
기술	고객 인식 및 결제 기술 중심	고객 경험 및 관리 기술 중심

▲ O2O와 옴니채널의 차이점

Part
03

옴니채널 전략, 어떻게 할 것인가?

옴니채널 전략을 위한 마케팅 4P

옴니채널 전략을 구현하고 전개하기 위해서는 단순한 채널 통합을 넘어서 구매 프로세스부터 조직, 시스템 등이 전방위적으로 통합되고 연결되어야 한다. 고객의 일관된 구매 경험을 강화하기 위해서는 단순한 기능적 통합뿐만 아니라 체계적인 대응을 위해 기업의 모든 자원과 역량을 옴니채널 전략에 맞게 재설계해야 한다는 것이다.

마케팅의 구성 요소를 말할 때 일반적으로 가장 많이 이야기하는 게 마케팅 4P이다. 마케팅 4P는 상품Product, 가격Price, 유통Place, 프로모션Promotion을 말한다. 기업이 상품을 생산하고 판매하는 일련의 과정을 마케팅으로 보고 이러한 전개 과정을 4P로 설명한 것이다. 옴니채널 또한 기업이 고객에게 상품을 판매하는 일련의 과정에서 마케팅 4P의 통합과 연계를 고려해야 한다.

● **동일한 상품으로 제공하라, 상품**Product

온·오프라인에서 판매하는 상품이 동일해야 한다. 오프라인에서 판매하는 상품의 상세한 정보를 온라인에서 확인할 수 있어야 하며, 오프라인에 상품 재고가 없는 경우 온라인 신청 후 배송받을 수 있는 체계가 구성되어야 한다.

- **동일한 가격으로 제공하라, 가격**Price

온·오프라인의 상품 가격이 동일해야 한다. 판매 가격이 동일하다는 것을 고객이 인식하도록 오프라인 구매 시 온라인과 동일한 할인 가격 및 다양한 할인 혜택을 제공해야 한다.

- **모든 유통 채널을 통합하고 연계하라, 유통**Place

온·오프라인의 모든 유통 채널을 통합하고 연계해야 한다. 고객의 구매 채널 외에도 고객과 커뮤니케이션하는 모든 온·오프라인 고객 접점 채널을 통합하고 유기적으로 연계가 될 수 있도록 구성해야 한다.

- **고객과 소통하라, 프로모션**Promotion

온·오프라인의 채널에서 실시간으로 고객 관계 및 경험 강화를 위한 커뮤니케이션이 진행되어야 한다. 실시간으로 고객의 상황context을 인지하여 매장 방문을 유도할 수 있는 다양한 혜택을 제공하고, 온·오프라인에서 구매 결정에 필요한 상품 정보 및 경험을 일관되게 제공해야 한다.

고객의 구매 프로세스에
옴니채널을 연결하라

온·오프라인의 다양한 채널을 통해 비정형화된 패턴으로 일어나는 고객의 구매 프로세스에 맞는 '고객 인지 → 상품 탐색/비교 → 고객 경험 → 구매/결제 → 배송 → 사후 관리' 등이 통합되고 연결되어야 한다.

● 고객의 TPO를 고려하라, 고객 인지

고객의 TPO(Time, Place, Occasion)를 고려하여 고객에게 관심 상품, 쿠폰, 할인 등의 다양한 혜택을 제공해 매장 방문을 유도해야 한다. 더불어 검색, 블로그, 소셜 미디어 등의 고객 인지 채널에 광고 및 관련 콘텐츠를 제공하여 고객이 유입될 수 있게 해야 한다.

● 서비스를 제공하라, 상품 탐색/비교

고객이 손쉽게 상품을 탐색하고 비교할 수 있는 다양한 리뷰, 검색, 비교 서비스를 제공해야 한다. 기본적인 상품 검색부터 온·오프라인 매장의 상품 탐색 정보와 가격 조회, 비교가 용이할 수 있게 해야 한다.

● 인터랙티브한 고객 경험을 제공하라, 고객 경험

온·오프라인에서 다양한 상품 정보와 체험을 얻을 수 있는 기회를 제공해야 한다. 온라인 매장의 경우 매장을 방문하지 않더라도 상품을 사전에 체험할 수 있는 인터랙티브interactive한 고객 경험 기술을 기반으로 보고, 만지고, 느낄 수 있는 경험을 전달해줘야 한다. 오프라인 매장 또한 다양한 인터랙티브 기술들을 활용하여 매장 탐색, 구매 편의, 제품 체험 등의 구매 경험을 강화시켜줘야 한다.

● 간편한 결제를 지원하라, 구매/결제

온·오프라인 구매 정보 연동 및 다양한 결제를 지원해 구매와 결제가 손쉽게 이루어지도록 해야 한다. 구매 시 구매 정보와 이력을 공유해 온·오프라인에서 동일한 가격과 혜택으로 주문할 수 있는 체계를 갖추고 있어야 한다. 결제 시에는 현금, 카드 결제 외에도 모바일 간편 결제 등을 함께 제공해 손쉽고 간편하게 결제할 수 있어야 한다.

● 언제 어디서나 받을 수 있도록 하라, 배송

언제 어디서나 주문한 상품을 자신이 원하는 방식과 장소에서 받을 수 있는 배송 서비스가 제공되어야 한다. 온라인에서 주문한 상품을 오프라인 매장에서 찾아갈 수 있는 클릭앤콜렉트click and collect 서비스나 가장 가까운 매장이나 편의점 등에서 받을 수 있는 다양한 배송 연계 서비스 기반이 구축되어야 한다.

● **고객과 원활하게 소통하라, 사후 관리**

반품 처리 및 고객 문의에 대응을 원활하게 진행할 수 있는 지원이 이루어져야 한다. 더불어 재구매 유도를 위한 실시간 맞춤형 상품 추천 및 재방문 유도 혜택 제공이 다양한 채널과 연계되어야 한다.

핵심 정리

구분	전략 방향	주요 요소
마케팅 4P	상품 판매 전 과정 통합 및 일관성 제공	상품, 가격, 유통, 프로모션
구매 프로세스	고객 구매프로세스 과정 통합 및 고객 경험 일관성 제공	인지, 탐색, 경험, 구매, 배송, 사후 관리

▲ 옴니채널 전략 구현 요소

고객 중심으로
채널을 통합하고 연계하라

옴니채널 전략의 핵심은 고객 중심으로 채널을 통합하고 연계하는 것이다. 그렇기 때문에 전략 설계와 고객 서비스를 기획하기 앞서 우선시되어야 하는 것이 고객 분석이다. 기존의 정형화된 패턴에서 벗어나 비정형화된 고객의 구매 특성을 파악하고 구매를 결정하기까지의 과정과 구매 후 지속적인 관계를 유지하기까지의 고객 행동을 파악해야 한다. 고객 분석을 통하여 구매 과정에 필요한 고객 요구 사항을 파악하고 이를 기반으로 온·오프라인 구매 과정에서 고객 경험을 최적화할 수 있는 연계 프로그램을 제공하는 것이다.

또한 현재 구매 채널 현황과 역량을 점검하고 진단하는 것도 중요하다. 현재 기업들이 보유한 온·오프라인 채널의 역할과 고객 지원 및 경험 강화를 위해 어떠한 활동을 하고 있는가를 분석하는 것이다. 분석 결과 일련의 구매 과정에서 고객이 필요로 하는 온·오프라인 채널의 연계가 미비하거나 일관된 고객 경험을 제공하는 데 한계가 있다면 온·오프라인 채널을 재설계하고 고객 중심으로 최적화시켜야 한다.

옴니채널 전략 기획을 위해서는 먼저 기업 내외부의 다양한 고객 데이터를 분석하여 고객을 정의하는 것부터 시작해야 한다. 다음으로 정의한 고객이 어떻게 온·오프라인 채널들을 활용해서 구매를 하는지에 관한 고객 구

디지털 트랜스포메이션 시대, 옴니채널 전략 어떻게 할 것인가?

▲ 옴니채널 전략 기획 프로세스

매 여정을 파악한다. 파악한 구매 여정을 기반으로 구매 과정에서 필요로 하는 온·오프라인의 구매 경험을 추출하고, 고객의 구매 과정에서 기존 방식을 개선하거나 추가로 도입하여 구매 경험을 강화할 수 있는 옴니채널 서비스를 도출한다. 마지막으로 원활한 옴니채널 서비스 제공을 위해 유기적으로 채널을 통합하고 연계할 수 있는 조직, 시스템, 프로세스 등을 구축하는 단계로 진행된다.

유형별로 고객을 파악하라

매장 중심에서 고객 중심으로 주도권이 바뀌면서 옴니채널 고객의 특성을 파악하는 것이 무엇보다 중요하다. 롯데그룹의 경우 옴니채널 추진 계획 수립에 앞서 먼저 소비자 심층 조사를 실시했다. 고객 분석은 기업 내외부 고객의 행동과 성향을 파악할 수 있는 고객 데이터를 분석하여 고객 특성을 파악하고, 고객 유형별로 고객을 구분하고 정의하는 것이다.

메조미디어의 2017년 타겟오디언스Target Audience 분석 리포트에 따르면 거의 전 세대에서 PC와 모바일을 포함한 온라인 쇼핑 경험은 오프라인보다 높게 나타났다. 온라인 쇼핑의 경우 주 1회 이상 쇼핑 경험이 58%인 반면 오프라인 경우 43%에 불과했다.

▲ 온라인과 오프라인 구매 고객의 연 평균 쇼핑 횟수 (출처: 칸타월드패널)

온·오프라인 쇼핑 시 선택기준에서도 차이가 있다. 온라인의 경우 가격이 저렴(34%), 가격할인율이 높음(21%), 쿠폰이나 포인트의 활용도가 높음(18%) 순으로 가격 및 할인혜택 때문에 선호하는 것으로 나타났다. 오프라인의 경우 쇼핑몰이 거주지역 근접에 위치(21%), 가격이 저렴함(13%), 다양한 제품을 한번에 쇼핑하기 쉬움(13%) 순으로 근접성 및 쇼핑 편의성이 높기 때문에 선택하고 있다.

디지털 구매 고객과 오프라인 구매 고객의 특성

디지털 구매 고객은 가격에 민감하여 가격 비교에 많은 시간을 투자하고 구매 시 판촉 행사에 참여하는 비중도 높게 나타나고 있다. 그렇기 때문에 구매 유도를 위해 가격 비교 및 다양한 혜택을 제공해 온·오프라인에서 현명한 소비를 하고 있다는 인식을 심어주는 것이 중요하다.[1]

구분	쇼핑 행태	아날로그쇼퍼	디지털쇼퍼
판촉 선호	전체 일용소비재 판촉 상품 구매 횟수 비중	30%	33%
PB 구매	전체 일용소비재 내 PB 구매 횟수 비중	7.6%	8.9%
가격 체크	구매 전 꼼꼼하게 가격을 체크하는 편	70%	83%
	구매 전 항상 가격을 체크하는 편	77%	86%
가격 비교	다른 매장 대비 저렴한 가격이 대형마트 선택에 매우 중요	54%	84%
	다른 쇼핑몰 대비 저렴한 가격이 온라인몰 선택에 매우 중요	51%	62%

▲ 디지털 쇼퍼와 아날로그 쇼퍼의 쇼핑 행태 비교 (출처: 칸타월드패널)

디지털 구매 고객은 제품 구매시 다각도로 제품의 성능과 품질을 꼼꼼히 따져보는 성향을 가지고 있다.

---

1 이지혜, 〈디지털 시대 소비코드 변화, '브랜딩'으로 잡아라〉,《리테일매거진》, 2014년 9월호.

구분	연 평균 지출액	품질 비교	프리미엄 선호
쇼핑 행태	연평균 일용소비재 지출액(만 원)	가격보다 품질 비교에 더 많은 시간을 할애	일반 제품 대비 프리미엄 제품을 선호
아날로그 쇼퍼	288	47%	26%
디지털 쇼퍼	302	63%	32%

▲ 디지털 쇼퍼와 아날로그 쇼퍼의 품질 민감도 차이 (출처: 칸타월드패널)

그리고 디지털 구매 고객의 연 평균 지출액이 아날로그 구매 고객보다 높기 때문에 신제품에 대한 관심 및 구매 의사가 높다. 디지털 구매 고객의 충성도를 높이기 위해서는 새로운 경험을 제공하고 장기간으로 이어질 수 있는 관계를 구축할 필요성이 있다.

옴니채널 성숙도에 따른 소비자 유형

2013년 IBM 기업가치연구소[IBV]는 16개국 3만 554명의 소비자를 대상으로 한 설문 조사를 발표했다. 쇼핑 시 소셜미디어, 위치 정보, 모바일 기술에 대한 관심과 활용도를 기반으로 옴니채널 성숙도에 따른 소비자를 4개 그룹으로 구분했다.[2]

'선도자trailblazers'는 온라인 쇼핑을 즐기고 소비 활동도 활발해 향후 구매 계획을 보유한 유형이다. 국내 소비자 중 14%가 선도자 유형이며, 소득 수준은 전체 조사 대상자의 평균 대비 높은 편이다. 이들은 온라인과 오프라인 구분 없이 언제 어디서나 스마트 기기를 이용해 상품을 찾고 비교하며, 일관된

---

2 〈가격·상품구색, 온–오프라인 융합으로 통일하라〉, 《리테일매거진》, 2014년 11월호.

가격과 프로모션을 통해 상품 구매 및 반품을 자유롭게 할 수 있기를 원한다.

'기술관심형 구매자tech-intrigued shoppers'는 기술에 흥미가 있는 소비자층으로, 온라인에서 상품 검색뿐만 아니라 구매까지 하는 소비층이며, 소셜미디어 활동에도 적극적이다. 국내 소비자의 45%가 이 유형으로, 가장 많은 비중을 차지하고 있다. 이들은 온라인에서 구매한 상품의 오프라인 반품이나 일관된 가격, 주문 진행 상황 조회 등에 선도자보다 높은 옴니채널 서비스 욕구를 갖고 있다.

'변화진행형 구매자transitioning shoppers'는 기술관심형 구매자처럼 옴니채널 서비스에 대한 기본적 욕구를 갖고 있으며, 기술 동향에 관심이 있다. 국내 소비자 비중이 36%에 해당하며, 소득 수준, 향후 소득 상승에 대한 기대 수준, 소셜미디어 참여 정도, 온라인 구매 선호도, 향후 구매 계획 등 모든 정보가 평균적이다.

'전통적 구매자traditional shoppers'의 국내 소비자 비중은 5%이며, 연령대는 평균보다 높고 소득 수준은 평균보다 낮다. 소셜미디어 참여 정도나 온라인 구매 경험도 평균보다 저조하다. 이들 또한 옴니채널 서비스에 대한 욕구를 갖고 있으며, 고령화 사회로 접어드는 시기에 간과할 수 없는 중요한 소비자 유형이다.

옴니채널 고객은 PC, 모바일, 위치 정보 및 다양한 미디어를 통해서 상품에 대한 정보 탐색 및 구매를 결정한다. 구매 시 가격에 민감하고 다양한 혜택을 제공받기 바라며 온·오프라인에서 제품을 꼼꼼히 비교 탐색 후 구매하는 것을 원한다. 그리고 온·오프라인에서 자신이 원할 때 즉각적인 대응과 가격, 프로모션, 배송 정책 등의 일관된 경험을 통한 현명한 구매 결정을 한다. 앞으로

고객 유형	주요 특성	비중
선도자 trailblazers	· 소득 수준은 전체 조사 대상자 평균 대비 높은 편 · 온라인 쇼핑을 즐기고 소비 활동도 활발해 향후 구매 계획을 보유한 유형	14%
기술관심형 구매자 tech-intrigued shoppers	· 기술에 흥미가 있는 소비자층 · 온라인에서 상품 검색뿐만 아니라 구매까지 하는 소비층 · 소셜미디어 활동에도 적극적	45%
변화진행형 구매자 transitioning shoppers	· 소득 수준, 향후 소득 상승에 대한 기대 수준, 소셜미디어 참여 정도, 온라인 구매 선호도, 향후 구매 계획등 모든 정보가 평균적	36%
전통적 구매자 traditional shoppers	· 연령대는 평균보다 높고 소득수준은 평균보다 낮음 · 소셜미디어 참여 정도나 온라인 구매 경험도 평균보다 저조	5%

▲ 옴니채널 성숙도에 따른 소비자 유형 (출처: 《리테일매거진》)

이러한 옴니채널 고객 비중은 점점 늘어날 것으로 예상된다.

《하버드비즈니스리뷰HBR》에서 미국에 매장을 가지고 있는 업체와 협력하여 4만 6천 명의 쇼퍼들을 대상으로 조사한 결과 옴니채널 고객 비중이 73%인 것으로 나타났다.

조사결과 온라인 매장에서만 구매하는 대상은 7%, 오프라인 매장에서 구매하는 고객은 20%에 불과하였으나, 온·오프라인 등 다양한 채널을 활용하는 옴니채널 고객은 73%인 것으로 나타났다. 옴니채널 고객은 오프라인 쇼핑에서만 구매하는 고객보다 4%, 온라인 쇼핑 구매고객보다는 10%를 더 많이 구매하는 것으로 나타났다. 또한 평균적으로 매장에서 구매는 1개의 채널을 활용하는 고객보다 4개의 채널을 활용하는 고객이 9%정도 더 많이 지출하는 것으로 분석되었다.

매장 자체 조사 결과에서도 옴니채널 고객이 13% 정도 더 지출하는 것으로 나타났다. 옴니채널 쇼핑 경험을 가진 고객은 6개월 후에 매장을 재방문하는 비율이 23%였으며, 단일 채널을 사용하는 고객보다 가족 및 친구들에게 브랜드를 추천할 가능성이 더 높은 것으로 나타났다.

옴니채널 고객은 구매 전 과정에서 다양한 접촉포인트touchpoints 활용하고 있으며, 스마트폰 애플리케이션으로 가격비교, 쿠폰다운로드를 하며, 오프라인 매장 내의 인터렉티브 카탈로그, 가격체크 등의 디지털도구도 적극 활용하고 있는 것으로 조사되었다.

고객의 구매 여정을 분석하라

옴니채널 고객의 특성을 파악하고 고객을 정의했다면 어떠한 경로로 온·오프라인에서 구매를 하는지에 관한 고객 구매 여정 파악이 필요하다.

AIDMA에서 AISAS로의 변화

전통적인 마케팅에서 고객이 구매를 결정하기까지의 프로세스를 설명할 때 AIDMA 모델이 중심이었다. 먼저 '주의Attention'는 고객이 제품에 관심을 가지도록 광고, 홍보 등을 통해 알리는 것이다. '흥미Interest'는 제품을 인지한 고객이 흥미를 가질 수 있도록 기존 주의 단계에서 광고를 통한 메시지보다는 고객이 관심을 가질 수 있는 흥미로운 제안으로 고객을 유도하는 것이다. '욕구Desire'는 고객의 구매 욕구를 자극하기 위해서 직접 만져보고 느끼면서 가지고 싶다는 생각이 들도록 만드는 것이다. '기억Memory'은 구매 의사 결정 시 바

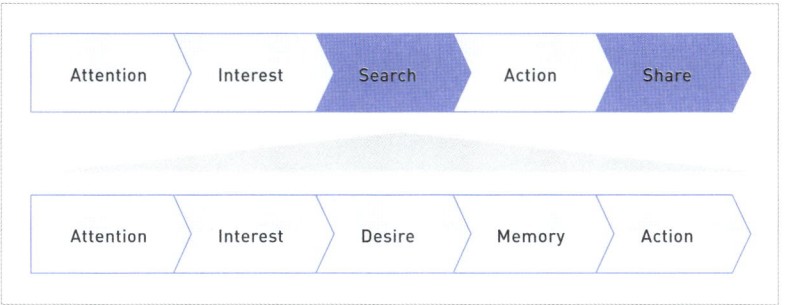

▲ AIDMA에서 AISAS로의 변화

로 제품을 머릿속에 떠올릴 수 있고 구매 확신을 심어줄 수 있는 자극을 주는 것이다. '행동Action'은 온·오프라인의 구매 장소에서 구매 의사 결정을 할 때 바로 구매로 연결할 수 있는 다양한 혜택을 제공해 유도하는 것이다.

이러한 AIDMA 모델은 인터넷, 소셜미디어, 모바일의 등장으로 AISAS 모델로 변화됐다. 제품을 인지하고 흥미를 느끼는 단계까지는 동일하나 제품 탐색과 비교를 '검색Search'을 통해서 한다는 것이다. 또한 기존 방식이 구매에서 끝났다면 AISAS에서는 구매 후 고객이 남긴 리뷰, 사용 후기, 소셜미디어 등의 '공유Share'를 통해 다시 제품에 관한 관심과 확신을 가진다.

다양한 디지털 미디어의 등장과 인터넷, 모바일 등의 활용이 늘어나면서 점차 구매 결정 단계는 짧아지고 있다. 더불어 구매 의사 결정을 할 때 기존 4대 매체 중심의 전통적인 미디어보다는 검색 및 소셜미디어 등을 통해 제품을 탐색, 비교, 공유하는 성향이 높아지고 있다.

구매를 결정하는 진실의 순간 ZMOT, Micro Moment

구매 의사 결정 시 검색 비중이 늘어나면서 구글은 구매를 결정하는 진실의 순간Moment Of Truth, MOT에서의 검색 중요성을 ZMOTZero Moment Of Truth라는 개념으로 이야기한다.[3] ZMOT는 고객이 구매 의사 결정을 할 때의 과정이 '자극Stimulus → 정보 수집 단계ZMOT → 고객과의 첫 접점First Moment Of Truth, FMOT → 구매 후 경험Second Moment Of Truth, SMOT'이라는 것이다.

ZMOT는 소비자가 내·외부 자극에 의해서 제품이나 서비스를 인지한 후 검색을 통해 구매 전에 먼저 판단하게 된다. 즉 검색 단계에서 구매 의사 결정에 관한 진실의 순간이 일어나는 것이다. 온·오프라인 매장에서 제품을 구매하는 첫 번째 진실의 순간FMOT에 즉각적인 구매를 결정할 수 있는 지원이 필요하며, 제품 구매 후 제품을 처음 사용하는 순간에 고객을 만족시키면 이러한 경험은 고스란히 검색 및 소셜미디어에 반영되어 ZMOT로 이어진다. 그

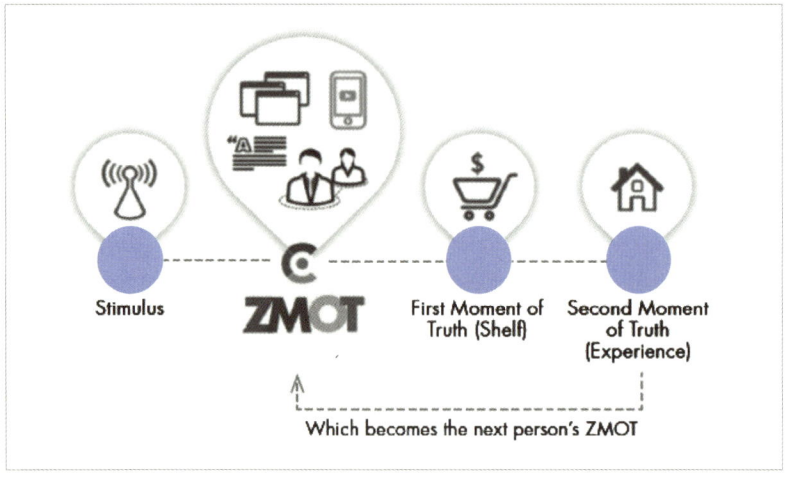

▲ ZMOT (출처: 구글)

3 www.thinkwithgoogle.com/collections/zero-moment-truth.html

러나 무엇보다도 소비자 구매 의사 결정에서 제품을 인지하고 비교하고 구매하고 공유하는 사이클에서 '검색'이 핵심축을 담당하기 때문에 이를 강화하기 위한 마케팅 전략을 기업들이 고민해야 한다.

구글은 PC기반의 ZMOT를 넘어 모바일의 폭발적인 성장에 따른 고객의 변화를 '마이크로 모먼츠Micro-Moments'로 정의하고 있다. 고객의 일상생활에서 필요와 욕구가 순간순간 발생되며 자신이 원하는 행동을 바로 실행에 옮긴다는 것이다.

이러한 변화에 따라 고객 구매 여정에서 고객과의 연결Connect이 무엇보다 중요해졌으며, 고객구매여정에 순간순간 일어나는 고객의 필요와 욕구를 분석하고 이에 대응하기 위한 기반이 갖춰져야 한다.

구글은 기업이 고객의 마이크로 모먼츠를 파악하기 위해 세 가지 필수 전략을 강조하고 있다.

첫 번째는 기업이 속한 업종에서 어떤 마이크로 모먼츠가 있을지 예상하고, 고객의 마이크로 모먼츠가 발생하는 지점에 있어야 한다.(Be There)

두 번째는 마이크로 모먼츠 안에서 소비자의 욕구와 관련성이 있는 정보를 제공하고, 그들이 찾는 답을 제시할 수 있어야 한다.(Be Useful)

세 번째는 모바일 사용자들이 아주 빠르게 알고, 이동하고, 구매하고 싶어 한다. 그렇기 때문에 기업이 제공하는 모바일 경험은 빠르고 매우 세분화되어야 한다. (Be Quick)

깔대기 모형에서 CDJ로의 변화

맥킨지는 여러 브랜드를 고려하다가 차츰 대안을 줄여가는 '깔대기 모형funnel

model' 모델로는 지금의 고객 구매 의사 결정을 충분히 설명하기 어렵다고 판단했다. 그래서 새로운 접근 방법으로 '소비자 의사 결정 여정Consumer Decision Journey, CDJ'이라는 모델을 제시했다.⁴

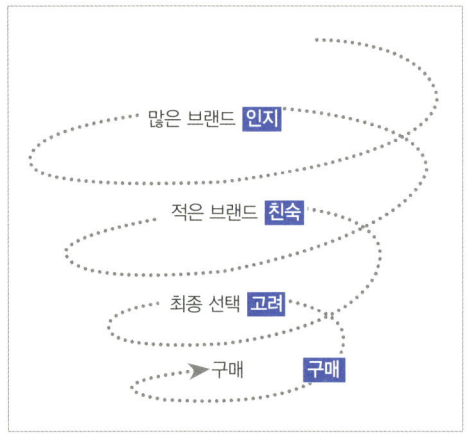

▲ 깔때기 모형 모델 (출처: 《동아비즈니스리뷰》)

깔대기 모형 방식은 초기 '인지 단계awareness'에 수많은 브랜드 후보를 염두에 두고, 브랜드에 흥미와 관심이 늘어나는 '친숙 단계familiarity'에서 브랜드 범위를 좁힌 후, 마음속으로 하나의 브랜드를 '고려consideration'하여 최종 선택을 하고, '구매purchase' 단계에 이른다는 것이다. 즉 초기에 많은 브랜드를 생각하지만 단계별로 브랜드 범위를 좁혀가면서 마지막에 하나의 브랜드를 구매한다.

그러나 제품 선택의 폭이 늘어나고 소비자들이 좀 더 많은 정보에 접근할

---

4 데이비드 코트 외, 〈소비자 의사 결정 '깔때기 모형' 유효성 끝났다〉, 《동아비즈니스리뷰》, 39호.

수 있게 되면서 고객의 수많은 접촉 포인트와 구매 의사 결정 요인을 깔대기 모형으로 설명하기에는 한계가 있었다. 현재 소비자들이 제품 선택 범위와 구매 정보를 얻을 수 있는 다양한 채널이 늘어나면서 고려 단계에서의 브랜드 수는 줄어든 반면 평가 단계에서의 브랜드 수는 오히려 늘어나고 있다. 구매 후의 소비자와 브랜드 관계도 사용하는 행위에 집중한 것에서, 사용 후기를 남기고, 소셜미디어에 경험을 공유하는 등의 적극적인 방식으로 브랜드와의 관계 및 충성도가 이어지고 있다.

맥킨지는 3개 대륙 5개 산업 영역에서 소비자 2만여 명의 구매 의사 결정 과정을 분석했다. 그 결과 소비자들이 구매 후보 브랜드를 1차적으로 정하는 '고려consider', 잠재적 구매 대상 브랜드들을 비교 및 평가하는 '적극적 평가evaluate', 소비자들이 제품을 선택하고 최종 구매하는 '구매buy 결정', 소비자들이 구매한 제품을 직접 경험하는 '사후 경험advocate'를 반복하는 순환식 소비자 의사 결정 여정을 진행하는 것으로 나타났다.

초기의 '고려consider' 단계는 브랜드에 대한 인식 및 고객 접점(온·오프라인 매장, 광고, 친구 등)에서의 노출 경험을 바탕으로, 소비자가 구매 초기에 고려하는 제품 후보군을 정하는 단계이다. 제품 정보와 채널이 늘어나면서 다양한 브랜드를 고려하기보다는 마음에 드는 몇 개의 브랜드만 고려한다.

'적극적 평가evaluate' 단계는 소비자들이 제품 평가 과정에서 친구, 검색, 리뷰 등으로 정보를 습득하여 일부 브랜드를 추가하거나 고려 단계의 브랜드를 제외하는 단계이다. 고객이 주도적으로 다양한 정보 채널들을 탐색하고 비교 평가하면서 제품 후보군을 면밀히 분석한다.

'구매 결정buy' 단계는 소비자가 구매 시점에 하나의 브랜드를 선택하는 단

디지털 트랜스포메이션 시대, 옴니채널 전략 어떻게 할 것인가?

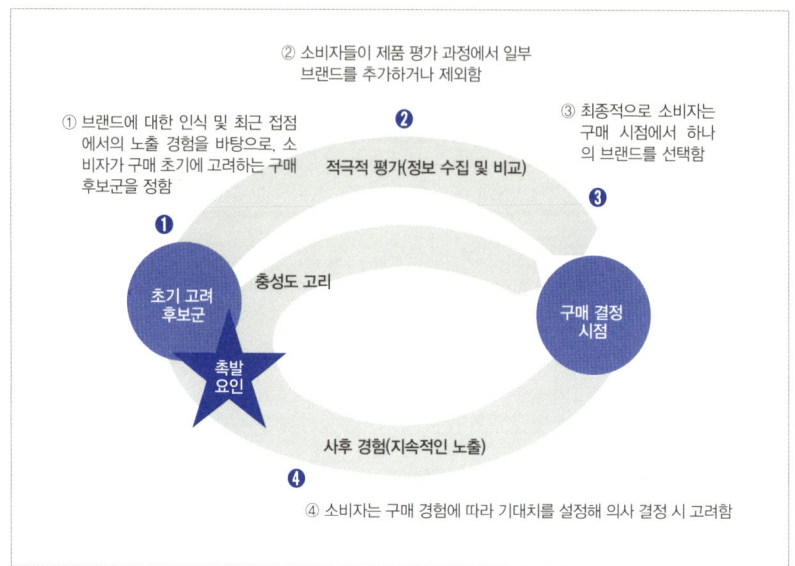

▲ 맥킨지의 소비자 의사 결정 여정(CDJ) (출처: 《동아비즈니스리뷰》)

계이다. 제품 배치, 포장, 가격, 점원들의 태도 등이 구매를 결정하는 중요 요소로 작용한다.

'사후 경험advocate' 단계는 구매 후 브랜드 관계 경험을 갖게 되고, 브랜드 경험을 온라인 및 소셜미디어에 공유를 한다. 브랜드 경험에 만족하면 브랜드 옹호자advocator가 되어, 감성적 유대감을 형성해 고려 단계나 평가 단계를 건너 뛰고 바로 재구매로 이어지는 충성도 순환the loyalty loop을 반복하게 된다.

소비자의 의사 결정 여정에서 고려, 평가, 구매 단계의 고객 접점 채널을 파악하는 게 무엇보다 중요하다. 특히 고려 및 평가 단계에서 고객이 주도적으로 탐색하고 비교하고 평가하기 때문에 이러한 채널 연계를 통한 풀pull 마케팅적인 접근이 필요하다. 또한 지속적으로 구매를 활성화하기 위해서 구매 후 고객과의 관계 및 브랜드 경험을 강화하여 충성도를 높일 수 있는 방안도 고려해야 한다.

구매 의사 결정 단계별 고객 접촉 채널

구매 의사 결정 단계별로 어떠한 채널에서 정보를 획득하고, 구매를 하며, 브랜드 경험을 공유하는지 파악하는 게 중요하다. DMC미디어가 조사한 자료에 따르면 국내의 소비자가 구매 의사 결정 과정별로 정보를 획득하고 공유하는 행동은 다음과 같이 이루어지고 있다.[5]

소비자가 구매를 결정하기 이전인 정보 획득 단계에서 고려군에 포함되기를 원하거나 선택 결정에 긍정적인 영향 및 확신을 심어주기 원한다면 우선 인터넷 포털 및 검색 등의 노출(41.1%)을 고려해야 한다. 다음으로 직접적인 구매로 연결되는 온라인 쇼핑몰에 채널 접점을 구축(34.8%)하여 관련 정보를 제공 해야 한다. 정보 획득 경로에서 점차 오프라인 매장, 뉴스, DM 문자 등 전통적인 방식은 영향력이 줄어들고 있다. 반면 인터넷 검색, 블로그, 게시판 리뷰 후기, 온라인 네트워크 구전 등의 온라인 채널의 영향력은 높아지고 있다. 또한 점점 더 소셜미디어, 모바일메신저 같은 관계 기반의 네트워크도 중요해지고 있다.

구매에 영향을 미치는 채널은 인터넷서핑(37.8%), 오프라인매장(32.1%), 모바일 쇼핑몰(32.0%), 블로그/게시판 및 리뷰/후기(28.5) 순으로 나타났다. 소비자가 제품 및 서비스의 구매이용여부를 판단하고, 평가하거나 다른 제품들과

---

5 DMC리포트, 〈2017 소비자의 구매의사결정과정별 이용채널 및 행동패턴의 이해〉, 2017.8.28.

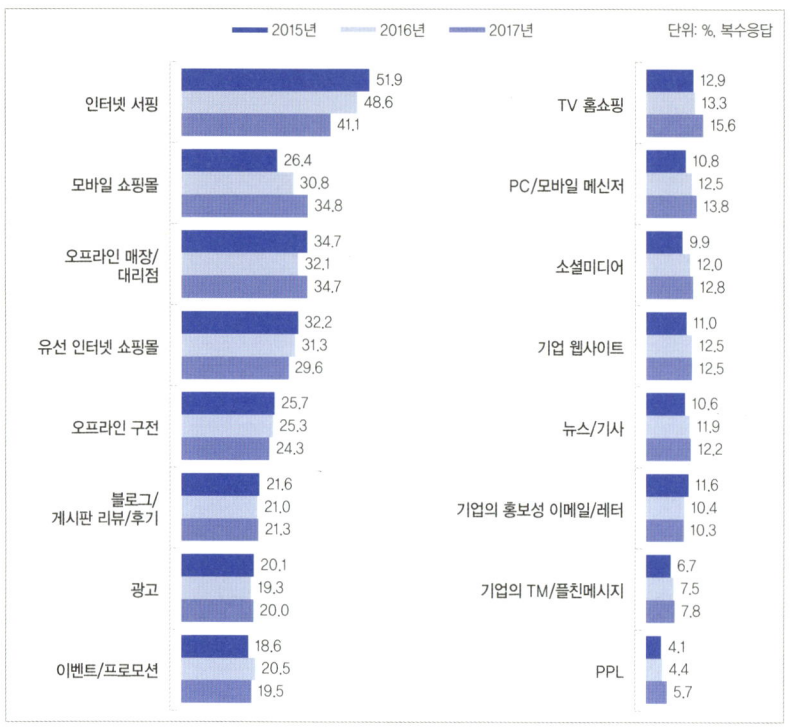

▲ 정보 획득 채널 (출처: DMC미디어)

비교하는 단계에서 인터넷서핑과 유선인터넷(PC) 쇼핑몰의 영향력은 감소한 반면, 모바일 쇼핑몰 및 고객 리뷰 등의 영향력은 지속적으로 증가하고 있다.

소비자가 제품을 구매하는 장소로 오프라인 매장(38.8%), 유선인터넷 쇼핑몰(26.4%), 모바일 쇼핑몰(25.4%) 순으로 구매하는 것으로 나타났다. 구매장소에서 오프라인 매장과 유선인터넷 쇼핑몰 구매는 지속적으로 감소하는 반면 모바일 쇼핑몰 구매는 매년 큰 폭으로 증가하고 있다.

소비자의 53.2%가 자신의 구매/이용 또는 소비과정에서의 경험을 주변지인 또는 다른 소비자들과 함께 공유하는 것으로 나타났다. 특히 모바일 메신

3장 옴니채널 전략, 어떻게 할 것인가?

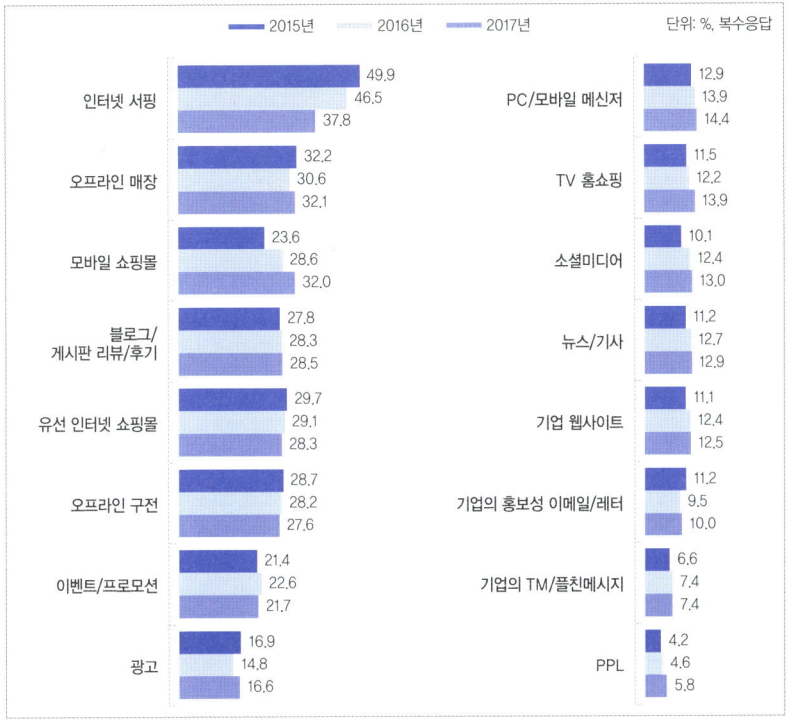

▲ 구매 영향 채널 (출처: DMC미디어)

저, 소셜미디어 등의 디지털미디어를 활용한 공유활동이 늘어나고 있다.

소비자들은 구매 의사 결정을 내릴 때 평균적으로 약 3.84개의 정보 채널을

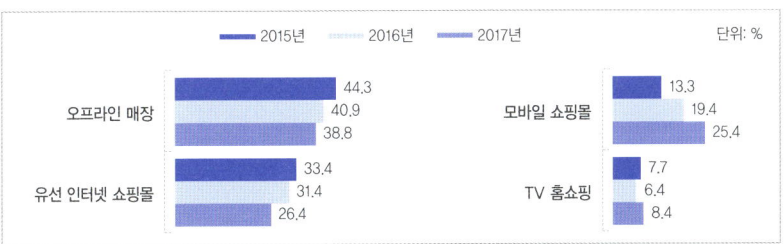

▲ 구매 채널 (출처: DMC미디어)

디지털 트랜스포메이션 시대, 옴니채널 전략 어떻게 할 것인가?

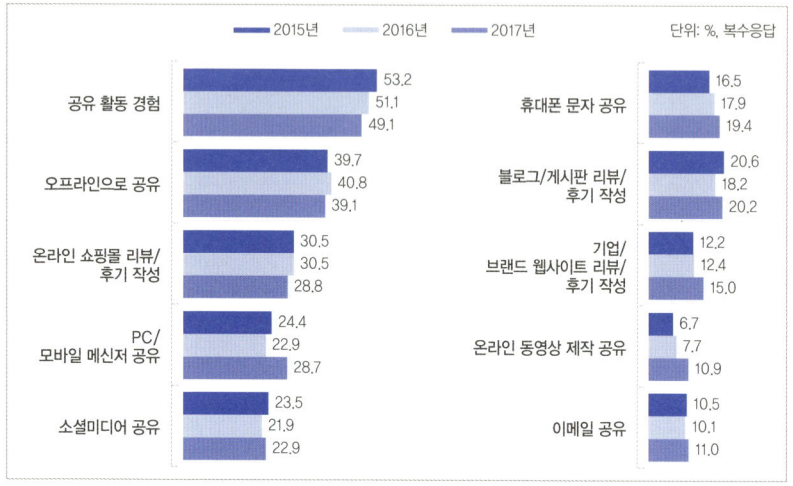

▲ 경험 공유 채널 (출처: DMC미디어)

활용하고 있다.[6] 제품을 인지하고 고려 및 비교하는 과정에서 점차적으로 인터넷 검색, 블로그, 소셜미디어, 모바일 등 온라인 채널의 영향력이 지속적으로 증대되고 있다. 구매 시 온라인 쇼핑몰의 비중이 높으며 최종 구매 선택 시 가격, 상품 설명, 소비자 후기에 대한 의존도도 높아지고 있다. 점차 오프라인 영향력은 감소하고 있으나 소비자는 구매 의사 결정을 할 때 온라인 정보 채널의 접근성과 편의성을 선호하기도 하지만 오프라인 채널의 경험도 중요시해 상호보완적인 관계를 유지할 수 있는 접근 방법이 필요하다.

고객 구매 여정을 살펴보면 온·오프라인의 다양한 채널을 활용하여 '인지 → 탐색/비교 → 체험 → 구매 결정 → 고객 관계'라는 비정형화된 패턴으로 구매가 이루어지고 있다.

---

[6] 최아영, 나종연, 〈멀티채널 환경에서 소비자는 어떻게 정보를 탐색하는가?〉, 소비자학연구, 제23권 제2호.

3장 옴니채널 전략, 어떻게 할 것인가?

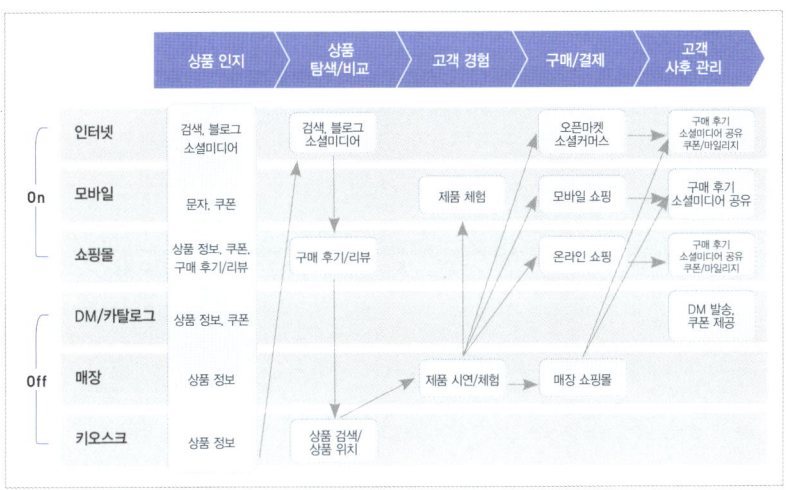
▲ 구매 여정 단계별 고객 접촉 채널

제품을 인지하는 단계에서는 온라인의 검색, 블로그, 게시판, 소셜미디어, 광고 등의 채널이나 오프라인의 카탈로그나 매장 내 POP, 키오스크, 친구 추천, TV 광고 등을 통해 제품을 알게 된다. 탐색/비교 단계는 제품에 관한 추가적인 정보 획득 및 가격, 품질, 성능 등을 꼼꼼하게 비교하기 위해 온라인의 경우에는 검색, 블로그, 커뮤니티, 소셜미디어, 가격 비교 사이트 등의 후기를 살펴본다. 오프라인의 경우에는 매장을 방문하여 직접 제품을 비교하거나 구매 경험이 있는 친구에게 물어보는 등의 활동이 이루어진다.

체험 단계는 제품이 가진 성능이나 차별점을 직접 체험한 후 구매 확신을 가지기 위해서 온라인에서는 인터넷 및 모바일로 제품의 기능을 테스트해보고, 오프라인에서는 매장을 방문하여 직접 제품을 만져보는 등의 오감으로 느낄 수 있는 체험 활동이 이루어진다. 구매 결정 단계는 인터넷과 모바일을 활용하여 온라인으로 구매하거나 매장에 방문하여 직접 구매하는 방식으로 구매를 진행한다. 구매가 완료된 후 고객 관계 단계는 블로그, 게시판, 소셜 미디어, 쇼핑몰 등에 구매 경험에 관한 리뷰 및 후기를 공유하고 온·오프라인에서 제공하는 다양한 상품 정보와 혜택 제공에 따른 지속적인 관계를 유지하게 된다.

책을 구매하기까지의 구매 여정을 살펴보면 다음과 같은 과정을 거쳐서 구매 의사 결정을 진행하고 있다. 인지 단계는 인터넷으로 검색을 하다가 마음에 드는 책이 있다거나 모바일로 트위터, 페이스북 같은 소셜미디어에서 친구들이 추천하는 책에 관심을 가지면서 시작된다. 탐색/비교 단계에서는 국내 온·오프라인 서점에서 판매하는 다양한 책에 관한 정보를 한곳에서 볼 수 있는 네이버 책을 이용하여 책 소개, 리뷰, 가격 등을 비교한다. 책의 경우에는 탐색/비교 후 바로 구매하지 않고 교보문고나 반디앤루니스 같은 오프라인 매장에서 직접 책의 내용을 살펴보는 체험 과정을 거친 후에 구매 확신을 가지고 구매를 결정한다. 구매 결정 시 가격, 할인, 마일리지, 배송 시간 등을 고려하여 구매 조건이 좋은 온라인 구매 채널(예스24, 알라딘, 교보문고 온라인, 반디앤루니스 온라인 등) 중 하나를 선택하여 구매를 결정한다. 구매한 책은 블로그 및 페이스북을 통해서 구매 리스트를 공개하거나 책을 읽은 후에 리뷰를 공유한다. 사람마다 차이는 있겠으나 실제로 이러한 경로를 통해서 구매 의사 결정이 이루어진다고 볼 수 있다.

구매 경험에서 니즈를 추출하라

온·오프라인의 다양한 채널에서 '인지 → 탐색/비교 → 체험 → 구매 결정 →

고객 관계'라는 단계별 구매 여정을 거치면서 고객에게 필요한 구매 경험을 추출해야 한다. 고객이 구매 여정에서 기대하는 경험은 다음과 같다.[7]

▲ 고객이 기대하는 경험 (출처: 액센추어)

첫 번째는 '나를 알아주는 것 know me'으로, 개인화된 상호작용을 제공하는 것이다. 내 가입 내용, 서비스, 구매 내역을 기반으로 나를 인지해주고, 내 존재를 일깨워주기를 바란다. 다양한 채널에서 최근 나의 활동 사항을 기반으로 나를 알아주고 맞춤화된 서비스를 제공해주는 것을 원한다.

두 번째는 '나를 아는 것을 보여주는 것 show me you know me'으로, 다양한 마케팅 기술을 기반으로 타깃 프로모션을 제공하는 것이다. 타깃 제품, 가격 할인 프로모션 등 내가 좋아하는 것을 기반으로 개인화된 오퍼 offer를 제공한다. 나

---

[7] Donald Carroll 외, 〈The New Omni-Channel Approach to Serving Customers〉, Accenture, 2013.

의 프로필, 계정, 스타일, 상황 등을 파악하여 내가 필요로 하는 요구 사항을 손쉽게 해결할 수 있기를 바라고 있다.

세 번째는 '내가 할 수 있는 것enable me'으로, 소셜미디어, 모바일, 유통 채널의 지원이 필요하다. 내가 좋아하는 온·오프라인 쇼핑 채널에서 번거로움 없이 브랜드와 편리하게 상호작용할 수 있게 만들어야 한다. 나의 의견이나 생각들을 다른 사람에게 말하고 표현할 수 있어야 하며, 내가 가진 고민과 문제를 다양한 채널에서 완벽하게 해결할 수 있는 지원 체계가 이루어져야 한다.

네 번째는 '나에게 가치를 제공하는 것value me'으로, 구매 단계에서 즉각적인 대응을 받기를 원한다. 내 제품과 서비스의 옵션 사항들을 자유롭게 선택할 수 있으며, 다양한 결제 수단 지원 등의 가치를 증대시킬 수 있는 것들을 최대화시켜줘야 한다. 로열티 및 관계에 따른 혜택 제공과 다른 사람의 구매 추천에 따른 적절한 보상이 제공되어야 한다.

고객이 기대하는 경험을 기반으로 구매여정 단계별 고객이 필요로 하는 경험을 추출해보면 다음과 같다.

'인지' 단계의 경우 온·오프라인 매장에서 개인의 특성을 고려한 맞춤형 상품을 제안해주기를 바라며, 상품 리뷰 및 후기를 손쉽게 파악할 수 있고 즉시 할인 혜택을 제공받기를 원한다.

'탐색/비교' 단계에서는 제품의 특징과 기능 등에 관련한 상품 정보를 한눈에 볼 수 있기를 바란다. 또한 가격 비교가 용이하고, 매장 위치 및 상품 재고 정보를 파악할 수 있으며, 다양한 혜택 정보를 원한다.

'경험' 단계에서는 온라인 및 모바일로 편리하게 샘플 체험을 할 수 있거나 수치 및 피팅을 통해 직접 체험하고 싶어 한다. 오프라인 매장에서는 상품 위치를 편리하게 파악하고 시연, 시음, 시식 등을 제공받기를 원한다.

'구매 결정' 단계에서는 인터넷과 모바일로 편리하게 상품 재고 확인 및 주문 진행이 가능하기를 바라며, 일관된 상품 구성 및 가격 정책을 받기를 원한다. 그리고 온·오프라인의 쿠폰, 할인, 마일리지를 함께 활용할 수 있어야 하고, 다양한 결제 수단과 방법을 지원해주기를 원하며, 원하는 장소에서 빠르게 제품을 수령하고 싶어 한다.

마지막 '고객 관계' 단계에서는 주문에 따른 추가 혜택 제공, 구매 상품 공유 및 리뷰 작성, 편리한 서비스 지원 및 반품, 관심 상품에 대한 정보를 받기를 원한다.

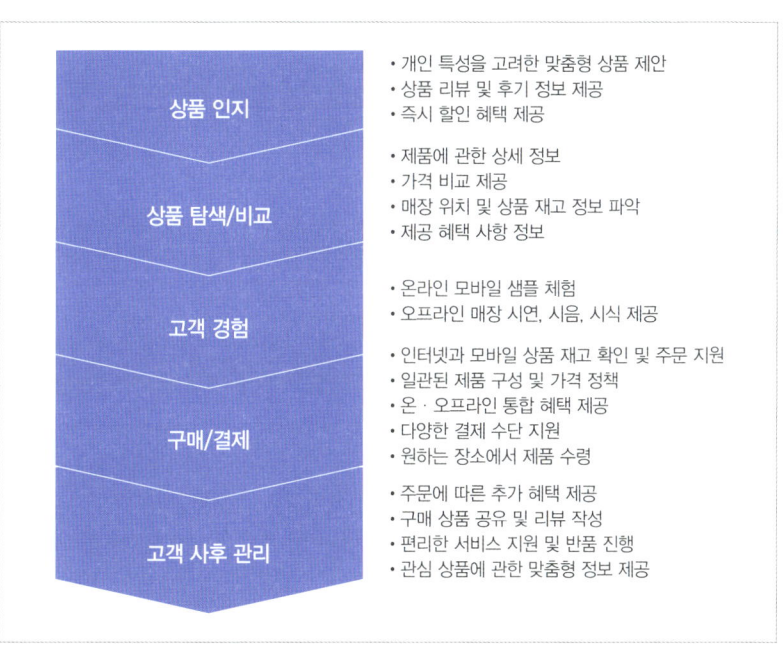

▲ 고객 구매 여정 단계별로 구매 경험 니즈 추출

구매 경험에서 서비스를 도출하라

구매 여정 단계별로 고객의 구매 경험을 강화시키기 위해서 기존 방식을 개선하거나 추가로 도입되어야 하는 옴니채널 서비스를 도출해야 한다. 옴니채널에서 고객 가치를 높이기 위해 고려 되어야 하는 서비스는 다음과 같은 사항들이다.[8]

```
1. 상품 정보 제공
2. 로열티 프로그램
3. 가격 할인
4. 맞춤형 정보
5. 제품 탐색 및 배송
6. 소셜미디어 공유
7. 고객 데이터 통합 연계
8. 이벤트, 서비스 지원, 반품
9. 온라인 통합
10. 모바일 통합 연계
```

▲ 옴니채널 서비스 요구 사항 (출처: Wiser)

첫 번째는 제품에 관한 정보이다. 온·오프라인 어딘가에서 제품에 관한 정보 및 리뷰를 볼 수 있어야 한다. 두 번째는 로열티 프로그램이다. 고객에게 다양한 혜택을 제공할 수 있는 로열티 프로그램이 통합 연계되어 있어야 한다. 세 번째는 가격 할인이다. 온·오프라인에 동일하게 할인을 제공한다. 네

---

[8] Wiser, 〈How Showrooming Affects Online Retailers〉, Wiser, 2014. 3.

번째는 타깃 고객에 맞는 상품 제공이다. 타깃 고객의 성향에 맞는 맞춤형 상품을 제공해야 한다. 다섯 번째는 고객이 편리하게 구매할 수 있도록 해야 한다. 온·오프라인에서 제품탐색 및 배송 등을 편리하게 이용해야 한다. 여섯 번째는 고객 참여 기회이다. 고객이 소셜미디어에서 공유할 수 있는 연계가 이루어져야 한다. 일곱 번째는 고객 데이터의 통합과 연결이다. 온·오프라인 채널에서 고객의 데이터가 통합 연계되어 고객을 인지하고 구매로 이어질 수 있어야 한다. 여덟 번째는 고객 경험 강화이다. 온·오프라인 채널에서 이벤트, 혜택, 고객 서비스, 배송, 반품의 고객 경험을 강화시킬 수 있는 서비스를 동일하게 제공해야 한다. 아홉 번째는 온라인 통합이다. 오프라인 매장 경험 및 모바일 연계를 위한 온라인 통합이 이루어져야 한다. 열 번째는 모바일 연계가 이루어져야 한다. 매장 내 고객 경험 강화를 위해 모바일 통합 및 연계 서비스를 제공해야 한다.

구매 여정 단계별로 고객의 구매 경험 니즈 강화에 필요한 옴니채널 서비스는 다음과 같이 도출할 수 있다. 주로 온·오프라인 연계를 통하여 고객의 경험을 강화시킬 수 있는 개인화 서비스, 통합 연계 서비스, 혜택 강화 서비스, 고객 지원 서비스 등이다.

'인지' 단계에는 고객 개인의 맞춤형 서비스 및 혜택 제공을 위한 서비스와 매장 검색과 위치를 손쉽게 파악할 수 있는 위치 기반 및 매장 검색 서비스 등을 고려할 수 있다. '탐색/비교' 단계에는 모바일로 판매하는 다양한 제품을 쉽게 파악할 수 있고 추천까지 해주는 모바일 카탈로그나 큐레이션 서비스, 온·오프라인의 상품 가격을 비교할 수 있는 가격 비교 서비스를 생각해볼 수 있다. '고객 경험' 단계에서는 온라인 및 모바일로 실제 매장에서 판매하는 제

디지털 트랜스포메이션 시대, 옴니채널 전략 어떻게 할 것인가?

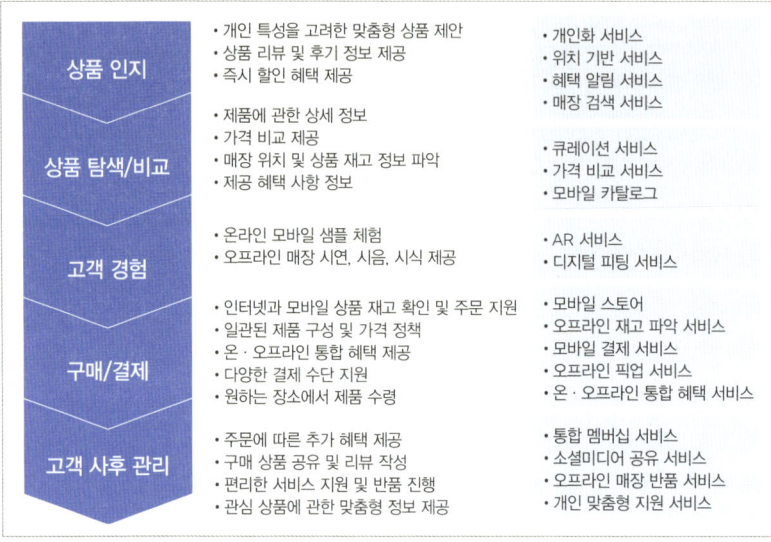

▲ 구매 경험 니즈에 따른 옴니채널 서비스 도출

품을 느끼고 체험할 수 있는 증강현실augmented reality, AR과 디지털 피팅 서비스 등이 있다. '구매/결제' 단계에서는 온·오프라인 매장의 유기적 연계을 위한 모바일 스토어 제공과 구매, 결제, 배송을 지원할 수 있는 재고 파악 서비스, 모바일 결제 서비스, 오프라인 픽업 서비스를 제공할 수 있다. '사후 관리' 단계에서는 멤버십을 통한 고객 혜택 서비스 제공과 편리한 반품 및 교환 등의 다양한 사후 관리 서비스를 고객에게 지원할 수 있다.

IBM의 글로벌 리테일 인더스트리 리더를 맡고 있는 질 풀러리Jill Puleri 부사장은 IBM의 쇼핑 행태 조사 결과를 토대로 소비자가 원하는 옴니채널 서비스 다섯 가지를 제시했다.[9]

---

9 〈온·오프라인 매장 품질·가격 똑같이 팔아라〉, 《중앙일보》, 2014. 10. 22.

첫째, 온·오프라인 매장에서 판매하는 상품의 품질과 가격, 혜택이 동일해야 한다. 둘째, 고객이 온라인에서 구매한 상품을 가까운 오프라인 매장에서 반품할 수 있어야 한다. 셋째, 오프라인 매장에 재고가 없으면 언제 어디서나 집에서 택배로 받아볼 수 있어야 한다. 넷째, 배송 과정을 인터넷이나 모바일로 언제든지 확인 가능해야 한다. 마지막으로 매장에서 구매하지 않더라도 제품 정보를 탐색하고 체험하고 즐길 수 있어야 한다.

소비자 요구 사항	한국	글로벌
온·오프라인 통합 쿠폰	4	
상품 주문과 배송 상태 확인	1	3
오프라인 매장에 없는 제품 배송	2	
온라인 주문 제품의 매장 반품	3	5
온·오프라인 통합 로열티	5	
재고 확인 및 배송		2
가격 일관성		1
구색 일관성		4

▲ 옴니채널에 대한 소비자 요구 사항 순위 (출처: IBM 기업가치 연구소)

옴니채널에 대한 소비자 요구 사항의 우선순위를 보면 글로벌의 경우 가격 일관성을 중요시한 반면 국내의 경우 상품 주문과 배송 상태 확인을 우선순위로 꼽고 있다. 다음으로 매장에 없는 제품의 배송, 온라인 주문 제품의 오프라인 매장 반품, 온·오프라인 통합 쿠폰, 온·오프라인 통합 로열티 제공 순서로 요구 사항이 높게 나타나고 있다.[10]

---

10   유영미, 〈가격, 상품구색, 온·오프라인 융합으로 통일하라〉, 《리테일매거진》, 2014년 11월호.

디지털 트랜스포메이션 시대, 옴니채널 전략 어떻게 할 것인가?

옴니채널 서비스	고객 경험	투자 비용	매출 효과	평균	우선순위
개인화 서비스	5	3	4	4.0	4
위치 기반 서비스	5	5	5	5.0	1
혜택 알림 서비스	5	4	5	4.7	2
매장 검색 서비스	3	4	3	3.3	
큐레이션 서비스	3	5	2	3.3	
가격 비교 서비스	4	3	3	3.3	
모바일 카탈로그	2	4	3	3.0	
AR 서비스	3	3	2	2.7	
디지털 피팅 서비스	4	1	2	2.3	
모바일 스토어	5	4	5	4.7	2
오프라인 재고 파악 서비스	3	1	2	2.0	
모바일 결제 서비스	4	4	5	4.3	3
오프라인 픽업 서비스	4	3	4	3.7	5
통합 혜택 서비스	5	1	4	3.3	
통합 멤버십 서비스	5	4	5	4.3	3
소셜미디어 공유 서비스	4	1	2	2.3	
오프라인 매장 반품 서비스	3	3	3	3.0	
개인 맞춤형 지원 서비스	5	4	5	4.7	2

▲ 옴니채널 서비스 우선순위

도출된 옴니채널 서비스는 고객이 느끼는 구매 경험의 크기, 투자 비용의 최소화, 매출 효과 증대의 세 가지 측면을 고려한 점수를 산정하여 평균적으로 가장 높은 점수를 받은 서비스에 우선적으로 단계별 적용할 수 있다.

서비스	신규	보완	연계	매장	온라인	모바일
위치 기반 서비스	●		●	●		●
혜택 알림 서비스		●	●	●		●
모바일 스토어		●	●	●		●
개인 맞춤형 지원 서비스		●			●	●
통합 멤버십 서비스		●	●	●	●	●
모바일 결제 서비스	●		●	●		●
개인화 서비스		●		●	●	●
오프라인 픽업 서비스	●		●	●	●	●

▲ 옴니채널 서비스 구축 및 연계

우선순위로 선정된 서비스를 현재 기업 내부의 상황을 고려하여 적용해야 한다. 신규로 옴니채널 서비스를 도입해야 하는 서비스와 기존 서비스를 옴니채널 서비스에 맞게 추가 보완해야 하는 서비스를 구분하여 추진하면 된다. 그리고 매장, 온라인, 모바일 등의 온·오프라인 채널에서 서비스 연계가 필요한 채널을 지정하여 통합 연계가 이루어지도록 설계해야 한다.

옴니채널을 효율적으로 운영하기 위해서

옴니채널 전략 추진에서 서비스 구현 못지 않게 중요한 것이 옴니채널을 운영 관리할 수 있는 체계를 구축하는 것이다. 각 채널을 통합 할 수 있는 조직 체계뿐만 아니라 고객 경험을 강화할 수 있는 내부 프로세스 연계와 효율적인 주문 관리 및 배송을 위한 원활한 지원이 뒷받침되어야 한다.

옴니채널 운영 관리 체계

옴니채널의 효율적인 운영 관리를 위해서는 조직, 프로세스, 재고 관리 및 물류 등의 지원 체계가 통합 연계되어야 한다.

| 전방위로 고객 지원이 가능한 조직 체계 구축 |

옴니채널 추진을 위해 조직을 통합하고 일관되게 운영할 수 있는 옴니채널 조직 체계가 구성이 되어야 한다. 기업 내 각 채널을 통합하고 일관된 전략과 프로세스를 설계하는 전략 파트strategy part와 운용 지원 및 효율화를 위한 시스템 구축과 실질적인 운영을 담당할 실행 파트operation part로 구분한 조직 구

업무 영역	세부 업무	
고객&마케팅	• 고객 데이터 관리 • 시장, 고객 분석 • 매스 마케팅, 광고, 제휴	• 캠페인, 로열티 관리 • 고객 서비스 관리
상품	• MD, 구색관리 • 상품 마스터 관리	• 가격, 프로모션 관리 • 수요 예측, 재고 관리
온·오프라인 매장&채널	• 매장 및 채널 디자인 및 배치 • 거래 처리	• 매장 및 채널 서비스 관리 • 매장 및 채널 간 연계
물류&보관	• 물류 관리 • 배송, 반송 관리	• 공급망 관리
사업 지원	• 재무 관리, 인력 관리 • 매장 스태프 교육, 지원	• 시스템 운영

▲ 옴니채널 운영 관리 조직 및 주요 업무 (출처: IBM)

성이 이루어져야 한다.

이와 더불어 옴니채널 전략 추진 강화를 위한 총괄적인 의사 결정을 수행할 수 있는 총괄옴니채널책임자Chief Omnichannel Officer를 임용하는 것도 고려해 봐야 한다. 메이시스백화점은 '가장 앞서가는 옴니채널 유통 업체'를 기업 비전으로 변경하고 2013년 1월에 유통 업계 최초로 로버트 B. 해리슨Robert B. Harrison을 COO로 임명했다.

이외에도 온·오프라인 매장에서 전방위적으로 원활하게 고객 지원을 할 수 있는 조직 관리와 교육도 병행되어야 한다.

| 채널 간 원활한 연계가 가능한 통합 프로세스 구축 |

그리고 구매 프로세스에 맞춰서 온·오프라인 채널 간의 원활한 연계가 이루어질 수 있는 통합 프로세스가 구축되어야 한다. 프로세스의 경우 각 채널에서 동일한 상품, 서비스, 마케팅 등이 체계적으로 이루어질 수 있는 고객 중심의 프로세스가 설계되어야 한다. 고객의 구매 패턴과 여정을 면밀히 분석하여 채널 접점마다 고객 대응 체계에 맞게 조직 업무가 최적화되어야 한다.

| 통합된 재고 관리 정보 제공 |

또한 온·오프라인의 동일한 상품 정보와 구매 연계를 위해서는 통합된 재고 관리 정보가 제공되어야 한다. 온라인에서 주문한 제품을 매장에서 받기 위해서는 약속된 기간 내에 배송이 가능해야 한다. 매장에서 제품이 없는 경우에는 타 매장 및 온라인 매장의 제품을 고객에게 배송해야 하며 이때도 재고 관리와 물류 정보가 연계 처리되어야 한다. 이러한 처리를 위해 하나의 채널

에서 주문을 통합하는 배송 체계가 아닌 다양한 채널에서 주문을 통합하여 배송 계획 및 물류 계획을 수립해야 한다.

핵심 정리

관리 체계	특징
조직 관리	• 기업 내 각 채널을 통합 • 일관된 전략과 프로세스를 설계 • 운용 지원 및 효율화를 위한 시스템 구축 • 실질적인 운영을 담당할 조직 구성
프로세스	• 온·오프라인 채널 간의 원활한 연계를 위한 통합 프로세스 구축
재고 관리 및 물류	• 통합된 재고 관리 정보 제공

▲ 옴니채널 운영 관리 체계

옴니채널 기술 기반 구축

옴니채널 서비스 제공을 위해서는 온·오프라인을 원활하게 연계할 수 있는 운영 시스템과 고객 경험을 증대할 수 있는 인터랙티브 기술이 기반되어야 한다. 운영 시스템은 온·오프라인의 다양한 고객 접점 채널을 통합 연계하고 고객 분석, 재고 관리, 구매 및 배송 지원의 역할을 한다. 또한 인터랙티브 기술은 고객의 구매 경험 향상 및 상호작용을 증대시켜준다.

옴니채널 기반 기술의 본격적인 도입 및 구축에 앞서 먼저 자사의 비즈니스 아이덴티티를 분석하여 옴니채널 도입을 통하여 얻고자 하는 가치 타깃 value targeting을 설정하는 작업을 전개해야 한다. 이는 데이터에 근거해 기업이 실현 가능한 다양한 가설을 바탕으로 비용 절감을 통해 수익을 창출할 수 있는 가치 모델을 도출해내는 것이다.

그다음 시스템 개발 및 적용에 앞서 파일롯 테스트pilot test를 통해 전개 모델을 재정의해야 한다. 파일롯 테스트는 비용 투자에 따른 수익을 고려하여 다양한 가설을 재설계하는 분석 작업을 해야 한다. 그리고 내·외부적으로 발생 가능한 여러 문제에 대비하여 기술적인 문제, 법규, 제도 등을 검토해 추진 모델을 재정의하는 방법으로 진행한다.

이러한 단계를 거쳐 추진 모델의 파급 효과가 높은 서비스의 기술을 우선 도입하여 단계별로 지속적인 개발을 하며 추진 범위를 넓혀나간다. 또한 시장을 주도하기 위해서 회사와 연관된 협력 업체들에게 서비스를 적용시켜 마켓 활성화를 도모하거나 관련 포럼 및 제도적·기술적 표준화 작업에도 적극적으로 참여해야 한다.

| 고객 접점 채널에 대응하기 위한 기술 제공 |

온·오프라인 고객 접점인 인터넷, 모바일, 매장 등에서 고객 커뮤니케이션 및 구매 최적화를 위한 기술을 제공한다. 시장조사 기관 포레스터 리서치Forrester Research가 발표한 'Hot Or Hype: The Most Important Retail Technologies For 2017' 보고서에 따르면 리테일 기업은 2017년도 기술투자는 사업의 효과가 없는 AR과 가상현실virtual reality, VR등의 기술이 아니라 비즈니스와 직접적으로 연관성이 높은 기술에 투자하는 것으로 나타났다. 주요 투자는 소비자의 요구를 예측하고 분석하는 데 중점을 두고 있다. 리테일 기업의 디지털 마케팅 담당자는 새로운 기술의 사례연구 및 ROI를 주시하고 있으며, 기술 투자에는 옴니채널, 개인화 분석, 디지털 매장에 대한 투자가 중심을 이루고 있

다. 매장의 경우 기본적인 POS 시스템뿐만 아니라 태블릿, 키오스크 및 디지털 사이니지digital signage를 설치하여 매장 내 상품 위치 파악 및 실시간 맞춤형 서비스가 가능해야 한다. 인터넷과 모바일을 활용해 언제 어디서나 상품을 인식하고 검색하고, 비교하는 등의 구매 경험을 최적화할 수 있어야 한다.

| 운영 시스템(CRM , SCM, 클라우드 등) 기반 기술 제공 |

온·오프라인 연계를 위해서 필수적으로 방대한 데이터를 처리하고, 운영 관리 업무를 효율화하고 통합 연계를 지원할 수 있는 고객 관계 관리CRM, 공급망 관리SCM, 클라우드 등의 기반 시스템이 구축해야 한다. 고객 관리의 경우에는 고객 데이터베이스의 통합과 빅데이터 분석을 통한 다양한 고객의 행동 및 구매 성향을 추출해 실시간으로 개인화된 맞춤형 서비스가 제공되어야 한다. 공급망 관리는 온·오프라인 각 채널의 통합 재고 관리와 다양한 배송 채널과의 연계가 이루어져야 하며, 고객이 배송 정보를 실시간으로 파악할 수 있는 지원이 있어야 한다. 이외에도 결제, 보안, 클라우드 등의 다양한 기반 시스템도 함께 구축해야 한다.

| 고객의 구매 경험을 향상시키는 인터랙티브 기술 제공 |

다양한 디지털 기술을 활용해 손쉽고 편리하게 구매할 수 있는 차별화된 쇼핑 경험을 제공해줘야 한다. 그러기 위해서는 위치 기반GPS, 비콘beacon, QR코드, NFC Near Field Communication 등의 다양한 인식 기술을 활용해 개인화된 맞춤형 서비스를 제공하면 된다. AR, 3D프로젝션 맵핑, 홀로그램 같은 고객이 직접적으로 체감하고 몰입 경험을 강화할 수 있는 체험 기술도 있다. 이를 활용

해 상품에 대한 스토리텔링 제공과 고객 경험을 강화해야 한다.

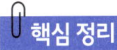
핵심 정리

기술 유형	특징 및 종류
고객 접점 채널 대응 기반 기술	• 온·오프라인에서의 고객 커뮤니케이션 및 구매 최적화를 위한 관련 서비스 기술 • POS, 태블릿, 키오스크, 디지털 사이니지 등
운영 시스템 (CRM, SCM, 클라우드 등) 기반 기술	• 온·오프라인을 연계하여 데이터를 처리하고 지원하는 기술 • 고객 관계 관리, 공급망 관리, 클라우드
고객 커뮤니케이션 인터랙티브 기술	• 고객이 직접 체감하고 몰입 경험을 강화할 수 있는 인터랙티브한 체험 기술 • GPS, 비콘, QR코드, NFC, AR, 3D프로젝션 맵핑, 홀로그램 등

▲ 옴니채널 기술 기반 구축

Part
04

국내 주요 기업들의
옴니채널 추진 전략

모바일 퍼스트 및 매장 통합 전략

《리테일매거진》의 조사에 따르면 국내 유통업계의 옴니채널 서비스는 아직 초기 단계인 것으로 나타났다. 조사결과 '온라인구매 및 매장픽업'(38.3%) 등 초기단계의 서비스를 제공하는 단계이며, '채널 간 통합을 위한 인프라 및 오퍼레이션 시스템이 체계화 되지 못했다'(34.6%)는 답변이 많았다. 반면 '모든 채널 접점에서 매력적인 개별 맞춤형 쇼핑경험을 제공한다'는 응답은 5.6%에 불과하였다. (출처: 〈미리보는 2017 소매경기〉,《리테일매거진》, 2016년 11월호.)

옴니채널은 단순히 모바일 애플리케이션을 만들거나 새로운 서비스를 구축하는 것으로 되는 게 아니라 고객, 시스템, 프로세스, 조직 등 전방위적 대응이 필요하다. 그렇다 보니 기업들은 섣부른 시도보다 조심스럽게 단계를 밟아나가는 단계별 접근을 시도하고 있다.

국내 기업들의 옴니채널 대응 전략은 크게 모바일 서비스를 강화하여 온·오프라인을 연계하는 '모바일 퍼스트 mobile first' 전략과 오프라인 매장을 연계하여 온·오프라인을 통합하는 '매장 통합 store integration' 전략으로 나눌 수 있다.

'모바일 퍼스트' 전략은 이미 구축한 모바일 쇼핑 채널을 중심으로 고객이 오프라인 매장에서 상품을 탐색하고 편리하게 구매할 수 있는 다양한 기능을

4장 국내 주요 기업들의 옴니채널 추진 전략

	1단계(2013) Customer Relation	2단계(2014~15) Mobile First	3단계(2015~) Channel Integration	4단계(2016~) Omni-Channel Strategy
추진 전략	쿠폰, 비콘 등을 활용한 고객인지 및 매장유입활성화	모바일 App구축을 통한 상품탐색, 모바일구매지원 매장 위치 안내, 쿠폰북 서비스 등 모바일 채널구축	개별 브랜드를 통합한 통합몰을 구축하여 모바일과의 연동 및 오프라인 매장 연계 진행	조직, 시스템, 마케팅 등을 통합하여 운영의 효율성 및 PC, 모바일, 오프라인매장을 연계한 옴니채널 전략 본격추진
주요 구현	• 위치서비스 • 모바일쿠폰 • 비콘 서비스	• 상품탐색, 비교 • 모바일 Store • 쿠폰북 • 매장 위치안내	• 통합몰 • Click & Collect • 모바일결제 • 매장반품/교환	• 조직/프로세스통합 • 시스템 통합 • 통합고객전략 • 물류강화 및 연계 • 오프라인 매장연동
	디지털 마케팅전략 (마케팅중심전략)		옴니채널 1.0 (채널중심전략)	옴니채널 2.0 (디지털트랜스포메이션 전략)

▲ 국내 기업의 옴니채널 단계별 전략 추진 프로세스

제공하는 데 중점을 두고 있다. 위치 기반, 비콘 등을 활용하여 매장 위치 안내 및 고객 혜택 등을 제공하고, QR코드, NFC, 모바일 결제 등의 매장 내에서 상품 구매 및 결제를 편리하게 할 수 있는 다양한 서비스를 제공하는 것이다. 매장 방문 고객의 쇼루밍 현상에 대응하고 매장 유입 고객의 구매 경험을 강화하기 위한 접근 방법이다. 현재 신세계백화점, 현대백화점, 이마트, 홈플러스 같은 업체들이 모바일 애플리케이션 기능을 추가하여 오프라인 매장과 연계하는 서비스를 제공하고 있다.

'매장 통합 전략'은 매장을 중심으로 온·오프라인 매장을 단계별로 연계하여 일관성 있는 구매 경험을 강화하는 전략이다. 온·오프라인 매장에서 판매하는 상품 구성, 가격 정책, 혜택 제공, 배송 지원 등을 동일하게 제공하여 고객이 언제 어디서나 편리하게 자신이 원하는 상품을 구매할 수 있는 최적화된 구매 경험을 제공하는 것이다. 대표적인 매장 통합 전략을 전개하는 업체는 롯데그룹이다. 롯데그룹은 자사가 보유하고 있는 여덟 개의 유통 채널을 유기적으로 통합 연계하여 고객 인지부터 배송까지 고객에게 일관성 있는 구매 경험을 제공하기 위해 노력하고 있다. GS리테일도 GS홈쇼핑, GS25등의 온·오프라인 매장을 연계하여 상품 구매 및 배송 등을 통합하고 있다. 교보문고, 반디앤루니스 같은 오프라인 서점도 매장 구매를 강화하기 위해 온라인과 동일한 혜택 및 배송 혜택 서비스를 제공하고 있다.

핵심 정리

특징	모바일 퍼스트	매장 통합
플랫폼	• 모바일 중심	• 매장 중심
전략	• 모바일 연계 매장 구매 경험 강화	• 온·오프라인 통합 동일한 고객 경험 제공
주요 서비스	• 상품 구매 정보 및 고객 혜택 중심	• 상품 구성, 가격 정책, 배송 지원 등의 통합 연계
주요 기업	• 신세계백화점, 현대백화점, 이마트, 홈플러스 등	• 롯데그룹, GS리테일, 교보문고, 반디앤루니스 등

▲ 모바일 퍼스트 및 매장 통합 전략 특징

4장 국내 주요 기업들의 옴니채널 추진 전략

백화점의 진화

국내 주요 백화점 업계들은 온·오프라인 매장을 통합하고 연계하는 전략을 우선으로 추진하고 있다. 이를 위해 모바일을 기반으로 한 스마트 스토어를 구축하여 온·오프라인 매장의 구매 지원 및 다양한 혜택 제공과 편의성을 강화하고 있다. 고객의 구매 편의성 및 차별화를 위해 개인화, 위치 기반, 배송, 결제 등의 서비스 제공도 확대하고 있다.

그룹 차원에서 전사적으로 움직이고 있는 롯데그룹

롯데는 신동빈 회장의 강력한 옴니채널 추진 의지 덕분에 그룹 차원에서 전사적으로 움직이고 있다. 롯데그룹은 롯데백화점, 롯데마트, 롯데슈퍼, 세븐일레븐, 롯데홈쇼핑, 롯데카드 등 여덟 개의 유통 채널을 통해 3,700만 명(롯데 L.Point 회원수) 규모의 방대한 회원 정보를 보유하고 있다. 이러한 온·오프라인의 다양한 고객 정보와 유통 채널이라는 강점으로 미래의 유통 시장을 선점하겠다는 의지를 가지고 전략적으로 추진하고 있다.

  롯데는 2014년 3월에 정책 본부와 미래전략센터 주관으로 그룹 옴니채널

디지털 트랜스포메이션 시대, 옴니채널 전략 어떻게 할 것인가?

추진 계획을 본격적으로 검토하기 시작했다. 5월에는 심층소비자조사, 7월에는 롯데백화점, 롯데마트, 롯데로지스틱스, 롯데정보통신, 이비카드 등 19개 유관사 대표이사들이 사장단 워크숍을 거쳐 추진위원회가 구성됐다.

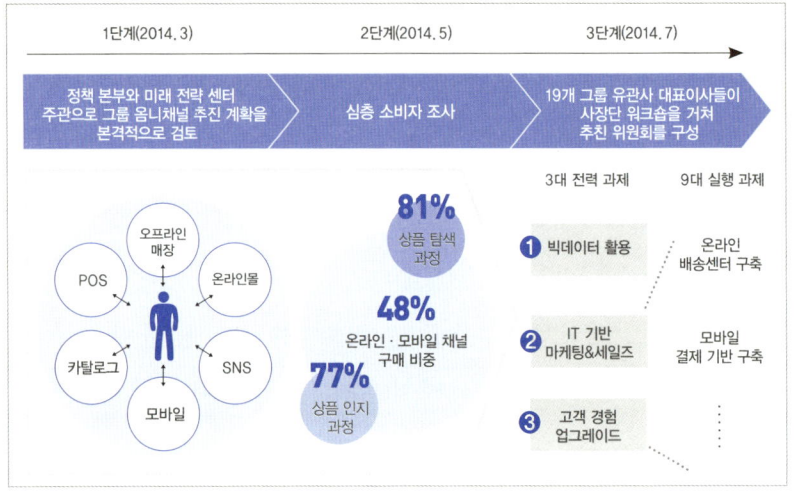

▲ 롯데그룹 옴니채널 전략 추진 프로세스

추진위원회는 '빅데이터 활용', 'IT 기반 마케팅과 세일즈', '고객 경험 업그레이드'라는 옴니채널 3대 전략과 온라인 배송센터 구축, 모바일 결제 기반 구축 등의 아홉 가지 세부 실행 과제를 선정했다.

조직 차원에서는 옴니채널 전략을 추진하고 R&D를 담당할 롯데 이노베이션랩을 설립하였다. 또한 온·오프라인 회원정보를 통합하고 개방형 멤버십 서비스를 확장하기 위하여 기존 롯데카드의 사업부로 운영되던 롯데멤버스를 별도 법인으로 세우고, 통합포인트인 엘포인트(L.Point)를 론칭하였다.

롯데는 옴니채널 전략을 추진함에 있어 '옴니채널 쇼퍼'를 핵심 고객으로 보고, 고객 경험을 강화하기 위해 온·오프라인 구매 채널을 통합하고 연계하는 다양한 시도를 진행하고 있다.

롯데백화점은 '옴니로 산다'라는 슬로건 아래 새로운 고객 여정에 대응해 고객별 맞춤형 서비스 및 혜택을 제공하고 있다. 롯데그룹은 크게 네 가지 서비스를 기반으로 고객 구매 여정의 경험을 강화하고 있다.

첫 번째 엘포인트는 롯데그룹의 통합포인트로 3,700만 명의 회원수를 확보하고 있으며, 실 사용자수도 550만 명에 달한다. 엘포인트를 기반으로 멤버십 통합관리 및 빅데이터 분석을 기반으로 개인 맞춤형 혜택을 제공하는 마케팅 플랫폼으로 활용하고 있다.

두 번째 엘팟L.Pot은 매장 내에 방문한 고객의 마케팅 커뮤니케이션을 강화하기 위한 비콘 서비스로 고객의 위치를 파악해 개인화된 쿠폰, 할인, 적립 등의 다양한 혜택을 제공하고 있다.

세 번째 엘페이L Pay는 모바일 간편결제 서비스로 롯데 계열사의 모든 온·오프라인 채널에서 편리하고 손쉽게 결제할 수 있도록 하고 있다.

네 번째 스마트픽Smart Pick은 온라인 주문 후 고객이 원하는 때에 원하는 매장에서 구매한 제품을 찾을 수 있다.

롯데백화점은 2014년에 온라인과 연계하여 온·오프라인 구매를 할 수 있는 가상매장인 '모바일스토어'를 제공하면서 본격적으로 매장 내 옴니채널 서비스를 강화하였다. 오프라인 매장 또는 행사장에 전시된 QR코드나 NFC 태그를 스마트폰으로 스캔하거나 터치하면 백화점의 온라인몰인 엘롯데의 모바일 기획전과 상품 구매 페이지로 연동되도록 하였다. 매장에서 제품을 직접 확인하고 인터넷 및 모바일 등으로 가격비교를 한 후 저렴하게 구매하고자 하는 쇼루밍족을 끌어들이기 위한 전략으로 온·오프라인 통합 연계 서비스를 제공한 것이다. 또한 종이 형태로 제공한 카탈로그를 모바일 애플리케이션인 '스마트 쿠폰북'으로 대체하였다. 고객이 언제 어디서나 행사정보 및 사은행사 내용, 이벤트 등을 확인할 수 있어 구매로 연결되게끔 했다.

2015년에는 온·오프라인 통합을 테마로 온라인 쇼핑몰에서 구매한 상품을 매장이나 점포에 있는 픽업데스크를 통해 찾아가는 '스마트픽' 서비스를 제공하였다. 스마트픽 이용 고객은 오후 4시 이전에 주문하면 3시간 이내 상품 픽업이 가능하며, 최근에는 롯데닷컴과 엘롯데에서 주문한 상품을 인근의 세븐일레븐이나 하이마트 매장에서도 찾을 수 있다.

2016년에는 쇼핑과 정보통신기술 ICT의 결합을 테마로 '스마트 쇼퍼', '가상 피팅 서비스' 등을 선보였다. 스마트 쇼퍼 서비스는 고객이 식품매장에서 카트나 바구니 없이 전용 상품 바코드 스캐너 Scanner를 이용해 쇼핑할 수 있는 서비스이다. 고객은 바코드 스캐너가 포함된 단말기인 쇼퍼 Shopper를 들고 식품매장을 둘러보며 구매하려는 상품의 바코드를 찍고 매장 출구에 설치된 무인 계산대에서 바코드로 찍은 상품 중 최종 구매 상품을 선택하고 결제하면 집에서 배송받을 수 있다. 이외에도 초대형 터치스크린을 통해 다양한 쇼핑 정보를 흥미롭게 즐길 수 있는 '스마트테이블'과 내부 온도 조절이 가능해 냉장보관이 필요한 신선식품까지도 보관할 수 있게 만든 보관함인 '스마트 로커' 등을 설치해 다양한 스마트 쇼핑 환경을 체험할 수 있도록 하였다.

AR 기술을 활용한 3D 가상 피팅 서비스는 디지털 거울과 스마트폰을 활용해 옷을 입어보지 않아도 편리하고 재미있게 피팅 결과를 확인할 수 있다. 디지털 거울 옆에 있는 동작인식 카메라가 사용자의 신체 사이즈를 측정해 몸에 맞는 의상을 디스플레이를 통해 실시간 3D 이미지를 보여준다. 고객의 발 사이즈를 3D 기술로 측정해 개별 고객의 발 모양에 적합한 신발을 추천하거나 수제화 제작이 가능한 '3D 발 사이즈 측정기'도 제공한다.

2017년에는 백화점 오프라인 서비스를 모바일로 구현한 롯데 모바일 백화점 모디Mo.D를 제공하여 개인 맞춤형 상품 추천, 1:1 쇼핑상담 등의 서비스를 모바일로 제공하고 있다. 고객은 매장을 방문하지 않아도 모바일을 통해 매장에서 누릴 수 있는 서비스와 혜택을 손쉽게 받아볼 수 있다. 고객이 방문하려는 점포의 방문 시간을 설정할 수 있는 '피팅 예약' 시스템도 도입해 고객들이 좀 더 편리하게 쇼핑할 기회를 제공하고 있으며, 백화점을 방문한 고객은 오프라인 바코드 정보를 모바일을 통해 스캔하면 모디에서 제공하는 세부 상품 정보를 조회할 수 있다.

모디에선 고객이 매장에서 받을 수 있던 서비스를 모바일을 통해 한번에 받을 수 있다. 고객은 모디를 통해 상품 구매와 사은행사 참여 및 전자 할인 쿠폰도 지급받아 온·오프라인에서 모두 활용할 수 있다. 또한 기존 종이 영수증이 아닌 '전자 영수증'을 발급받아 영수증 조회 및 저장도 가능하다.

롯데백화점은 인공지능Artificial Intelligence, AI, 로봇 등의 기술을 적극적으로 도입하여 4차 산업혁명시대에 적합한 매장 내 고객 경험을 강화하기 위한 노력을 전개하고 있다. 업계 최초로 말하고 움직이는 로봇 쇼핑도우미 '엘봇'을 도입하여 옴니채널 이용 방법 및 맛집 추천과 매장 위치 안내를 도와주고 있다. 또한 일본 소프트뱅크의 휴머노이드 로봇인 '페퍼Pepper'를 백화점 쇼핑도우미로 활용하고 있다. 백화점의 점포, 쇼핑 정보, 맛집, 주변 관광지 등의 정보를 제공하며, 향후 연령대별, 성별에 따라 맞춤 상품을 제안할 예정이다.

디지털 트랜스포메이션 시대, 옴니채널 전략 어떻게 할 것인가?

핵심 정리

구분	주요 추진 전략	주요 서비스
전략 추진	• 옴니채널 추진위원회 구성 • 옴니채널 추진 3대전략 및 9개 실행과제 수립 • R&D센터 설립 및 회원정보 통합 추진	• 롯데 이노베이션랩 • 롯데멤버스

고객 경험 강화	• QR코드 NFC활용 온·오프라인 매장 구매 연계
	• 베스트아이템 매장 내 태그 설치 상품 추천
	• 오프라인 POP 온라인몰 확인
	• 종이형태 제공 카탈로그 모바일앱 제공
	• 위치기반 정보 활용 주변매장 및 상품정보 제공
	  - 비콘을 활용한 개인 맞춤 및 혜택 제공
	  - AR 기술을 활용한 3D 가상 피팅 서비스
	  - 개인 맞춤형 상품 추천 제공
	  - 로봇을 활용한 매장 위치 안내
		• 엘포인트
		• 엘팟
		• 엘페이
		• 엘봇
		• 스마트 쇼퍼
		• 가상 피팅 서비스
		• 모디

배송/물류 확대	• 온라인 주문 후 오프라인 매장 수령 • 롯데그룹 매장 거점 활용해 주문 상품 수령	• 스마트픽 • 스마트로커

▲ 롯데그룹 옴니채널 추진 전략

고객의 편의에 중점을 둔 신세계그룹

신세계는 2014년 초 고객이 쇼핑하기 편리한 환경을 만들겠다는 원칙 아래 신세계백화점 인터넷몰, 이마트몰, 트레이더몰 등 그룹 내 온라인 쇼핑몰들을 하나로 통합하여 'SSG닷컴'을 새롭게 만들었다. 고객은 같은 회사에서 판매하는 상품을 별도로 구매하고 결제해야 하는 불편이 없어졌고 손쉽게 이용할 수 있게 되었다. 온라인몰을 통합하면서 고객이 정기적으로 구매하는 장보기 상품을 자동 결제 및 배송하는 정기 배송 서비스, 원하는 정보만 스크랩할 수 있는 서비스, 데이터 분석 기반 상품 추천 등 모바일 특화 기능도 강화했다.

오프라인 매장에서의 고객 구매 지원 및 경험 확대를 위해 모바일을 연계한 스마트 스토어도 함께 구축하였다. 고객은 모바일 애플리케이션을 활용하여 백화점의 주요 쇼핑 뉴스를 확인할 수 있으며, 자신이 원하는 점포와 브랜드를 설정하면 특별 행사와 세일 정보를 받아볼 수 있다. 또한 브랜드를 검색하면 전화번호, 입점 여부, 층내 위치 등 단순 정보부터 당일 해당 브랜드에서 진행 중인 쇼핑 정보와 특별 행사까지도 간편하게 확인할 수 있다. 이외에도 매장 방문 시 위치 기반 정보 제공 서비스를 활용해 스마트폰으로 당일 쇼핑 소식 및 혜택을 실시간으로 알려줘 고객의 쇼핑 편의를 높여주고 있다.

고객들이 SSG닷컴에서 백화점 판매상품을 구매할 경우, 배송을 기다리지 않고 신세계 전 지점의 해당 브랜드 매장에서 상품을 직접 수령할 수 있는 '매직 픽업서비스'도 도입하고 있다. 합리적인 가격으로 편하게 구매할 수 있는 온라인 구매의 장점과 사이즈와 색상 교환, 반품, 수선서비스 이용편의 등 오프라인 구매 시 필요한 고객 지원 서비스를 제공하고 있다.

고객의 개인화 서비스를 강화하기 위하여 SSG닷컴에 쇼핑메신저 서비스인 쓱톡SSG TALK 서비스를 제공하고 있다. 쓱톡은 모바일로 쇼핑하는 고객들이 친

▲ 신세계 SSG.COM

구와 대화하며 상품을 공유하고 선물할 수 있는 대화형 메신저 서비스이다. 고객은 주소록에 저장된 지인과 바로 대화하며 쇼핑 정보를 나눌 수 있으며 상대방에게 상품, 쿠폰, S머니 등을 자유롭게 선물할 수 있다. 그리고 자체 개발한 SSG페이를 이용해 바코드 스캐닝 한번으로 결제와 동시에 할인적용, 포인트 적립, 현금·전자영수증 발행 등이 가능하다. SSG페이는 현금과 상품권을 충전해 현금처럼 사용하는 선불식 SSG머니와 후불식 신용카드 간편결제를 동시에 탑재했다. 소비자들은 SSG머니를 통해 지인에게 선물이나 용돈도 줄 수 있으며, 더치페이 결제 기능도 가능하다.

이뿐만 아니라 신세계백화점, 이마트 등 유통 계열사 멤버십을 통합한 1,600만여 명 규모의 '신세계포인트'를 운영하고 있다. 신세계 포인트는 일평균 방문 구매자수가 50만 명 이상이며, 연간 1인당 방문구매 횟수 역시 평균 17회 이상에 달하고 있다. 신세계포인트는 SSG머니로 전환해 결제할 수 있으며, SSG닷컴에서도 결제할 수 있는 것이 특징이다. 신세계포인트의 고객데이터를 분석해 다양한 맞춤형 서비스 제공과 그룹 내 계열사와 연계한 통합 프로모션에 활용하고 있다.

2017년 4월에는 올반, 보노보노, 데블스토어 등 7개 외식브랜드 110개 매장 통합 멤버십 서비스인 '신세계 푸딩 플러스'를 론칭하는 등 그룹 전체의 소비자 데이터 군집화도 시도하고 있다. 빅데이터 기반으로 소비자와 1:1 소통이 가능한 AI 'S마인드'를 개발, 세일이나 쇼핑 정보를 소비자 개인의 모바일 애플리케이션 등을 통해 전달하는 콘텐츠 매니지먼트 시스템을 구현했다. 신세계백화점은 고객 5백만여 명을 대상으로 최근 구매 기록과 성별, 연령, 지역 등 약 100여 개의 변수로 매일 빅데이터를 만든다. 이를 바탕으로 선호 브랜드를 산출해내고, 해당 브랜드에 대한 쇼핑 정보를 제공한다. 신세계백화점은 이를 통해 고객 이탈 방지뿐만 아니라 기존 불특정 다수를 겨냥한 '다이렉트 메일'에서 벗어나 개인화 마케팅 구현이 가능해졌다.

또한 고객응대 시스템에 빅데이터를 활용해 매장에서 판매사원이 실시간으로 빠르게 고객 지원이 가능하도록 하였다. 고객이 발레파킹을 받으면 차량 번호로 고객을 확인하고, 매장 판매사원의 태블릿PC에 전송해 고객의 구매 패턴을 미리 알고 맞춤형 서비스를 제공한다. 매장 판매사원의 태블릿PC에는 고객이 매장에 도착하는 동시에 알림이 온다. 구매 고객의 선호 브랜드, 구매 이력은 물론 브랜드별 실시간 재고 조회까지 한눈에 파악 가능하다.

핵심 정리

구분	주요 추진 전략	주요 서비스
통합 연계 추진	• 온라인몰, 백화점, 마트 채널통합 및 연계 • 신세계백화점, 이마트 멤버십 통합	• SSG닷컴 • 신세계 포인트
모바일 연계 강화	• 모바일 맞춤형 서비스 제공	• 정기 배송 서비스 • 상품 스크랩 • 상품 추천 서비스 • 맞춤형 정보 및 혜택 서비스 • 위치기반 서비스
빅데이터기반 분석	• 빅데이터 기반 AI 서비스 • 고응대시스템에 빅데이터를 활용	• S마인드 개발

▲ 신세계그룹 옴니채널 추진 전략

디지털 트랜스포메이션 시대, 옴니채널 전략 어떻게 할 것인가?

구매 편의성 및 고객 접점을 늘리는 현대백화점

현대백화점은 2016년 1월에 온라인 쇼핑몰을 강화하고 옴니채널 전략을 확대하기 위하여 기존 오프라인 백화점을 그대로 옮겨놓은 '더현대닷컴'을 오픈하였다. 더현대닷컴을 론칭하면서 온·오프라인 연계에 중점을 두고 고객 접점을 늘리기 위한 다양한 옴니채널 서비스를 도입하였다.

고객들이 오프라인 매장을 둘러보는 듯한 느낌을 받을 수 있도록 상품진열을 매장 그대로 구현한 '온라인 매거진' 서비스와 고객의 구매이력과 장바구니에 담은 상품군을 분석해 오프라인 할인 행사를 진행할 때 알려주는 고객 맞춤형 행사 알림 서비스 '원클릭 서비스'도 선보였다. 그리고 고객의 상품 검색의 편의성을 높이기 위하여 제품사진을 올리면 디자인, 색상, 패턴을 분석해 유사한 상품을 찾아주는 '스마트 파인더' 서비스도 도입하였다. 또한 온라인에서 구매한 상품을 오프라인 매장에서 찾을 수 있는 '스토어픽' 서비스에 선물하기 기능을 적용해 고객들의 구매 편의성을 높여주고, 초기 10개 점포에서 현재는 전국 매장에 확대 제공하고 있다. 이외에도 고객들이 모바일로 간편하게 결제할 수 있는 결제 서비스로 'H월렛'을 출시하였다. H월렛 이용자는 카드 사용내역 및 청구내역 조회, 백화점 멤버십, 마일리지 적립, 할인쿠폰 적용 등 기존 현대백화점 카드의 모든 기능을 그대로 사용할 수 있다. H월렛은 월평균 4만여 명의 가입자를 확보하였으며, 매월 사용금액이 20~50%씩 지속적으로 늘어나고 있다.

현대백화점그룹은 12개 계열사와 40개 브랜드가 참여하여 모든 소비자데이터를 합친 통합 멤버십 서비스인 'H.포인트'를 2017년 8월에 선보였다. 이를 통해 기존 각 계열사별로 흩어져 있던 포인트 제도를 하나로 통합해 현대백화점그룹 전 계열사 온·오프라인 매장에서 구매한 금액의 일부를 포인트로 적립받을 수 있고, 적립된 포인트는 현금처럼 사용할 수 있게 됐다.

또한 고객 편의성을 높이기 위해 고객의 이름이나 전화번호로만 회원가입이 가능한 '간편가입 서비스', 하나의 아이디로 전 계열사 온라인몰에 접속 가능한 '통합ID 서비스' 등을 도입했다. 적립한 포인트나 쿠폰을 다른 사람에게 줄 수 있는 '선물하기' 기능도 선보였다. 기존 유통업계의 통합 포인트는 소비자들의 구매 편의와 판촉에 초점을 맞추고 운영되어왔다. 현대백화점그룹은 이에 더해 하루 평균 약 5천만 건의 결제 적립 고객문의 등 소비자 빅데이터를 활용, 소비자 개별 마케팅과 서비스를 제공할 계획이다. 현대백화점그룹 관계자는 "작년 초부터 외부 기관의 컨설팅을 받아 시스템 운영 전략을 수립하는 등 통합 멤버십 서비스 준비에 박차를 가하고 있다"며 "포인트 통합으로 소비자 혜택을 강화하고 통합 마케팅도 진행하는 등 계열사 간 시너지를 극대화할 것"이라고 밝혔다.

현대백화점은 오프라인 백화점 매장에 진열된 상품을 그대로 옮겨와 백화점을 방문하지 않고도 오프라인 매장에 있는 듯한 느낌을 제공하기 위하여 VR을 적극적으로 도입하고 있다. 2016년 8월에 '더현대닷컴 VR스토어'를 개설해 현대백화점 판교점의 일부 매장을 모바일 애플리케이션과 VR기기를 통해 360도로 살펴볼 수 있게 하였다. 10월에는 '몽블랑' 매장을 VR 매장으로 구현하였다. 실제 몽블랑 매장을 그대로 재현해 직접 매장을 방문한 것처럼 화살표를 따라 매장을 걸어다닐 수 있다. 또한 선호하는 제품을 쳐다보면 상세한 제품 정보까지 얻을 수 있어 3차원 쇼핑이 가능하도록 하였다. 현대백

디지털 트랜스포메이션 시대, 옴니채널 전략 어떻게 할 것인가?

화점은 VR 매장을 꾸준히 업데이트하여 2018년에는 상세설명과 함께 해당 상품과 어울리는 다른 제품까지 자동 추천해주는 서비스를 제공할 예정이며, 2019년에는 백화점 전체를 통째로 VR 매장으로 선보일 계획이다.

또한 고객 지원 및 맞춤형 정보를 제공하기 위하여 빅데이터 기반의 챗봇 서비스인 '헤이봇'을 도입하고 있다. 카카오톡 플러스친구를 통해 1:1 채팅을 할 수 있으며, 상담원과 직접 대화하는 느낌을 받을 수 있다. 5천여 개의 키워드를 등록해 구매내역, 상품배송현황, 반품방법 등을 포함한 8개 항목에 5만 개의 자동 답변 시나리오가 있다. 이러한 문장은 고객들이 사용할수록 데이터가 축적되어 상품 검색과 결제 등으로 적용 영역을 확대할 예정이다.

새로운 유통 채널의 확장으로 사물인터넷IoT과의 연계도 진행하고 있다. 현대백화점은 사물인터넷인 삼성패밀리 허브 냉장고에 입점하여 프리미엄 식료품과 화장품, 전자제품 등을 판매하고 있다.

핵심 정리

구분	주요 추진 전략	주요 서비스
구매 편의성 강화	• 오프라인 상품진열 매장을 구현 • 고객맞춤형 행사 알림 • 상품 검색의 편의성 증대 • 빅데이터 기반 고객맞춤형 정보 제공 • 모바일 간편결제 및 통합멤버십	• 온라인 매거진 서비스 • 원클릭 서비스 • 스마트파인더 서비스 • 헤이봇 • H월렛 및 H포인트
매장경험 강화	• VR 기반 오프라인 매장 구현 • 사물인터넷 연계	• VR스토어
	• 온라인 구매상품 매장 픽업	• 스토어픽 서비스

▲ 현대백화점 옴니채널 추진 전략

4장 국내 주요 기업들의 옴니채널 추진 전략

고객의 접근성을 높인 대형마트

대형마트는 영업규제 및 소비심리 위축과 함께 온라인 쇼핑몰, 소셜커머스 등 유통 채널 다변화로 매출 성장이 둔화되었다. 그러자 오프라인 매장만의 강점과 온라인 쇼핑몰의 편의성을 활용한 차별화된 전략을 전개하기 위해 기존 온·오프라인 채널 통합 및 확장에 주력하고 있으며, 모바일을 연계한 오프라인 매장 서비스 강화 및 개인화된 다양한 편의서비스를 제공하고 있다. 이뿐만 아니라 배송 서비스 강화를 위해 배송거점 확보를 위한 제휴와 물류센터 구축을 추진하고 있다.

온·오프라인 매장 연결에 중점을 둔 롯데마트

롯데마트는 2014년에 인터넷 쇼핑몰인 롯데마트몰을 새롭게 개편해 고객이 편리하게 상품을 찾을 수 있도록 오프라인 매장에서 고지하는 상품설명 및 상품 요리 레시피 POP 등을 온라인몰에서 확인할 수 있게 연계하였다.

기존 오프라인 종이 쿠폰 서비스를 모바일로 전환하여 옴니채널 쿠폰 서비스인 'M쿠폰 애플리케이션'을 출시하였다. 고객들의 장바구니를 분석해 재

구매율이 높은 상품을 중심으로 할인쿠폰을 제공하는 '개인화 쿠폰 서비스'를 제공하고 있으며, 지역 기반 제휴 할인 등의 기능을 추가해 생활밀착형 서비스로 확장하고 있다. M쿠폰 애플리케이션 이용자를 분석한 결과, 1인당 월 평균 쿠폰 사용 개수는 3.6개로 고객 1인당 평균 종이 쿠폰 사용 개수였던 1.1개보다 3배 이상 높았다.

롯데마트는 고객이 언제 어디서나 편리하게 제품을 구매하고 빠르게 배송을 받을 수 있도록 롯데계열사뿐만 아니라 다양한 채널과의 연계를 통한 픽업Pickup서비스를 제공하고 있다. 온라인 쇼핑몰에서 주문한 후 매장에서 제품을 받아볼 수 있는 '스마트픽'뿐만 아니라 롯데그룹 내 유통사 간의 연계를 통해 고객이 구매한 상품을 백화점이나 편의점 같은 주변의 매장에서 찾을 수 있는 '크로스픽Cross Pick' 서비스를 제공하고 있다. 이외에도 다양한 배송 서비스를 제공하기 위해 가까운 주유소에서 제품을 픽업할 수 있는 '주유소 픽업 서비스'와 주차장으로 주문한 제품을 가져다주는 '드라이브 앤 픽 서비스' 등 총 여섯 종류의 옴니채널 배송 서비스를 운영하고 있다.

매장을 방문한 고객이 롯데마트 모바일 애플리케이션으로 상품 바코드 스캔하고 모바일로 결제하면 집으로 배달해주는 '스마트 스캔Smart Scan' 서비스도 도입하고 있다.

모바일로 맞춤형 서비스를 제공하는 이마트

이마트는 SSG닷컴으로 온라인 이마트몰을 통합한 후 모바일을 활용한 오프라인 매장 연계 서비스와 매장 내 고객 경험을 강화하기 위한 전략을 전개하고 있다. 기존 '이마트몰 앱'을 '이마트 앱'으로 리뉴얼해 매장을 방문하는 오프라인 고객대상으로 맞춤형 쇼핑 정보를 제공하고 있다. 모바일 애플리케이션을 활용하여 단골 이마트를 설정해놓으면 고객이 자주 찾는 매장 행사와 할인 정보, 휴점일 등이 자동으로 안내된다. 매장 유입 강화를 위해 위치기반 서비스에 동의한 고객에게 푸시앱 형태의 맞춤형 서비스를 제공하는 지오펜스, 비콘 서비스를 제공하고 있다. 개인화된 맞춤형 서비스를 제공하기 위하여 고객 구매 패턴을 분석해 세분화된 마케팅을 전개하고 있다. 이처럼 모바일을 활용하여 매장을 방문하는 오프라인 고객에게 맞춤형 쇼핑 정보를 제공함으로써 고객접근성과 쇼핑경험을 높여주고 있다.

이마트는 온라인 전용 물류센터인 이마트몰 '보정센터'를 구축했다. 보정센터는 'ECMS Emartmall Center Management System'라는 자체 물류 시스템을 통해 고객주문과 배송, 상품파킹, 재고관리, 협력사 결제까지 원스톱으로 관리된다. 고객이 온라인으로 주문하면 수작업으로 제품을 포장해 배송했다면, 이제는 자동화 시스템을 통해 한 시간 정도 걸리는 일을 40분이면 가능하도록 제공하고 있다. 이마트는 물류센터를 확장하는 동시에 '쓱배송'을 강화해 당일배송 비중을 높여나가고 있다. 또한 가구, 양곡 등 부피가 크고 무거워 직접 구매가 꺼려지는 상품대상으로 바코드 스캔으로 집까지 배송하는 '스캔서비스'를 제공하고 있다.

이마트는 미래형 마트시스템 구축을 위해 매장 내에 디지털 사이니지를 도입했다. 매장 내 광고판을 디지털 사이니지로 교체하여 행사 상품을 안내하고 실시간 쇼핑 정보를 제공할 뿐만 아니라 다양한 광고 콘텐츠를 노출해 고객에게 유용한 상품 정보를 제공한다. 디지털 사이니지 도입으로 개인화된 타깃 광고가 가능해져 빅데이터를 활용해 실시간으로 매장을 방문한 고객에게 개인화된 상품을 추천할 수 있게 되었다.

또한 이마트는 매장 내 고객 동선과 체류시간을 분석하기 위하여 쇼핑 패턴 분석 기술인 '히트맵Heat Map'을 도입할 예정이다. 이를 기반으로 누가 어떤 물건을 어디에서 구입하는지, 어느 매대에서 얼마나 오래 머무는지, 어느 경로로 움직이는지 등을 분석할 수 있다. 이마트는 이 정보를 바탕으로 매장 진열 기법과 상품 배치, 재고 관리 등에 활용할 계획이다.

고객의 편리한 장보기 서비스를 지원하는 홈플러스

홈플러스는 옴니채널의 변화에 따른 고객의 니즈를 충족시켜주기 위한 다양한 멀티 채널 전략을 전개하고 있다.

홈플러스는 매장에서 판매하는 상품진열대 이미지에 QR코드를 부착해 지하철역 벽면에 설치하여 스마트폰으로 주문과 배송을 할 수 있는 '가상스토어'를 서비스했다. 시범 서비스 적용 후 직장인들이 많이 다니는 선릉역 등의 주요 거점에 고객이 편리하게 구매할 수 있도록 팝업스토어의 형태로 채널을 확장해나가고 있다.

홈플러스는 개인 맞춤형 디지털 전단 서비스와 추가할인 혜택 등을 제공해 모바일 서비스를 강화하고 있다. 개인 맞춤형 디지털 전단 서비스는 고객이 필요로 하는 상품 정보를 선별해 제공해준다. 고객들은 이를 통해 자신이 자주 찾는 상품에 대한 정보를 빠르고 손쉽게 확인할 수 있다. 오프라인 상품할인, 추가증정, 쿠폰할인, 신용카드 청구할인 등의 다양한 추가할인혜택 프로그램을 제공해 구매를 유도하고 있다.

홈플러스는 매장 내에 키오스크를 설치해 매장에서 상품을 고르고 집으로 받는 서비스를 제공하고 있다. 초기에는 피자나 케이크 등 델리 상품에만 국한되었지만 이제는 무겁고 부피가 큰 상품은 매장에서 구입 후 바로 무료배송이 가능하다. 더불어 온라인 마트에서 구매한 제품을 원하는 시간에 바로 찾아가는 픽업서비스도 제공하고 있다.

홈플러스는 2000년 초부터 장보기 대행 서비스를 운영해오고 있는데 고객이 홈플러스 온라인 쇼핑몰에서 상품을 주문, 결제하면 피커Picker라고 불리는 사원들이 매장을 돌면서 고객이 주문한 상품들을 담아 배송하는 서비스다. 고객은 온라인으로 편리하게 주문한 후 고객이 원하는 장소와 시간대에 바로 배송받아 볼 수 있다.

장보기대행서비스 피커

디지털 트랜스포메이션 시대, 옴니채널 전략 어떻게 할 것인가?

핵심 정리

업체	주요 추진 전략	주요 서비스
롯데마트	• 오프라인 POP온라인몰 확인 • 기존 오프라인 종이쿠폰 모바일로 전환 • 다양한 채널과 연계한 픽업 서비스 제공 • 상품 바코드 스캔 모바일 결제 지원	• 온라인 POP • M쿠폰 서비스 • 스마트픽(크로스픽, 주요소픽업) • 스마트스캔
이마트	• 이마트앱 리뉴얼 고객대상 맞춤형 서비스 제공 • 물류센터 확장 및 당일 배송 강화 • 매장 내 디지털 사이니지 도입 • 매장 내 고객 체류시간 분석	• 이마트앱 • 쓱배송 • 스캔 서비스 • 디지털 사이니지 광고 • 히트맵 분석
홈플러스	• 개인 맞춤형 서비스와 추가 할인 제공 • 매장 내 키오스크 상품 구입 • 매장 내 장보기 대행 서비스	• 개인 맞춤형 디지털 전단지 • 매장 키오스크 및 픽업 서비스 • 장보기대행 '피커' 서비스

▲ 대형마트 옴니채널 추진 전략

공간의 한계를 뛰어넘는
편의점

편의점 업계는 고객의 매장 방문 증대와 구매 활성화를 위해 위치 기반 서비스인 비콘에 기반한 모바일 마케팅을 추진하고 있다. 이외에도 백화점, 마트 등과 연계하여 배송 거점으로서의 역할뿐만 아니라 다양한 제품을 체험할 수 있는 팝업스토어 기능까지 하고 있다.

모바일 쿠폰 서비스를 강화하고 있는 세븐일레븐

세븐일레븐은 고객의 매장 방문을 증대시키기 위해 모바일 애플리케이션에 기반한 다양한 혜택을 제공하고 있고, 비콘을 활용한 실시간 마케팅을 진행하고 있다. 그리고 롯데그룹 유통 채널과 연계하여 배송 서비스도 지원하는 옴니채널 전략을 추진하고 있다.

　세븐일레븐은 모바일 쿠폰을 중심으로 고객의 매장 방문 증대와 구매 활성화를 강화하고 있다. 모바일 쿠폰을 활용해 친구들에게 선물할 수 있으며, 간편하게 결제까지 할 수 있다. '선물하기'는 간편하게 주소록에 저장된 지인들에게 편의점 제품을 선물할 수 있는 기능이다. '결제하기'는 고객이 쿠폰으로 결제할 수 있으며, 사용 편의성을 높여 결제한 쿠폰을 쿠폰함에서 확인할 수도 있다. 또한 '세븐콘'이라는 아이콘 개념을 도입하고 매월 새로운 제품으로 구성된 '이달의 할인 쿠폰'을 제공하고 있다.

세븐일레븐 모바일앱으로 편의점 도시락도 예약 주문할 수 있다. 고객이 모바일앱으로 도시락을 예약 주문한 후 현재 위치를 기반으로 가까운 편의점을 선택한 후 매장을 지정하면 예약한 시간에 도시락을 받을 수 있다. 결제도 모바일 결제뿐만 아니라 엘포인트로 결제할 수 있다.

▲ 세븐일레븐 비콘 서비스 (출처: 세븐일레븐)

SK플래닛의 비콘 서비스인 시럽(syrup)과 제휴해 7천여 개 전국 매장에서 위치 기반 마케팅도 시행하고 있다. 고객이 세븐일레븐 매장을 지나가면 알림 서비스와 함께 할인 쿠폰, 1+1쿠폰 등을 제공해 매장으로 고객을 유입시키는 것이다. 세븐일레븐은 비콘 서비스를 실시간 '타임 마케팅' 및 '게릴라 마케팅'에도 적극 활용하고 있다. 아침 시간에는 삼각김밥과 샌드위치, 점심에는 도시락, 오후에는 간식류 등 시간대별 고객 선호에 따라 할인 쿠폰을 제공한다. 그리고 전국 점포에서 실시간 선착순 응모 경품 행사 등과 같은 게릴라 마케팅도 진행한다.

세븐일레븐은 전국 4,700여 개 매장이 생활거점에 위치하고 24시간 오픈되어 있어 그룹 옴니채널 배송거점 역할을 담당하고 있다. 롯데백화점, 롯데마트, 롯데홈쇼핑 등의 스마트픽 서비스뿐만 아니라 유니클로 같은 외부업체의 배송까지 담당하고 있다. 또한 고객이 온라인으로 주문한 상품을 세븐일레븐 매장에서 반품할 수 있는 '스마트픽 반품(리버스픽)' 서비스도 제공하고 있다.

무인편의점 제공을 위한 노력도 꾸준히 진행하고 있다. 잠실 롯데월드타워에 무인편의점 매장인 '세븐일레븐 시그니처'를 오픈했다. 테스트 매장이지만 정액결제 시스템인 핸드페이 시스템, 360도 자동스캔 무인계산대 등이 설치되어 있어 손쉽게 제품구매 및 결제를 할 수 있다. 향후 무인편의점은 AI 등의 다양한 신기술을 매장 내에 도입하여 상용화할 예정이다.

옴니채널 모바일 플랫폼으로 확장하는 GS25

GS25는 온·오프라인을 연계하는 새로운 옴니채널 유통 채널 확장에 주력하고 있다. GS홈쇼핑과 연계하여 누구나 편리하게 언제 어디서나 온라인의 오픈마켓처럼 저렴한 가격으로 홈쇼핑에서 상품을 구매할 수 있도록 연계하고 있다.

매장 내 배치된 모형 상품 전단지를 통해 해당 상품의 설명과 구매 조건을 확인하고, 스마트폰으로 전단지의 바코드를 계산대에서 인식하면 바로 상품을 주문할 수 있다. 스마트폰, 대형TV, 정수기, 비데 등 전문 매장이나 홈쇼핑에서 구매 가능한 상품을 편의점에서 손쉽게 구매할 수 있다. 더불어 모바일 카탈로그 서비스도 함께 제공해 카탈로그의 상품을 확인한 후 가까운 GS25 매장에서 상품을 주문하면 자신이 원하는 곳에서 상품을 수령할 수 있다.

GS25는 기존 1+1증정품 보관 모바일 애플리케이션인 '나만의 냉장고'의 기능을 추가해 도시락 예약 주문과 상품결제를 통한 온라인 쇼핑이 가능한 옴니채널 모바일 플랫폼으로 확장했다. 이를 통해 고객은 자신이 원하는 시간과 점포에서 원하는 도시락을 받을 수 있으며, 스마트폰으로 상품구매까지 가능하다.

비콘 서비스를 제공하는 시럽과 얍(YAP)과 제휴하여 위치기반 타깃마케팅을 진행하고 있다. 지역 내 유동고객과 매장에 방문한 고객에게 기프티콘을 무료로 제공하고 실시간 이벤트를 진행해 매장 유입 및 구매를 유도하고 있다. 또한 매장 내 고객분석을 위하여 KT와 제휴하여 유동인구, 고객정보 등을 활용한 개인화된 맞춤형 서비스도 제공할 계획이다

GS25는 세븐일레븐과 동일하게 그룹 내 계열사 옴니채널 서비스 강화를 위한 배송거점으로 활용되고 있다. GS홈쇼핑에서 주문한 상품을 GS25점포에서 배송받을 수 있다. GS25는 다양한 업체들과의 제휴를 통해 배송거점의 역할을 확대해 나가고 있다. G마켓과 옥션, G9를 운영하는 이베이코리아와 손잡고 무인 안심택배함 '스마일박스'를 제공하고 있으며, ABC마트와 제휴해 ABC마트 온라인몰에서 주문한 신발을 편의점에서 받아볼 수 있는 서비스를 제공하고 있다.

즉석 할인 쿠폰의 위력을 체감한 CU

CU는 편의점을 방문한 고객에게 매장 경험과 다양한 혜택을 제공하는 데 중점을 두고 옴니채널 전략을 추진하고 있다. 디지털 사이니지를 이용한 매장의 디지털 플랫폼 기반을 구축하고, NFC 결제 단말기를 설치하여 모바일 연계 서비스를 강화했다.

매장에 설치된 디지털 사이니지를 통해 매장 방문 고객 및 인근 지역을 지나가는 사람들에게 노출이 가능하며, 이를 통해 상품 홍보 및 구매를 유도하고 있다. 결제 시 NFC을 활용하여 모바일로 손쉽게 결제할 수 있는 서비스도 함께 제공하고 있다.

또한 얍과 제휴하여 8천여 개 매장에 비콘을 설치하고, 고객 유입을 강화하고 있다. 고객이 편의점에 들어서면 바로 할인받을 수 있는 즉석 할인 쿠폰을 실시간으로 제공하고 있다. 비콘을 활용한 할인 상품 중 하나였던 CU플로리다 주스는 서비스를 시작한 이후 판매가 급증하여 냉장 주스 카테고리 10위권 밖이었던 것이 1위로 올라서는 성과를 얻었다.

CU는 소셜커머스 티몬, 오픈마켓 11번가와 제휴를 맺고 편의점 픽업 서비스를 강화하고 있다. 교보문고, 현대홈쇼핑, 에뛰드하우스 등 다양한 업체들과 제휴해 무인택배함을 제공하고 있다. 다양한 업체들과 제휴를 통한 편의점 픽업 서비스 강화는 단순 제휴를 넘어서 매장방문 확대 및 신규고객 확보를 위한 전략방안이다.

CU는 SK텔레콤과 제휴해 편의점에 AI '누구NUGU'를 활용해 매장 근무자가 가격, 이벤트 등 편의점 운영의 궁금한 사항을 본사에 연락하거나 인터넷을 통해서 알아볼 필요 없이 구두로 문의할 수 있는 편의점 도우미 서비스를 상용화할 예정이다.

핵심 정리

업체	주요 추진 전략	주요 서비스
세븐일레븐	• 모바일 연계 고객 경험 증대 • 롯데그룹 유통 채널 및 배송연계 • 무인편의점 및 신기술 도입	• 모바일 쿠폰 서비스 • 비콘 서비스 • 스마트픽 • 세븐일레븐 시그니처
GS25	• GS홈쇼핑 연계 매장내 상품주문 • 나만의 냉장고 모바일 플랫폼 확장 • 위치기반 타깃 마케팅 진행 • GS유통 채널 연계 배송거점 활용	• 모바일 팝업스토어 • 나만의 냉장고 • 비콘 서비스 • 스마일박스
CU	• 디지털 플랫폼 기반 구축 • 위치기반 타깃 마케팅 진행 • 온라인 쇼핑 제휴 배공거점 연계 • AI 활용 편의점 업무지원	• 디지털 사이니지 • 비콘 서비스 • 편의점 도우미 서비스

▲ 편의점 옴니채널 추진 전략

모바일과 결합한 홈쇼핑

TV 방송을 기반으로 하고 있는 홈쇼핑은 TV를 보면서 모바일을 활용하는 사람들이 늘어나면서 모바일 마케팅을 강화하는 전략으로 옴니채널을 전개하고 있다. 시간과 장소에 구애받지 않고 실시간으로 홈쇼핑에서 제공하는 혜택을 동일하게 제공받을 수 있는 온·오프라인 연계에 중점을 두고 추진하고 있다.

또한 온라인의 한계를 극복하는 방법으로 오프라인 매장을 확장하는 전략을 전개하고 있다. TV 특성상 실제로 제품을 체험할 수 없는 문제를 해결하고 신뢰도를 높일 수 있다는 장점 때문이다.

온·오프라인 채널을 확대하는 CJ오쇼핑

CJ오쇼핑은 2016년 경영전략을 발표하며 온·오프라인 채널을 확대하는 옴니채널 전략과 차별화된 상품판매를 통해 성장기반을 다지겠다고 비전을 제시했다. 이를 위하여 CJ오쇼핑은 TV, 인터넷, 모바일을 통합하는 전략으로 TV채널과 제품을 단일화하고, 통합고객 등급제도를 개편하였으며, 자동 타겟팅 시스템ATS을 개발하여 모바일 애플리케이션으로 방송상품 안내 및 쿠폰 등을 제공하고 있다. 이러한 결과 오픈율은 240%, 구매전환율은 165%로 개선되는 효과를 얻을 수 있었다.

모바일방송도 강화해 소셜미디어에 인기 있는 상품을 특가에 제공하는 '겟꿀쇼'를 론칭하였다. 생방송으로 라이브 채팅창을 통해 시청자들의 실시간 반응 및 의견을 즉각 반영하여 소통을 강화하고 있다.

CJ오쇼핑은 홈쇼핑 처음으로 2014년에 인천복합쇼핑몰 스퀘어원에 75평 규모의 첫 오프라인 매장 '스타일온에어Style On Air'매장을 개점했다. 현재는 복합쇼핑몰 매장에 7개의 오프라인 매장을 운영하고 있다. 오프라인 매장을 통해 CJ오쇼핑 인기 패션 프로그램에서 선보인 패션 제품들을 직접 체험하고, 단독 판매 브랜드의 고객인지도를 높이는 역할을 하고 있다. 또한 배송거점으로 TV 홈쇼핑이나 온라인을 통해 구매한 제품을 매장에서 받아볼 수 있으며, 매장을 방문해 상품을 확인하고 마음에 들지 않으면 그 자리에서 반품, 취소도 가능하다.

모바일 퍼스트를 지향하는 GS홈쇼핑

GS홈쇼핑은 디지털과 모바일 환경에서 더욱 다양해지고 기대가 높아진 고객들을 만족시키기 위하여 고객의 경험을 높여주는 모바일과 IT를 결합한 서비스를 통해 고객에게 최적의 상품과 서비스를 제공한다는 계획이다. 이를 위해 GS홈쇼핑은 전 사업을 모바일 중심으로 재편하는 '모바일 퍼스트Mobile First'를 지향하고 옴니채널 전략에 집중하고 있다.

GS홈쇼핑 모바일 다운로드 건수는 업계 최초로 2천만 건(2017년4월기준)을 넘어섰으며, 전체 구매 중 36%가 모바일에서 매출이 발생하고 있다. 생방송 중 모바일 애플리케이션으로 구매하면 할인을 제공하고, 방송상품을 구매하면 모바일 GS숍에서 사용할 수 있는 모바일 상품권도 증정하고 있다. 또한 생방송 중 모바일 메신저로 실시간 고객 문의도 가능하다. GS홈쇼핑은 채널을 확장해 전화를 걸 필요 없이 카카오톡으로 구매할 수 있는 '톡주문 서비스', 모바일에서 배송정보를 확인할 수 있는 '라이브 배송 서비스' 등도 제공하고 있다.

  2016년 전체 배송한 물건 중 절반가량은 구매자가 경비실 등에 맡긴 뒤 나중에 찾아간다는 점을 포착하고 홈쇼핑에서 물건을 주문하면 편의점 GS25에서 찾아가는 픽업서비스를 기획하여 론칭하였다.

채널 다변화로 고객의 편의성을 제공하는 현대홈쇼핑

현대홈쇼핑은 옴니채널 전략 추진을 위하여 다양한 채널에서 고객이 편리하게 제품에 관한 정보와 구매할 수 있는 모바일 환경을 제공하는 데 중점을 두고 있다. 모바일 애플리케이션을 개편하여 최소한의 터치로 상품을 구매할 수 있는 검색 기능을 추가했다. 기존에 6회 터치로 브랜드와 색상, 가격대 등을 추가로 선택하였던 상품 검색을 4회로 줄여 검색시간을 단축했다. 아울러 정기적인 모바일앱, 인터넷 화면 리뉴얼 등을 통해 사용자환경UI을 개선하고 검색, 결제 속도 개선, 결제 시스템 확충 등을 통해 모바일 매출을 확대해 나갈 계획이다.

또한 ARS통화 도중 먼저 전화를 끊거나 결제오류, 실수 등으로 통화가 종료된 고객을 대상으로 해당 상품페이지로 자동 연결시키는 모바일 현대홈쇼핑 애플리케이션의 '리마인딩 서비스'로 고객 편의성을 높였다. 이외에도 기존 PC에서 제공하던 '요즘이거', '트렌드 키워드' 등을 모바일로 제공해 상품 구매 시 고객이 최신 트렌드를 참고할 수 있게 하였다.

현대 홈쇼핑은 채널 다변화를 위하여 현대백화점의 아웃렛 채널을 활용해 오프라인 매장인 '플러스샵Plus#'을 운영하고 있다. 플러스샵은 홈쇼핑 인기 상품을 직접 체험하고 현장에서 구입하는 옴니채널 상설매장이다. 오프라인 매장은 상품 전시 및 체험에만 그치지 않고 모바일앱을 활용해 현장에서 바로 구매할 수 있도록 오프라인 고객에게도 쇼핑 편의성 및 가격혜택을 제공하고 있다.

TV 홈쇼핑과 현장 체험을 확대하는 롯데홈쇼핑

롯데홈쇼핑은 다양한 채널에서 고객이 홈쇼핑 상품을 체험하고 편리하게 구매할 수 있는 온·오프라인 접점을 늘려나가는 동시에 그룹사의 다양한 옴니채널 서비스와 연계하는 전략을 추진하고 있다. 고객이 언제 어디서나 원하는 물건을 구매할 수 있도록 모바일을 통해 생방송을 시청하는 TV전용 애플리케이션인 '바로TV앱'을 2014년에 출시하였다. 생방송 시청부터 주문, 결제에 이르는 모든 과정을 간편하게 구현하였다. 모바일로 TV와 동일한 환경에서 생방송으로 제품 정보를 확인하고 결제까지 할 수 있다. 또한 바로TV톡을 통해 실시간으로 방송 참여도 가능하다.

또한 TV 홈쇼핑 제품과 서비스를 체험하고 현장에서 직접 구매 가능한 '롯데홈쇼핑 스튜디오샵'을 운영하고 있다. 고객이 직접 서비스를 체험하고 현장에서 구매 가능한 멀티숍으로, 특히 롯데홈쇼핑이 단독으로 선보이는 패션 브랜드의 의류, 잡화, 란제리 상품 등을 구입할 수 있다. 이뿐만 아니라 TV 홈쇼핑에선 주로 세트로 판매되는 의류와 속옷을 오프라인 매장에선 낱개로 구입할 수 있어 소비자들이 부담을 줄일 수 있다는 것도 장점이다. 오프라인 매장은 스튜디오샵과 본사 스튜디오를 이원 생중계해 제품을 동시 판매하는 생방송도 진행한다. 2017년 6월 기준으로 현재까지 4개의 오프라인 매장을 오픈하였으며, 월평균 4만 명 이상, 50만 명 이상의 고객이 방문하였으며, 매출도 오픈 초기와 비교해 2배 이상 늘었다.

롯데홈쇼핑은 2014년에 TV 홈쇼핑에서 구매한 상품을 계열사인 세븐일레븐을 통해 반품하는 서비스를 시작했다. 편의점 회수 서비스는 온라인, 모바일, 콜센터 등을 통해 편리하게 접수할 수 있고 반품진행 상황과 결과를 문자 메시지로도 전달받을 수 있다. 2017년 4월 기준으로 월평균 1,500건 이상의 접수 실적을 보이고 있다.

디지털 트랜스포메이션 시대, 옴니채널 전략 어떻게 할 것인가?

핵심 정리

업체	주요 추진 전략	주요 서비스
CJ오쇼핑	• TV, 인터넷, 모바일을 통합 • 통합고객 등급제도를 개편 • 소셜미디어 인기상품 특가제공 • 오프라인 체험매장 오픈	• 자동 타깃팅 시스템 • 겟꿀쇼 • 스타일온에어
GS홈쇼핑	• 홈쇼핑방송 모바일 및 GS숍연계 • 카카오톡 구매 • 모바일 배송 서비스 확인 • 편의점 연계 배송 지원	• 톡주문 서비스 • 라이브배송 서비스 • 편의점 픽업서비스
현대홈쇼핑	• 모바일 애플리케이션 개편 • ARS통화 자동연결 서비스 • 상품구매 최신 트렌드 정보 제공 • 오프라인 옴니채널 상설매장 오픈	• 리마인딩 서비스 • 요즘이거 • 플러스샵
롯데홈쇼핑	• 모바일 생방송 시청 TV전용 App제공 • TV홈쇼핑 제품 체험 공간 제공 • 세븐일레븐 연계 반품지원서비스	• 바로TV앱, 바로TV톡 • 스튜디오샵 • 세븐일레븐 반품서비스

▲ 홈쇼핑 옴니채널 추진 전략

온라인과 오프라인의 경계가
허물어진 서점

쇼루밍 현상이 많이 발생하는 분야 중 하나가 서점이다. 온라인으로 책에 관한 정보를 탐색한 후 오프라인 매장을 방문하여 책의 목차나 내용을 살펴본 후 정가보다 싼 가격과 다양한 할인 혜택을 제공하는 온라인 서점에서 구매하는 것이다. 오프라인 서점의 경우 이러한 쇼루밍 현상을 막고 온·오프라인에서 편리하게 구매할 수 있는 옴니채널 서비스를 제공하는 데 주력하고 있다.

모바일로 주문하고 매장에서 받는 교보문고

교보문고는 온라인과 동일한 가격과 혜택으로 책을 구매한 후 가까운 교보문고 오프라인 매장에서 책을 받아볼 수 있는 '바로드림Dream 서비스'를 2009년부터 제공하고 있다.

　이 서비스는 전체 모바일 이용자 중 35%가 이용하였으며, 2014년 1~8월까지 사용자가 70만 명이 넘었다. 교보문고는 바로드림을 확장하여 디큐브백화점에 '바로드림센터'를 개설했다. 지하철 1, 2호선 환승역인 신도림에 위치하여 직장인들이 모바일로 책을 주문한 뒤 퇴근하면서 간편하게 책을 받아

갈 수 있게 한 것이다.

반품과 교환까지, 반디앤루니스

반디앤루니스도 교보문고의 바로드림과 동일한 '북셀프'를 제공하고 있다. 기존 북셀프 서비스가 온라인이나 모바일로 주문한 후 오프라인 매장에서 수령만 하는 한계를 극복하기 위해 '북셀프3.0'으로 서비스를 업그레이드했다.

주문 채널에 상관없이 고객의 편의에 따라 온라인, 모바일, 오프라인 매장 어디서든 수령, 반품, 교환이 가능하다. 온라인 및 모바일 애플리케이션에서 주문 후 지정한 매장에서 책을 받을 수 있으며, 매장에서 직접 책을 선택한 후 모바일 애플리케이션으로도 결제까지 할 수 있다.

핵심 정리

업체	주요 추진 전략	주요 서비스
교보문고	쇼루밍 극복 및 다양한 채널 연계 구매 확대	• 바로드림 • 디큐브센터 제휴 거점 센터 구축
반디앤루니스		• 북셀프3.0 • 수령, 반품, 교환 가능 확대

▲ 대형서점 옴니채널 추진 전략

4장 국내 주요 기업들의 옴니채널 추진 전략

오프라인 의존을 극복한 패션 업계

패션 업종의 경우 직접 입어봐야 하는 특성상 오프라인에서 구매가 많이 일어났다. 그러나 저렴하게 다양한 제품을 비교하고 검색할 수 있는 오픈마켓과 소셜커머스의 활성화, 스마트폰의 등장으로 오프라인 의존도가 사라지고 있다. 이러한 한계를 극복하기 위해 패션 업계에서는 모바일 채널을 강화하고, 오프라인 매장에서 온라인과 연계하여 구매, 배송 등을 편리하게 할 수 있는 옴니채널 전략을 추진하고 있다.

LF는 온라인 쇼핑몰인 'LF몰'을 모바일에서도 동일하게 제품구매와 고객관리까지 함께 할 수 있도록 구현하였다. 모바일앱은 고객의 시선에 맞춰 패션, 잡화, 스포츠, 명품, 아웃렛, 편집숍 등의 쇼핑 목적에 맞게 메뉴와 카테고리별로 쇼핑 공간을 구성하였다. LF몰은 PC와 모바일에서 동일한 상품을 판매하고 고객관리도 통합하여 구현하고 있다. 또한 온라인에서 가장 구매하기 까다로운 품목인 남성복 슈트를 온·오프라인 연계한 'e-테일러' 서비스를 제공하고 있다. e-테일러 서비스는 온라인 쇼핑의 편리함과 직접 옷을 입어보고 경험할 수 있는 오프라인의 장점을 결합한 서비스이다. LF몰에서 모바일앱으로 신청하면 3일이내 전문교육을 받은 테일러가 방문해 신체사이즈 측정 및 상담을 진행하고, 고객체형에 맞는 맞춤형 슈트를 제작해준다.

　삼성물산 패션부문은 빈폴·에잇세컨즈·갤럭시·구호·로가디스 등 패션부문의 18개 주력브랜드를 한곳에서 쇼핑할 수 있는 통합몰인 'SSF샵'을 개설하였다. 온·오프라인의 연계성을 강화하여 원하는 상품을 PC, 모바일, 매장에서 주문하여 가까운 브랜드 매장에서 상품을 픽업·교환·반품이 가능하다. 이외에도 사이즈 품절 상품이 재입고되면 원하는 고객에게 SMS로 알림서비스를 제공해 고객 편의성을 향상시켰다.

　코오롱FnC는 자사통합몰인 '조이코오롱'을 '코오롱몰'로 개편하고 다양한 온·오프라인 통합 옴니채널 서비스를 제공하고 있다. 체크인 서비스는 코오롱FnC매장에서 QR코드를 스캔하면 체크인 3천 포인트를 적립하는 서비스이다. 적립포인트는 해당매장에서 상품구매 시 바로 현금처럼 사용할 수 있다. '옴니픽' 서비스는 코오롱몰에서 주문하고 매장에서 해당상품을 픽업할 수 있는 서비스이다. 온라인 주문 후 오프라인 매장에서 해당상품을 직접 수령할 수 있다.

핵심 정리

업체	주요 추진 전략	주요 서비스
LF	• LF몰 모바일 동일 상품구성 및 고객관리통합 • 모바일앱으로 남성복 맞춤옷 제작	• LF모바일몰 • e-테일러
삼성물산 패션부문	• 18개 브랜드 통합몰 오픈 • 매장상품 픽업/교환/반품 서비스	• SSF샵 • 매장 픽업서비스 • 상품입고 SMS서비스
코오롱FnC	• 통합몰 오픈 • QR코드스캔 적립포인트 제공	• 코오롱몰 • 체크인 서비스

▲ 패션 업계 옴니채널 추진 전략

새로운 경험을 제공하고 있는 화장품 업계

기존 백화점, 방문 판매 형태에서 온라인, 모바일로 유통 채널이 변화되고 있다. 또한 온라인 쇼핑에서 모바일이 차지하는 비중이 31%인데 그중에서 화장품은 36%를 차지해 다른 업종보다 모바일 구매 비율이 높게 나타나고 있다. 더불어 최근 1~2년 사이 합리적 소비 트렌드와 온라인 쇼핑만의 장점이 맞물려 다양한 고객층이 온라인 시장으로 유입되고 있다. 불특정 다수를 대상으로 고비용 마케팅을 펼쳤던 과거와 달리 특정 고객에게 차별화된 경험을 제공해 신규 고객으로 유입시킬 수 있는 모바일 채널의 역할이 중요해지고 있다. 이러한 현상과 맞물려 화장품 업계에서는 모바일 채널 확장과 고객에게 새로운 경험을 제공하는 데 중점을 두고 옴니채널을 전개하고 있다.

오프라인 채널의 디지털화, 아모레퍼시픽

아모레퍼시픽은 오프라인 매장, 브랜드 사이트, 모바일 애플리케이션 등 모든 고객 접점에서 최적의 브랜드 경험을 제공하는 등 디지털 역량 강화에 주력하고 있다.

디지털 트랜스포메이션 전략에 중점을 두고 오프라인 채널 및 매장뿐만 아니라 마케팅, 판매, 근무방식, 브랜드, 스토리텔링 등 전 부문에 걸쳐 디지털화를 추진하고 있다.

이러한 전략으로 아모레퍼시픽 30개 브랜드 약 1500여개의 상품을 판매하는 통합몰인 'AP몰'을 론칭하였다. 유통시장의 중심이 모바일 등 온라인으로 이동하는 추세에 발맞춰 다양한 고객 특화 서비스와 콘텐츠를 제공하고 있다.

전통적인 방문판매 사업 부분에서는 고객 소통 강화에 모바일 애플리케이션을 적극 활용하고 있다. 2015년 론칭한 모바일 앱 '뷰티Q'는 모바일 결제 시스템뿐만 아니라 뷰티 포인트 및 제휴 혜택 정보 조회, 메이크업 시연 영상 등 다양한 콘텐츠를 제공하고 있어 편의성은 물론 고객과의 소통을 강화하고 있다.

아모레퍼시픽은 매장에서 구입한 제품을 집이나 원하는 장소에서 택배로 받아볼 수 있는 '뷰티 딜리버리beauty delivery'와 온라인 주문후 원하는 매장에서 제품을 픽업할 수 있는 '뷰티 테이크아웃beauty takeout' 서비스를 제공하고 있다. 이외에도 화장품 편집숍 '아리따움'은 추가 배송비를 지불하면 실시간으로 배송받을 수 있는 퀵 서비스 '플라잉'을, 색조 브랜드 '에스쁘아'는 매장에 없는 상품을 주문, 결제하면 원하는 장소로 배송해주는 '도어 드랍' 등을 통해 브랜드 전반에 옴니채널 서비스를 확대해 나가고 있다.

고객의 브랜드 경험을 높여주기 위하여 가상 메이크업 시연을 즐길 수 있는 라네즈 모바일 앱 '뷰티 미러', 에뛰드하우스의 AI 기반 컬러 분석 서비스 '컬러피킹 챗봇' 등 디지털에 최적화된 브랜드 경험을 높여주는 서비스를 제공하고 있다.

뷰티 체험을 제공하는 LG생활건강

LG생활건강은 기존의 고객을 찾아가는 방문 판매 구조를 벗어나 고객을 마케팅 공간으로 끌어들여 뷰티 체험을 전달하는 방식에 중점을 둔 옴니채널을 추진하고 있다. LG생활건강은 뷰티라이프스타일 편집숍 '네이처컬렉션'을 디지털 기술을 활용한 다양한 경험과 정보를 제공하는 '스마트 스토어'를 오픈하였다. '네이처컬렉션'은 디지털 이미지를 활용한 매장 디스플레이를 비롯, 소비자들이 직접 경험하고 공유할 수 있는 애플리케이션, 제품 활용 노하우를 알려주는 디지털 콘텐츠 서비스를 제공하고 있다.

매장 내 '메이크업 디스플레이존'에서는 메이크업 노하우, 제품의 제형, 발색 등과 관련된 다양한 디지털 콘텐츠를 감상하면서 직접 체험해볼 수 있다.

▲ 메이크업 디스플레이존

3만 건의 이미지 데이터와 딥러닝 등 최신 기술을 활용한 '오늘 나의 메이크업' 서비스를 통해 화장이 잘 됐는지 화장을 분석하고 화장법에 대한 팁을 제공해 준다. 사용자의 화장을 분석해 내추럴, 러블리, 스모키 중 가장 가까운 콘셉트와 메이크업의 완성도를 점수로 나타내준다. 또한 베이스, 아이, 쉐이딩, 립, 아이브로우 등 항목별 세부점수와 메이크업 노하우가 제공돼 어떻게 보완하면 좋을지에 대한 정보를 얻을 수 있으며 관련 제품도 추천해준다.

핵심 정리

업체	주요 추진 전략	주요 서비스
아모레퍼시픽	• 30개브랜드 통합몰 오픈 • 방문판매 지원 모바일앱 활용 • 매장구입 상품 배송 서비스 제공 • 브랜드경험을 높여주는 체험서비스 제공	• AP몰 • 뷰티Q • 뷰티 딜리버리 • 뷰티미러 • 컬러피킹 챗봇
LG생활건강	• 디지털 기술을 활용한 체험공간 제공 • 메이크업 관련 콘텐츠 감상 및 체험 • 빅데이터를 기반한 맞춤형 화장서비스	• 네이처컬렉션 • 메이크업 디스플레이존 • 오늘 나의 메이크업

▲ 화장품 브랜드 옴니채널 추진 전략

Part
05

옴니채널을
선도하는 기업들

옴니채널
성공 기업 사례

해외 주요 기업들은 변화하는 온·오프라인 유통 환경에 대응하고 매장 통합 연계를 위한 전략의 일환으로 옴니채널 서비스를 제공하고 있다. 성공적인 옴니채널 전략 추진을 위해 기존 전략과 조직, 프로세스를 옴니채널에 맞게 바꾸고, 팝업스토어 구축을 통한 새로운 시도와 신기술을 끊임없이 테스트하면서 일관성 있고 최적화된 고객 경험을 제공하기 위해 노력하고 있다. 오랜 기간 옴니채널 전략을 추진하면서 현재에 이르기까지 나름대로 고민했던 과정을 분석하면서 전략 추진에 있어서 어떠한 부분에 중점을 두어야 하는지 살펴봐야 한다.

M.O.M 전략, 메이시스백화점

미국 메이시스백화점은 옴니채널 구축에 앞장서고 있는 대표 업체 중 하나이다. 경영 부진을 탈피하기 위해 2007년부터 경영 개혁을 시작하여 매장 통폐합과 '마이메이시스My Macy's'와 같은 새로운 형태의 점포를 개장하고, '매직셀링Magic Selling'을 통해 직원 고객 응대 능력을 향상시켜왔다. 특히 그중에서도 가장 효과가 두드러진 것이 옴니채널 전략이다. 메이시스는 마이메이시스, 옴니채널, 매직셀링의 앞자를 따서 'M.O.M' 전략으로 고객의 쇼핑 경험을 향상시키고 충성도 있는 고객을 확보하는 데 주력하고 있다.

메이시스는 2008년부터 오프라인 매장과 온라인, 모바일과의 연계 및 통합을 꾸준하게 추진하고 있으며, 2012년에는 옴니채널 담당 전담 임원을 채용했다. 고객이 언제 어디서나 어떤 방식으로도 메이시스를 이용할 수 있는 옴니채널 환경을 구축하는 것이 목표이다.

▲ 메이시스 모바일

먼저 옴니채널 추진을 위해 온·오프라인 채널이 이원화되어 생기는 부서 간의 충돌이나 업무 차질을 방지하고 회사의 일관된 전략을 수행할 조직 구축을 단행했다. 온·오프라인의 모든 채널을 마케팅 부문 산하에 두고 마케팅 부서가 운영 및 마케팅을 모두 관리할 수 있도록 조직을 최적화했다. 이를 위해 메이시스의 자회사 체인인 블루밍데일스는 마케팅과 판촉 부서를 통합했다.

메이시스는 고객에게 일관된 경험을 제공하기 위해 상품과 고객 정보를 하나로 통합하여 온·오프라인 어느 매장을 가더라도 동일하게 상품 주문, 배송, 반품 등의 지원을 받을 수 있게 하고 있다. 이를 위해 온라인 주문 뒤 매장에서 물건을 찾을 때 결제하는 방식인 '클릭 앤드 콜렉트click and collect' 매장을 600개로 확대했다. 재고 데이터도 일원화하여 매장에 재고가 없는 경우 온라인에서 상품을 주문하여 받아볼 수 있는 '서치 앤드 센드search and send' 프로그램을 운영하고 있다. 더불어 재고가 있는 다른 매장으로 연결해 통합적으로 운영 관리를 하고 있다.

그리고 고객 경험 증대를 위한 새로운 기술 도입에 적극적이며 다양한 시도를 하고 있다. 매장 POS 시스템 등 오래된 소프트웨어와 모바일 결제, 비콘 기술, RFID 센서 등의 새로운 디지털 기술과 통합하는 작업도 병행하고 있는 것이다. 메이시스는 최소한의 기능을 구현한 시제품을 먼저 출시한 후 고객 피드백을 서비스에 반영하는 '최소 기능 제품minimum viable product' 방식으로 옴니채널 서비스를 도입하고 있다.

▲ 메이시스 뷰티스팟

2010년에는 매장 내에서 가상으로 옷을 입어볼 수 있는 인터랙션 체험이 가능한 '매직피팅룸magic fitting room'을 제공해 많은 호응을 받았다. 그리고 매장 안 '뷰티스팟beauty spot'에 대형 키오스크를 설치해 매장에서 온라인 상품 구매를 편리하게 했다. 백화점 1층에 입점한 모든 브랜드를 카테고리별로 검색할 수 있으며, 신상품, 시즌 특별 제품 등 제품 정보뿐 아니라 사용 후기를 검색해볼 수도 있다. 그리고 원하는 제품은 쇼핑 리스트에 저장할 수도 있으며, 쇼핑 리스트를 프린트해 매장 직원에게 보여주면 구매도 가능하다. 매장에 RFID를 도입하여 재고 낭비를 줄이는 동시에 매장과 온라인 재고를 중앙집중 관리가 가능하게 하고 있다.

온·오프라인의 고객 구매 접점에서 모바일, 온라인을 활용한 다양한 옴니채널 서비스를 제공하기 위한 기술 도입에도 적극적이다. 매장에 '샵킥shopKick' 뿐만 아니라 애플의 아이비콘iBEACON도 설치했다. 이를 통해 매장 방문 고객의 위치를 파악해 근처 매장 정보와 할인 행사 및 상품 추천 등의 맞춤화된 혜택을 제공하고 있다. 또한 애플의 모바일 결제 서비스도 도입하였으며, 모바일 지갑도 테스트하고 있다. 피팅룸에는 태블릿 PC를 설치해 고객이 구매 결정을 내리는 데 도움을 주는가 하면 태블릿을 들고 돌아다니는 판매원을 통해 바로 계산할 수 있다. 모바일 기기를 사용하여 제품 상세 정보와 리뷰를 확인, 경쟁 업체의 가격과 비교까지 할 수도 있다.

여기에서 그치지 않고 메이시스는 고객 데이터를 활용한 서비스 강화에도 심혈을 기울이고 있다. 고객 요구에 대응하기 위해 8단계로 고객을 구분하고 다시 69개로 고객을 세분화하고 있다. 각 단계의 세분화된 고객 요구를 수집하고 이를 분석하여 서비스를 최적화하고 있는 것이다. 이중 '트루핏true fit' 서비스를 통해 기존 고객의 구매 내역을 토대로 즐겨 입는 브랜드 수치를 데이터베이스화하여 고객이 구매를 원하는 의류나 신발 사이즈를 제안한다.

메이시스는 옴니채널 전략을 추진해 브랜드 인지도 증가와 충성 고객 강화뿐만 아니라 그룹 전체의 재고 관리 및 매장 운영의 효율화가 이루어졌다. 2017년 현재까지 메이시스의 옴니채널 전략은 발전을 거듭하고 있다. 옴니채널 전략 추진으로 연평균 6%의 성장률을 기록하고, 2025년까지 530억 달러의 매출을 달성할 계획이다.

새로운 기술에 대한 꾸준한 투자, 노드스트롬

미국 전역에 300개 가까운 매장을 보유하고 있는 노드스트롬Nordstrom은 젊은 층을 타깃으로 했다. 그리고 새로운 기술에 대한 꾸준한 투자와 함께 고객에게 편안한 쇼핑 환경을 제공하기 위한 고객 경험 강화에 초점을 맞춰 옴니채널 전략을 추진하고 있다.

▲ 이노베이션 랩 (출처: 노드스트롬)

기술 분야 투자는 과거에는 모바일 POS 단말기, 모바일 웹사이트 강화에 중점을 두었다면, 2014년에는 전년 대비 기술 투자비를 20% 증가시켜 모바일을 통한 고객 개인화, 배송 서비스 지원, 물류 시스템 구축 등의 투자에 집중하고 있다. 이를 추진하기 위해 노드스트롬은 별도의 이노베이션 랩을 신설했다. 이 연구소에서 심리학자, 엔지니어, 디자이너 등이 고객을 위한 아이디어를 수집하여 고객 맞춤형 마케팅과 서비스를 제공하기 위해 다양한 시도를 진행하고 있다.

▲ 핀터레스트 Top Pin 아이템 (출처: 노드스트롬)

온·오프라인 연계를 위한 다양한 시도 중에서는 소셜미디어를 적극적으로 활용하고 있다. 노드스트롬이 운영하고 핀터레스트에 올려진 상품 중 가장 많은 횟수의 핀pin을 받은 상품을 보여주는 '가장 인기가 많은 상품top pinned items' 코너를 마련하여 매장을 찾는 고객의 호기심을 자극하고, 고객의 구매 의사 결정을 도와주고 있다.

고객이 옷을 입어보기 위해 피팅룸에 들어간 후 사이즈가 맞지 않거나 다른 색상을 입어보기를 원한다면 점원을 부를 필요도 없이 손쉽게 커뮤니케이션

할 수 있도록 아이패드를 설치했다. 아이패드에 옷 사이즈, 색상 종류마다 재고 상황을 파악할 수 있는 애플리케이션이 설치되어 있으며 점원에게 문의할 수 있는 기능도 제공하고 있다. 현재 매장의 재고 파악뿐만 아니라 인근 점포, 온라인 매장에서의 구매 가능 여부도 함께 파악할 수 있어 온·오프라인의 어떤 채널에서도 고객이 원하는 상품을 구매할 수 있게 하고 있다.

▲ 스마트미러 (출처: 노드스트롬)

그리고 피팅룸에 또 한 가지를 설치했다. 바로 이베이eBay에서 개발한 정보 교환형 스마트미러smart mirror이다. 상품 바코드를 인식하여 매장 재고 파악과 함께 구매하고자 하는 제품과 어울리는 스타일 리스트를 추천받을 수 있으며, 바로 구매도 할 수 있다.

노드스트롬은 어떤 채널에서든 최적의 가격으로 최적의 상품을 제공하는 것을 목표로 고객 데이터 활용 전략을 전개하고 있다. 특히 고객의 '과거 행동 데이터'가 아닌 '현재의 기호를 파악할 수 있는 데이터' 확보에 중점을 두고 고객 구매 행동을 분석해나가고 있다. 이를 위해 매장 고객 트래킹 분석 업체인 리테일넥스트(RetailNext)의 솔루션을 도입해 매장 내 고객 쇼핑 행동과 선호도를 분석해 고객 맞춤형 응대와 상품 추천을 제공하고 있다.

노드스트롬은 고객데이터 활용 및 매출증대를 위해 '고객보상프로그램'도 확장하였다. 지금까지의 보상프로그램은 Nordstrom Card 결제에만 적용하였으나, 이제는 고객이 어떤 지불 방법을 선택해도 보상프로그램 가입자에게 동일한 혜택을 제공하고 있다.

옴니채널 고객에 대응하기 위하여 기존 매장포맷과 다른 옴니채널 전용매장도 오픈하였다. 노드스트롬로컬(Nordstrom Local)은 기존의 매장 내에 제품의 재고를 쌓아놓고 판매하는 방식이 아닌 고객들이 제품을 체험하고 브랜드를 경험할 수 있는 매장이다. 고객은 매장 내에서 제품을 입어보고 마음에 드는 제품은 매장이 아닌 온라인몰이나 재고가 있는 근처 매장에서 구매할 수 있다. 노드스트롬 로컬에서 온라인 주문 상품을 배송받거나 반품할 수 있으며, 개인 스타일리스트를 통해서 맞춤서비스를 받을 수 있다. 또한 매장 내에서 네일 서비스가 제공되며, 와인이나 맥주, 주스, 커피음료도 즐길 수 있다.

▲ 노스트스롬로컬 제공서비스

기존 인프라의 통합 연계, 테스코

테스코Tesco는 영국을 비롯해 유럽, 아시아, 미국 등 14개국에 약 6200개의 매장을 운영하고 있다. 오랫동안 매장 서비스 강화를 위해 매장 투자, 고객 카드 론칭, 개별 PB 브랜드 제공, 홈쇼핑 강화에 집중했다. 현재는 스마트폰을 활용해 온·오프라인의 경계가 없는 구매 패턴이 늘어나면서 이에 대한 대응으로 온·오프라인을 통합하고 연결하는 옴니채널 역량 강화를 위해 노력하고 있다. 이를 위해 기존 테스코가 보유한 다양한 인프라와 고객 데이터베이스를 연계했다.

자체 태블릿 단말기인 허들hudl을 통해 테스코 매장에서 구매 편리를 도와줄 수 있는 각종 애플리케이션을 제공하고 있으며, 고객 및 전문가들이 추천하는 레시피 정보를 잡지 형태로 볼 수 있게 했다. 또한 매장에서 판매하는 영화나 음악 콘텐츠를 테스코의 동영상 서비스인 블링크박스에서도 활용할 수 있게 연계했다. 매장에서 편리하게 상품을 찾을 수 있는 서비스도 제공하고 있다.

▲ 테스코 허들 (출처: 테스코)

▲ 클릭 앤드 콜렉트 (출처: 테스코)

테스코는 테스코클럽카드Tesco Clubcard의 고객 및 구매데이터를 활용해 다양한 고객 접점과 연계를 강화하고 있다. 테스코는 빅데이터 분석 및 알고리즘을 기반으로 구매트렌드를 분석하여 물류와 상품기획에 활용하고 고객구매 행동을 예측하여 개인화된 온·오프라인 할인서비스를 제공하고 있다. 1650만 회원들을 대상으로 맞춤할인을 통한 고객평생가치 및 충성도를 향상시켜 매출증대에 기여하고 있다.

'클럽카드 체크인Clubcard Check in' 서비스를 활용해 매장 내 지도를 확인하여 상품이 어디 있는지 확인할 수 있다. 그리고 온라인 주문 후 오프라인 매장 및 제휴된 장소에서 물품을 수령할 수도 있다. '클릭 앤드 콜렉트' 서비스로 1800개의 장소에서 물품을 받아볼 수 있다.

테스코는 매장에서 간편하고 편리하게 구매할 수 있는 환경을 제공하기 위해 모바일 서비스 또한 지속적으로 강화하고 있다. 개인화된 클럽카드의 쿠폰을 지역별로 모바일 쿠폰 형태로 사용할 수 있으며, 기존 매장 내에 배치된 스캐너로 상품 정보를 확인할 수 있는 '스캔애즈유숍Scan as you Shop'을 확대해 모바일로도 이용할 수 있다. 모바일 지갑 서비스도 도입해 고객이 빠르고 간편하게 결제를 할 수 있게 하였으며, 영수증도 종이 영수증 이외에 모바일 영수증으로도 받아볼 수 있게 했다.

테스코는 언제 어디서나 온·오프라인에서 상품을 구매할 수 있으며, 모든 제품이 한 시간 이내에 배송이 가능하다. 여기에 만족하지 않고 더 많은 지역에서 편리하게 배송 서비스를 지원받을 수 있는 것을 목표로 테스코는 꾸준하게 옴니채널 전략을 강화해나가고 있다.

매장 내 온라인 및 모바일 지원, 존루이스백화점

영국의 존루이스 John Lewis 백화점은 매장 내에 인터랙티브 기술을 적용한 '디지털 스토어 Digital Store'를 제공해 적극적으로 쇼루밍 고객까지 끌어안는 옴니채널 전략을 추진하고 있다. 영국에서 최초로 매장에 무료 와이파이 서비스를 제공해 매장 내에서 인터넷을 연결해 상품 검색 및 가격 비교를 할 수 있게 했다. 존루이스를 방문한 고객이 더 저렴한 가격으로 온라인에서 구매할 수 있을 경우 적극적으로 온라인 구매를 유도하고 있기도 하다.

2012년에는 엑스터 시티센터 Exeter City Center에 옴니채널 전용 매장을 오픈했다. 매장은 기존 매장 절반 정도의 규모로 고객이 많이 찾는 상품 위주로 구성했다. 이 매장에 인터랙티브 키오스크와 스크린을 설치하여 고객이 편리하게 상품을 구매할 수 있도록 서비스하고 있다. 어떤 상품을 구매해야 할지 모르는 고객이 스크린에 표시된 질문 사항에 답하면 고객의 관심사를 파악하여 상품을 추천한다. 그리고 스크린을 통하여 매장 위치와 상품 정보, 온라인 판매 상품도 함께 볼 수 있게 해 온라인 주문도 가능하다.

5장 옴니채널을 선도하는 기업들

존루이스는 2017년 3월에 옴니채널 고객 경험을 강화 및 매장 내 새로운 디지털 고객서비스 제공을 위하여 20개 매장에 8백만 파운드 투자를 결정하였다. 이번 투자를 통해 매장 내 8천 명의 직원들에게 아이폰을 지급하고 '파트너 앱Partner App'을 제공해 제품 정보 및 재고상황을 실시간으로 파악할 수 있도록 하였다. 파트너앱은 존루이스의 온·오프라인 모든 매장과 밀턴케인즈Milton Keynes의 물류창고의 주문 및 재고정보를 파악할 수 있으며, 이외에도 제품 정보, 고객 리뷰, 이메일 고객의 구매정보도 볼 수 있다.

존루이스의 고객 분석 결과 많은 고객이 온라인으로 상품을 검색한 후 매장을 찾고 있으며, 매장에서 원하는 경험은 상품에 관한 체험과 구매를 편리하게 할 수 있는 상담과 지원을 필요로 한다고 나왔다. 이러한 결과를 토대로 매장에서 손쉽게 온라인 및 모바일을 활용하여 구매에 필요한 정보 검색과 체험을 강화할 수 있는 서비스를 제공하고 있다.

또한 자사 고객의 60%가 오프라인 및 온라인을 모두 이용한다는 고객 데이터를 기반으로 다양한 채널에서 배송 서비스를 지원하는 클릭 앤드 콜렉

▲ 매장에서의 온라인 지원 (출처: 존루이스)

▲ 클릭 앤드 콜렉트 매장 (출처: 존루이스)

트 서비스도 제공하고 있다. 고객의 35%가 이 서비스를 사용하고 있으며, 매장마다 전문 상담 직원을 배치해 상품 픽업 시 연관 구매도 유도하고 있다.

존루이스는 자사의 기술 혁신을 위해 기술 기반 스타트업을 육성하는 창업 프로그램인 '제이랩'을 실시하고 있다. 유통 분야의 새로운 아이디어나 혁신 기술을 보유한 다섯 개 정도의 스타트업을 발굴해 백화점 임원, 매장 전문가들이 멘토로 참여해 상품 및 판매 솔루션 개발을 지원할 계획이다.

▲ 제이랩 공모 주제 (출처: 존루이스)

실시간 매장 방문 고객 지원과 편의성 강화, 막스 앤 스펜서

영국 의류 유통 기업인 막스 앤 스펜서Marks & Spencer는 매장 방문 고객 지원과 구매 경험을 높여줄 수 있는 접근 방법으로 온·오프라인을 연계하는 옴니채널 전략을 추진하고 있다.

우선 모바일 서비스 강화를 위해 2012년에 아이패드 애플리케이션인 '앳 홈at Home'을 출시해 기존 오프라인 카탈로그를 대체했다. 고객은 매장에서 판매하는 다양한 가구를 직접 배치하고 미리 볼 수 있다. 다음으로는 옴니채널 전략을 추진함에 있어 매장 직원의 고객에 대한 응대가 중요하다는 것을 인식하고 매장 직원의 IT 교육 및 실시간 고객 서비스를 위한 다양한 지원을 제공해주고 있다.

2012년에는 매장 중앙에 설치된 키오스크를 활용하여 카탈로그를 검색하거나 상품의 바코드를 스캔하여 상품 정보를 얻을 수 있도록 했다. 고객은 키오스크로 주문한 상품을 매장 수령 또는 배송 요청도 신청할 수 있다.

▲ 매장 중앙에 위치한 키오스크 (출처: 막스 앤 스펜서)

▲ 실시간 고객 응대가 가능한 아이패드 활용 (출처: 막스 앤 스펜서)

그리고 영국 전역에 1500대의 아이패드를 배포해 매장 직원들이 실시간으로 고객의 문의 사항에 바로 대응할 수 있게 하고 있다. 고객센터도 옴니채널에 대응할 수 있는 체계로 개편했다.

막스 앤 스펜서는 고객이 주문한 물품을 다양한 방법으로 받을 수 있는 편의성과 오프라인 매장 방문을 높이기 위한 서비스를 강화하고 있다. 온라인으로 상품을 주문한 후 다음 날 매장에서 찾아갈 수 있는 '다음 날 매장 상품 수령Next Day collect in-Store' 서비스를 제공하고 있다. PC와 모바일로 가까운 매장을 손쉽게 찾고, 매장 주소와 오픈 시간 안내 서비스와 주문 물품을 찾을 때 결제할 수 있는 서비스도 함께 제공하고 있다.

빠른 배송 서비스를 위해 물류 시스템 개선 및 재고 관리 효율화도 병행하고 있다. 2013년에는 물류센터를 오픈하고 물류 시스템을 개선해 15분마다 재고 데이터를 갱신하게 됐다. 이로 인해 고객은 매장 내 재고 수량을 정확히 파악할 수 있다. 또한 이러한 재고 관리 및 추적을 위해 모든 상품에 RFID 태그를 부착했다. 매장 내 RFID 도입으로 기존 바코드 스캐너를 사용했을 때보다 열 배나 빠르게 매장 재고를 효율적으로 관리할 수 있게 됐다.

막스 앤 스펜서는 2015년 11월에 개인화된 맞춤형 서비스와 세일아이템 및 시즌 신상품을 먼저 받아볼 수 있는 다양한 혜택을 제공하는 스파크 카드 로열티 프로그램Sparks Card loyalty program을 출시하였다. 이외에도 스파크 카드는 쇼핑고객의 편의성을 높여주기 위하여 고객이 오프라인 매장의 재고여부를 파악할 수 있는 '스톡파인더Stock Finder'를 제공하고 있다.

막스 앤 스펜서는 스파크 카드 데이터를 기반으로 고객이 어느 매장에서 어떤 사이즈의 제품을 구매하는지를 분석하고 있다. 이러한 결과로 현재 막스 앤 스펜서 판매량의 40%가 스파크 카드에서 발생하고 있다.

카탈로그의 변신, 윌리엄스 소노마

주방 용품을 판매하는 윌리엄스 소노마Willams Sonoma는 다른 업체들과 다른 방식으로 옴니채널 전략을 구현했다. 신기술 도입이 아닌 카탈로그, 오프라인 매장, 온라인몰 등 기존에 회사가 보유하고 있는 채널 역할을 재정의한 후 통합하고 연계하는 전략이다.

인터넷 등장으로 카탈로그를 통한 매출 효과가 떨어지면서 카탈로그의 역할을 바꾸었다. 상품을 '판매하는 채널'에서 고객을 매장과 인터넷으로 연결하는 '마케팅 채널'로 역할을 재정의한 것이다.[1] 카탈로그의 구성 또한 제품 홍보 중심에서 고객이 생활에 필요한 다양한 정보를 제공하는 생활정보지로

---

[1] 송지혜, 〈카탈로그 '각인'→쇼룸 '체험'→인터넷 '판매'…멀티채널로 고속성장〉, 《한국경제》, 2011. 5. 26.

디지털 트랜스포메이션 시대, 옴니채널 전략 어떻게 할 것인가?

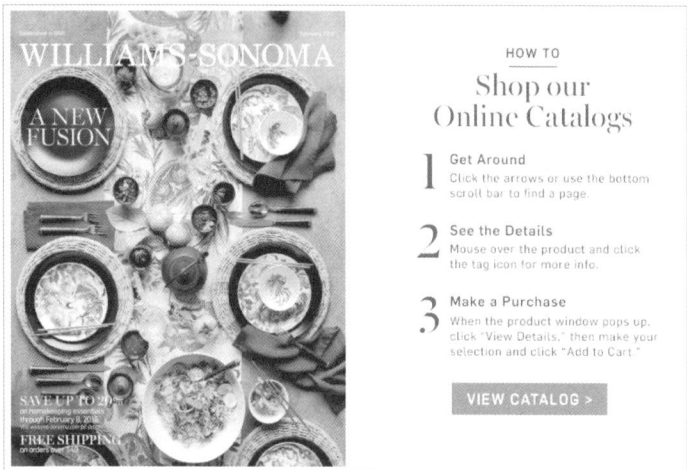

▲ 마케팅 채널의 역할로 바뀐 카탈로그 (출처: 윌리엄스 소노마)

탈바꿈시켰다. 배포 방식도 고객의 연령, 사는 지역, 구매 빈도, 연수입, 취미 등을 고려한 맞춤형 형태로 배포했다.

윌리엄스 소노마는 카탈로그와 매장, 인터넷을 유기적으로 연결하여 제품 체험과 고객 구매를 유도하고 있다. 고객이 카탈로그를 본 후 매장을 방문하면 직원은 상담과 체험을 제공하고, 매장을 카탈로그에서 본 구성과 동일하게 테마 공간별 쇼룸을 구성해 상품을 직접 체험할 수 있다. 그리고 인터넷에서는 인테리어 팁, 재구매 및 신상품 정보 등 빠르고 풍부한 정보를 제공해 고객의 재구매를 유도하고 있다.

카탈로그에서 매장으로, 매장에서 인터넷으로 연결되는 고객 구매 여정을 통해 채널 간의 유기적 연계와 구매에서 재구매로 이어지는 선순환 구조를 만들어내고 있다. 이를 위해 상품 구색 또한 각 채널 역할에 맞춰서 구성하고 있다. 오프라인 매장은 부피가 작고 계절성이 있거나 화제가 될 만한 상품을

▲ 테마 공간별 쇼룸 (출처: 윌리엄스 소노마)

진열하여 쇼룸의 역할을 극대화하고 있다. 온라인 쇼핑몰은 고객의 구매를 결정할 수 있도록 검색 지원과 함께 스테디셀러, 시즌별 상품 등을 보여주고 있다. 이러한 전략은 고객 데이터베이스를 기반으로 하고 있다. 6천만 가구에 달하는 데이터베이스를 분석해 고객을 세분화하여 각 개인에 맞는 다양한 상품 제안으로 구매를 유도하고 있다.

윌리엄스 소노마는 이러한 성과로 일곱 개 브랜드로 미국 내 모든 가정용 가구 매출의 4%에 해당하는 연 50억 달러의 매출을 올리고 있다. 특히 그중 절반은 온라인으로 창출하면서 미국에서 스물두 번째로 큰 온라인 소매 기업으로 성장했다. 신기술 투자가 아닌 고객의 구매 패턴 파악으로 기업의 역량과 채널을 분석해 이에 맞는 채널 전략 재설계하는 것만으로도 옴니채널 전략을 추진할 수 있다는 가능성을 윌리엄스 소노마가 보여주고 있다.

최고의 쇼루밍 공간으로 만들다, 베스트 바이

미국 최대의 가전제품 유통 업체인 베스트 바이BestBuy는 '아마존의 쇼룸'이라는 비난에 고객이 가격 비교를 하지 못하도록 자사 매장에서만 활용할 수 있는 바코드로 변경하기도 했다. 그렇지만 오히려 고객의 외면과 매출 하락이라는 결과로 이어졌다. 그 후 방문 고객 다섯 명 중 한 명이 온라인 구매를 전제해 방문한다는 조사 결과를 토대로 쇼루밍 고객을 막기보다는 적극적으로 활성화는 방향으로 옴니채널 전략을 추진하고 있다. 오프라인 매장을 쇼룸으로 인정하고 쇼루밍 고객이 자유롭게 제품을 체험하고 가격을 비교한 후 제품을 구입할 수 있는 환경을 제공하고 있다.

베스트 바이는 온·오프라인을 막론하고 전자제품 최저가를 보장하는 '프라이스 매칭 Price Matching' 프로그램을 운영해 아마존 같은 온라인 쇼핑몰과의 가격 경쟁에 적극적으로 대응하고 있다. 또한 고객이 직접 제품을 체험하고 구매할 수 있는 오프라인의 장점을 살려 '숍 인 숍 Shop in Shop' 형태의 체험 공간을 제공하여 전문 상담원을 배치하는 등 온라인과 차별화된 가치를 제공하는 데 노력을 기울이고 있다.

베스트 바이는 온라인 주문 후 오프라인 매장에서 상품을 픽업할 수 있는 다양한 프로그램도 함께 제공하고 있다. '매장 수령 store pick up'은 온라인으로 구매한 후 45분 이내에 매장에서 주문 상품을 수령하는 방법이다. '매장 배송 ship-to store'은 온라인 재고가 없는 상품을 추가 배송 비용 없이 고객이 베스트 바이 매장에서 수령할 수 있다. '친구와 가족 수령 friend&family pick up'은 온라인 주문 후 친구나 가족들이 대신 매장에서 수령할 수 있으며, '물류센터 수령 warehouse pick up'은 베스트 바이 지역 물류센터에서 직접 상품을 수령하는 서비스다.

이러한 매장 픽업 서비스를 통하여 베스트 바이는 배송 시간이 아마존보

▲ 프라이스 매칭 프로그램 (출처: 베스트 바이)

다 짧아졌으며, 매장에서 반품을 할 수 있게 지원하여 매장 방문을 통한 추가 구매로 이어지는 효과를 얻었다. 온라인 매출은 2015년대비 2016년에 20.8% 증가한 48억 5천만 달러를 기록하였다. 주가 또한 2001년 이후로 가장 높은 수치인 61.25달러를 기록하였다.(2017년 8월 기준)

쇼루밍 고객을 외면했던 베스트 바이는 이제 적극적으로 쇼루밍 고객 확보를 목적으로 움직이고 있다. 유명 스타들이 온라인에서 최저가로 구매할 수 있으며, 가까운 지역 매장에서 바로 주문한 제품을 가지고 갈 수 있다는 콘셉트의 광고를 집행하고 있다. 베스트 바이 스스로 '최고의 쇼루밍'을 할 수 있는 최적의 공간으로 홍보하고 있는 것이다.

크로스 채널 사용자를 잡다, 스테이플스

사무 용품 전문 체인인 스테이플스Staples는 고객의 모든 접점인 매장, 영업 직원, 온라인, 모바일 등을 통합하고 연결하는 옴니채널 전략을 전개하고 있다. 스테이플스 조사 결과 스테이플스 사이트를 이용하는 모바일 고객 비중이 점점 늘어나고, 온·오프라인을 넘나들면서 구매하는 크로스 채널 고객이 두세 배 더 많이 제품을 구매한다는 사실을 발견했다. 이러한 크로스 채널 사용자를 스테이플스의 충성 고객으로 전환하기 위해 스테이플스는 옴니채널 기능을 강화하고 있다.

우선 다양한 상품을 선택하고 구매할 수 있도록 1만 개까지 취급 상품 수를 확대했다. 상품 확대와 병행하여 온라인 및 모바일 사이트의 인터페이스와 기능을 개선해 고객이 사용하기 쉽도록 사이트를 심플하게 구성했다. 또한 내비게이션 단계를 줄여 탐색 과정이 짧아져 응답 속도가 빨라졌다. 카테고리 구성은 판매자 중심에서 사이트 방문 경로 및 검색 기록 등의 데이터를 분석해 고객이 원하는 정보만을 표시할 수 있는 알고리즘을 도입했다. 이러한 결과 방문자당 수익revenue per visitor은 20% 증가하였으며, 구매율도 18% 증가했다. 모바일 구매 전환 또한 다섯 배 이상 증가했다.

스테이플스는 모바일앱을 업데이트하여 오프라인 매장에서 손쉽게 제품의 위치를 파악하고 제품을 구매할 수 있는 '매장지도Store Map' 서비스를 제공하고 있다. 고객은 매장을 돌아다니면서 상품 위치를 파악한 후 모바일로 구매하고자 하는 아이템을 장바구니에 담은 후 체크아웃하면 구매가 완료된다.

스테이플스는 매장에서 온라인 상품 검색 및 주문이 가능하며, 고객이 매장 내에서 다양한 비즈니스 업무를 볼 수 있는 인터랙티브한 지원 서비스를 제공하는 옴니채널 스토어를 제공하고 있다. 매장에 키오스크를 설치하여 고객은 매장에서 판매되지 않는 상품을 온라인으로 검색하고 주문 및 결제까지 할 수 있다. PC 기술 지원을 위한 '이지 테크easy tech'를 제공하고, 인터넷으로 업로드한 후 바로 매장에서 인쇄할 수 있는 '카피 앤드 프린트copy&print'도 제공하고 있으며 이 서비스는 미국 1700개 점포에서 사용할 수 있다. 그리고 스테이플스는 매장에 별도의 비즈니스 라운지를 설치하여 미팅 공간으로

▲ 옴니채널 센터 (출처: 스테이플스)

도 활용할 수 있도록 했다.

이외에도 온라인에서 주문한 상품을 매장에서 받을 수 있는 '온라인 주문, 매장 수령buy online, pick up in-store' 서비스도 제공하고 있다. 주문 후 두 시간 후에 상품을 받을 수 있으며, 별도의 배송료가 들지 않아 꾸준하게 이용자가 증가하고 있다.

젊은 층을 공략하다, 버버리

영국 의류 브랜드 버버리Burberry의 옴니채널 전략은 2006년 앤절라 아렌츠Angela Ahrents가 CEO를 맡으면서 그동안의 낡은 버버리 이미지를 젊은 감각의 프리미엄 브랜드로 변화시키는 접근에서 출발했다.

그녀는 버버리의 핵심 가치를 버버리의 가장 큰 유산인 '영국적인 것'을 강화하고, 핵심 상품인 '코트'에 집중하면서 새롭게 떠오르는 명품 구매 세력인

디지털 트랜스포메이션 시대, 옴니채널 전략 어떻게 할 것인가?

1990년 이후 태어난 '젊은 세대'를 공략하는 전략을 전개했다. 이러한 전략을 위해 하나의 디자이너 아래에서 모든 제품이 일관성을 유지해야 한다는 생각으로 디자이너를 영입해 버버리의 모든 디자인을 총괄하게 했다. 그 결과 제품에 역사적 전통을 불어넣고, 전통의 체크 무늬에서 벗어난 다양한 패턴의 디자인을 도입해 젊은 감각을 불어넣었다. 또한 젊은 층의 적극적인 참여를 끌어내기 위해 그들이 많이 사용하는 모바일, 소셜미디어에 집중적으로 투자하였는데 그 비중이 전체 마케팅 비용 중 60% 이상이었다. 그리고 젊은 세대를 이해하기 위해서는 젊은 감각을 가진 직원이 필요함을 인식하고 전 세계 지사에 가능한 젊은 직원을 채용하도록 권고했다.

버버리는 '세계 리테일 컨퍼런스World Retail Conference'를 진행해 CEO 및 임원들이 직접 회사 상황과 추진 전략을 사원들에게 보고하여 사내 정보 공유를 일원화했다. 직원들이 브랜드에 가장 가까이 있어야 한다는 생각을 갖고, 버버리가 고객에게 제공하는 신제품 및 광고 캠페인 콘텐츠는 먼저 사내 직원들에게 공유하여 브랜드를 이해하고 사랑하도록 만들었다.

그리고 디지털 미디어를 적극적으로 활용해 오프라인 매장, 런웨이, 온라인을 통합하고 연결하여 누구나 쉽게 접근할 수 있는 '데모크라시 럭셔리Democracy Luxury' 전략의 옴니채널을 추진하고 있다. 버버리의 모든 브랜드, 제품, 채널, 미디어를 고객 관점에서 재정의한 것이다.

버버리는 오프라인 매장에 최대한 온라인 쇼핑 경험을 제공하는 데 초점을 맞추고 있기도 하다. 온라인에서 편안하게 자신이 원하는 정보를 탐색하면서 느끼는 구매 경험을 고스란히 매장에서도 느낄 수 있도록 서비스를 강화했다. 그 일환으로 버버리 매장의 모든 직원은 아이패드를 이용해 고객을 지원하고 있다. 고객이 구매하고자 하는 상품을 검색하고, 재고 현황을 파악할 수 있으며 고객이 원할 경우 온라인으로 주문하여 구매할 수 있다.

버버리의 오프라인과 온라인 연계는 다른 곳과 차이점이 있다. 2012년 온라인 사이트burberry.com를 오프라인 매장에서 체험할 수 있는 플래그십 스토어를 오픈하였는데, 다른 업체들이 오프라인 매장 경험을 온라인과 연결하는 전략에 집중한 반면 버버리는 온라인 경험을 오프라인 매장에서 체험하는 반대의 전략으로 매장 브랜드 경험을 강화한 것이다. 매장 중앙에 위치한 6.5미터 높이의 대형 스크린에서 패션쇼나 콘서트 같은 공연이 방송되며, 패션쇼도 실시간 보여진다. 그리고 매장 내 500개 스피커와 100개의 다양한 스크린을 설치하여 멀티미디어 서비스를 제공하고 있다. 버버리 '리테일 시어터retail theater'를 체험할 수도 있다. 콘셉트에 따라 매장 내 전체 화면에서 영상이 흘러나오는 것이다. 해당 콘텐츠는 영국 본사가 일원적으로 관리하며 매장에 온라인과 일원화된 메시지가 전달된다.

여기에서 그치지 않고 버버리 웹사이트에서 제공되는 24시간 전화 고객 서

▲ 버버리 플래그십 스토어 (출처: 버버리)

비스인 '클릭 투 콜click to call'과 채팅 서비스인 '클릭 투 챗click to chat'도 함께 제공되며, 매장에서 온라인 구매도 가능하다. 매장 옷에 RFID 태그가 부착되어 있어 고객이 옷을 입어보기 위해서 옷을 들면 거울이 비디오 화면으로 바뀌면서 상품에 관한 정보도 확인할 수도 있다.

버버리는 2010년 '런웨이 리얼리티runway reality'라는 프로젝트를 통해 패션쇼를 온라인, 소셜미디어에서 실시간으로 중계하고, 패션쇼에 출품된 신상품을 바로 누구나 온라인으로 구매할 수 있게 웹사이트를 전면 개편하여 주문 및 결제가 가능하다. 일반적으로 패션쇼에 선보인 제품을 고객이 실제 구매하기까지 거의 6개월 정도의 기간이 소요되지만, 버버리는 생산 체계를 재구축하여 7주 만에 상품을 배송할 수 있도록 생산 라인을 재구축했다.

또한 고객에게 발송되는 상품에 RFID가 내장된 카드를 사용하여 상품 안내 URL에 접속하면 주문한 상품의 디자인 스케치, 패션쇼에서 모델이 착용한 사진, 주문받은 후의 공정 등을 슬라이드 쇼로 보여줘 브랜드 스토리를 통한 색다른 경험을 전달했다. 그리고 매년 런웨이에 3D, AR, 홀로그래픽 등의 화

▲ 런웨이 리얼리티 (출처: 버버리)

려한 디지털 기술을 선보여 더욱 감각적이고 몰입감을 높이고 있다.

버버리는 한국어를 포함하여 6개 국어가 지원되고 45개국에서 거래가 가능한 버버리의 웹사이트 쇼핑뿐만 아니라 다양한 소셜미디어를 활용해 고객과 소통하고 있다. 소셜미디어도 페이스북, 유튜브, 트위터, 인스타그램뿐만 아니라 중국의 위챗, 유큐 등도 개설하여 활용하고 있는데, 2014년에는 가을 겨울Autumn/Winter 여성용 패션쇼를 위챗과 제휴하여 VIP 고객이 패션쇼를 볼 수 있게 했다. 이를 위해 버버리는 별도의 패션쇼 영상을 위챗 전용으로 제작하였으며, 디자인팀이 런웨이 영상에 간략한 오디오 설명을 삽입하여 생생한 현장의 패션쇼를 느낄 수 있게 했다.

버버리의 전통과 젊은 감각을 체험할 수 있는 다양한 콘텐츠도 제공하고 있다. 바로 온라인에서 고객이 직접 원하는 스타일의 트렌치코트를 디자인하고 주문할 수 있는 '비스포크bespoke' 서비스이다. 실루엣, 섬유, 색깔, 디자인 등 고객이 직접 고를 수 있는 개인 맞춤형 서비스로 120만 개의 조합이 가능하며, 영국에서 제작된 트렌치코트는 8주 안에 고객에게 배송된다. 360도 비

▲ 비스포크 (출처: 버버리)

▲ 아트 오브 트렌치 (출처: 버버리)

디오뷰로 입체적 체험 또한 가능하다.

2009년 버버리는 트렌치코트를 역사와 전통이 있는 사회적 아이콘으로 기념하고, 사람들이 자신만의 트렌치코트 이야기를 공유하는 '아트 오브 트렌치Art of the Trench'를 론칭했다. 전 세계를 돌며 버버리의 트렌치코트를 입은 사람들의 사진을 보여주고, 자신이 입은 트렌치코트 사진을 직접 올릴 수 있어 고객에게 색다른 브랜드 경험을 선사했다. 버버리는 또한 고전적 명품이라는 브랜드 이미지에 젊은 활력을 불어넣기 위해서 젊은 음악 밴드를 후원하는 '버버리 어쿠스틱Buberry Acoustic'을 매년 진행하고 있다. 밴드들이 버버리 옷을 입고 연주하며, 음악과 영상은 버버리 홈페이지, 유튜브, 오프라인 매장을 통해 고객에게 전달되어 젊은 고객층을 끌어들이는 데 활용하고 있다.

이러한 옴니채널 전략으로 2009년 적자였던 버버리의 영업이익은 흑자로 전환됐으며, 주가도 165%나 상승하는 결과를 얻었다. 이러한 결과는 꾸준하게 지속되어 매출액이 2006년에 7억 4천만 파운드에 불과하였으나 2015년에 25억 2,300만 파운드로 증가하였다. 2012년도에는 인터브랜드Interbrand 지수Index에서 럭셔리 브랜드 중에서 가장 빠르게 성장한 브랜드로 선정되었다.

하나의 작은 도시를 만들다, 이온몰

일본 유통 기업인 이온그룹은 마쿠하리 신도심에 '이온몰AEON Mall'을 2013년 12월에 개장했다. 남녀노소 누구나 매장 안에서 즐길 수 있는 복합 쇼핑몰로 가족, 스포츠, 애완동물 등의 다양한 라이프 스타일 매장들이 입점해 있다. 이온몰은 매장 콘셉트는 '즐거움을 느끼고', '상품을 체험할 수 있으며', '디지털 연결'이 가능한 쇼핑몰로 색다른 옴니채널 쇼핑 경험을 제공하고 있다. 인터넷 모바일로 쇼핑을 즐기는 고객을 오프라인 쇼핑몰로 유도하여 쇼핑 이외에 다양한 인터랙티브한 체험을 제공해 고객을 확보하겠다는 전략이다.

▲ 와온 전자화폐 (출처: 와온)

이온몰에서는 '와온WAON'이라는 전자화폐를 이용할 수 있다. 이온몰 곳곳에 설치된 키오스크를 통해 카드를 발급받아 사용할 수 있으며, 결제를 위해 카드를 터치하면 '와온'이라는 양 울음소리가 나와 재미를 주고 있다. 와온 서비스는 모바일 애플리케이션과 연동되어 구매 내역 및 포인트 잔액을 확인할 수 있으며 각종 캠페인 정보도 확인할 수 있다.

▲ 해피게이트 해피 쿠폰 (출처: 이온)

매장 입구에는 소프트뱅크와 협력한 '해피게이트Happy Gate'가 설치되어 있다. 해피게이트를 터치하면 쿠폰이 발행되는데 마치 행운의 쿠키처럼 랜덤으로 부여가 되어 재미를 느끼게 하고 있다.

▲ 찍어! 정보 (출처: 이온)

스마트폰을 매장에 설치된 POP에 터치하면 해당 상품의 정보를 보여주는 '찍어! 정보'도 제공하고 있다. POP 외에도 매장에서 제공하는 '푸드노트FoodNote'에 모바일을 터치하면 재료를 활용한 레시피가 표시되어 레시피에 활용된 다른 재료의 추가 구매를 유도하고 있다.

▲ 사운드 캐치 (출처: 이온)

또한 매장 내에 설치된 다양한 디지털 사이니지에 사운드 비콘을 설치하여 광고 상품이나 해당 위치에서 진행되고 있는 다양한 정보를 실시간으로 스마트폰에 제공해준다.

▲ 터치 겟 (출처: 이온)

다양한 주류를 판매하는 이온리큐어AEON liquor에는 터치 인식이 가능한 테이블 형태의 단말기를 설치했다. QR코드가 부착된 와인을 테이블 위에 놓으면 산지, 맛 등 와인의 정보를 볼 수 있게 하였으며, 화면을 보면서 점원이 와인에 대한 상담도 할 수 있다. 또한 매장에 태블릿 단말기를 배치하여 매장에 없는 상품을 온라인으로 주문할 수 있는 '터치 겟Touch Get'을 서비스하고 있다. 현재는 와인, 홈패션, 아기 용품만 주문할 수 있지만 순차적으로 주문 가능한 상품을 늘릴 예정이다. 주문한 상품은 매장과 집에서 모두 수령 가능하며, 미니스톱 등의 2500개 점포로 확대할 계획이다. 가격도 매장과 동일한 할인 가격이 적용된다.

이온몰은 하나의 작은 도시처럼 사람들이 사는 일상의 즐거움을 제공하기 위해 매장 내 모든 경험을 통합하고 연결하고 있다. 매장을 방문한 순간부터 즐거움을 느끼고 매장 곳곳마다 다양한 체험을 제공해 고객과 대화하고 소통하는 데 디지털 기술을 결합하여 옴니채널을 구현하고 있다.

단계별 옴니채널 프로젝트, 세븐&아이홀딩스

일본에서 가장 옴니채널에 적극적인 기업 중에 하나가 세븐일레븐의 지주 회사인 세븐&아이홀딩스Seven & i Holdings로 2013년에 향후 5년간 1천억 엔을 투자하여 옴니채널 전략을 추진하겠다고 발표했다. 세븐&아이홀딩스의 옴니채널 추진은 2013년 9월 임원 50명이 미국 옴니채널 시찰을 다녀온 후부터 구체화됐다. 임원진은 메이시스백화점, 웰그린스Walgreens 드럭스토어 등의 담당자 미팅을 통해 현황 파악을 하면서 구체적인 계획을 수립했다.

먼저 그룹의 각 사 담당자와 NTT 데이터, NEC, 야후, 구글, 미쓰이물산, 오라클, 넷이어 등의 기업과 외부 전문가들로 구성된 '옴니채널 추진 프로젝트'를 구성하여 토론과 정보 교환을 진행했다. 프로젝트 결과 현재 저출산 및 고령화에 따른 노인들의 쇼핑 참여가 늘어나고 있으며, 1인 가구와 직장 여성의

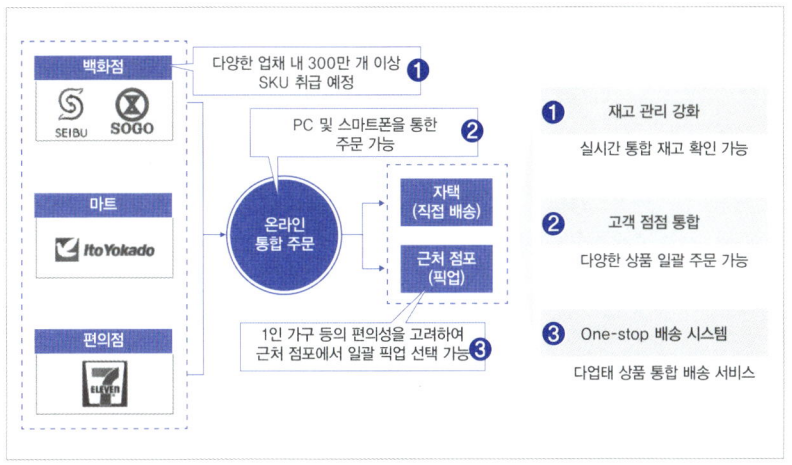

▲ 세븐&아이홀딩스 옴니채널 추진전략 (출처: AT Kearney)

증가로 외식 등의 지출이 높아졌고, 중소 규모의 소매점 감소와 인터넷 쇼핑몰의 확대로 이어지면서 큰 전환기를 맞이하고 있다. 쇼핑 스타일 또한 고객의 요구에 맞는 상품을 추천해주고, 인터넷, 모바일로 상품을 주문하면 24시간 이내에 자신이 원하는 장소와 시간에서 상품을 받을 수 있는 형태로 바뀌고 있어 옴니채널에 관한 요구가 높아지고 있다는 것이다.

세븐&아이홀딩스는 오프라인 매장과 온라인을 통합 연결하는 데 중점을 두고 그룹의 다양한 인프라와 역량을 강화하는 옴니채널 전략을 추진하고 있다. 그룹이 보유한 온·오프라인 매장에서 언제 어디서나 상품을 구매하고 상품을 받아볼 수 있으며, 그룹의 신상품이나 프리미엄 상품을 적시에 제공하고, 인터넷으로 구입이 불편한 고령자들이 매장 내에서 편리하게 구매할 수 있는 쇼핑 환경을 제공하는 데 중점을 두고 있다. 이러한 전략 추진의 기반이 되는 것이 그룹이 보유한 매장과 제품, 접객이다. 일본 내 1만 8500개의 점포수를 활용하여 온라인 주문으로 가까운 편의점 및 그룹이 보유한 매장에서 상품을 받아볼 수 있다. 세븐 프리미엄을 대표하는 고품질의 자체 브랜드 상품을 확대해가고, 30만 명의 매장 점원이 방문 고객의 옴니채널 대응을 위한 지원 체계를 갖춘다는 계획이다.

이러한 추진을 위해 100명으로 구성된 옴니채널 추진팀을 구성하고 일곱 가지의 과제를 선정하여 진행하였다.

첫째, 회원은 콜센터, 보안, 일반 결제, 회원 데이터베이스를 통합 연결을 추진한다. 둘째, 웹사이트는 검색 및 장바구니를 일원화하여 제공한다. 셋째, 매장은 고객 관계 관리, 태블릿 개발, 매장 배송 체계 구축 등을 시행한다. 넷째, 제품은 상품 관리 코드를 공통화하고, 신상품 개발을 담당한다. 다섯째, 그룹 내 각 기업의 물류를 통합하고 배송할 수 있는 체계를 갖춘다. 여섯째, 미디어는 옴니채널에 맞는 새로운 마케팅 및 프로모션 기법을 검토하고 개발하는 일을 담당한다. 일곱째, 빅데이터는 고객 데이터 통합과 이에 따른 시스템 구축 및 데이터 분석을 진행한다.

세븐&아이홀딩스는 2015년 11월에 세븐넷 쇼핑, 로프트 등 그룹 내 8개 기업을 통합하는 옴니채널 사이트인 '옴니세븐Omni7'을 오픈하였다. 옴니세븐의 특징은 8개의 그룹 편의점, 백화점, 슈퍼마켓, 전문몰의 인터넷 쇼핑몰을 통합하여 사용할 수 있으며, 전국 약 1만 8천여 개의 세븐일레븐의 매장을 배송거점으로 활용하여 언제 어디서나 편리하게 반품, 환불 등의 서비스를 받을 수 있다.

옴니세븐을 통한 옴니채널 추진결과 2015년 11월 옴니세븐을 통한 매출은 로프트가 2.5배 증가하였으며, 2014년 11월 대비 그룹 전체를 통한 매출의 약 3%가 증가하였다. 회원수는 약 100만명(기존사이트 회원포함)이며, 30대 후반~40대 초반이 주 고객층이며, 성별로는 여성이 60%를 차지하고 있다.(2015년 11월 기준)

옴니채널은 성과분석 결과 인터넷 쇼핑몰의 매출보다 실제매장 방문의 유입을 확대하는 데 효과가 있는 것으로 분석하였다. 주문한 상품을 수령하는 장소를 집이나 세븐일레븐 매장을 선택할 수 있는데 80% 이상이 세븐일레븐에서의 수령을 선택했다. 이러한 수치는 회사가 예상했던 50%을 넘는 수치이며, 특히 여성 고객층이 편의점 수령을 많이 하는 것으로 나타났다.

세븐&아이홀딩스는 2017년 기점으로 3개년 중장기 전략을 발표하면서 기존 불특정 다수의 고객을 대상으로 '인터넷쇼핑몰 중심'으로 전개하는 방식에서 고객중심으로 그룹의 모든 채널을 연결하는 '고객중심' 전략으로 옴니채널 전략을 수정하였다. 그룹매장에 내점하는 하루 2,200만 명 고객의 모든 일상에서 온·오프라인 매장을 연계하여 '고객생애가치Life Time Value'를 향상

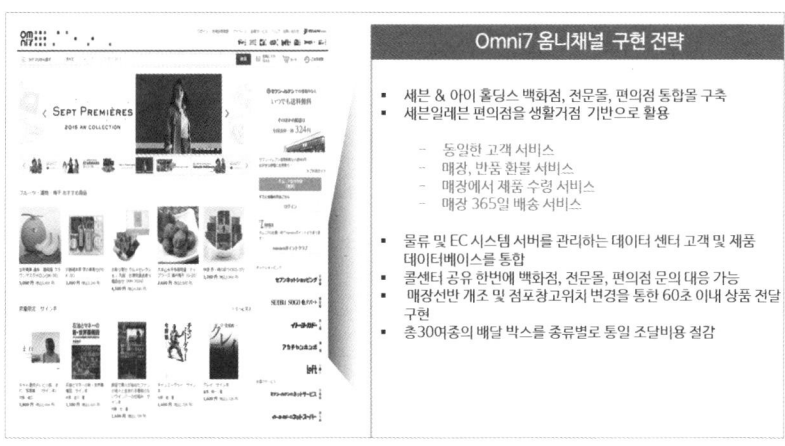

▲ 세븐&아이홀딩스 Omni7 옴니채널전략

시킨다는 계획이다.

  이러한 추진을 위해 2017년 2월에 옴니세븐의 상품경쟁력을 강화하였으며, 각 사가 추진하고 있는 포인트를 통합하는 '통합포인트 프로그램'을 개발하고 고객대상 타겟팅을 강화할 수 있는 모바일앱도 새롭게 개발하고 있다. 향후 모든 구매데이터를 통합하여 그룹 내 채널을 연계하는 통합캠페인 전략을 구축해나갈 예정이다.

옴니채널 기업의
성공 법칙 10

옴니채널에 성공한 기업들에게서 공통으로 나타나는 성공 법칙이 있다. 성공 주요 기업들이 조직, 전략, 프로세스, 운영, 서비스 관점에서 어떠한 전략 체계를 기반으로 옴니채널에 접근하고 있는지를 살펴봐야 한다.

● 위로부터 전략을 추진하라

옴니채널은 조직, 시스템, 프로세스, 플랫폼 등 기존 기업의 모든 체계를 통합하고 연계하는 전략이다. 그렇기 때문에 CEO의 명확한 비전과 적극적인 의지 없이 추진하는 것에는 한계가 따른다. 국내의 롯데, 신세계, 아모레퍼시픽이나 해외의 메이시스, 버버리, 세븐&아이 홀딩스 모두 유통 환경과 고객의 구매 패턴 변화에 따른 위기감을 느꼈다. 그래서 향후 기업이 살아남기 위해서는 '옴니채널'밖에 없음을 인식하였고, 적극적으로 CEO들이 앞에 나서서 진두지휘하고 있다.

● 명확한 목적과 목표를 설정하라

기업의 옴니채널 추진을 위해서 기업의 비즈니스 상황이나 역량에 맞는 명확한 목적과 목표가 설정되어야 한다. 선진 기업들의 성공 사례를 그대로 따라 하는 경우 자칫 비용만 낭비하고 성과를 못 얻을 수 있다. 모바일 환경에 대응하기 위한 온라인 환경을 구축해야 하는지, 고객 분석을 강화하여 개인화된 서비스 및 마케팅을 제공해야 하는지, 매장 방문 고객의 체험과 구매 경험을 증대시켜줘야 하는지, 배송이나 물류 체계를 보완해야 하는지, 신기술 도입을 통한 차별화된 브랜드 경험 이미지를 구축해야 하는지 등 기업 상황과 전략에 맞는 목적과 목표를 설정한 후 단계별 접근을 진행해야 한다.

● **기존 역량을 파악 후 핵심 역량에 집중하라**

옴니채널 전략 추진을 위해서 먼저 기업이 가지고 있는 기존 핵심 역량이 무엇인지 파악해야 한다. 매장 내 신기술 투자보다 카탈로그와 고객 데이터베이스의 핵심 자산을 기반으로 오프라인 매장을 연계하는 전략을 전개하고 있는 윌리엄스 소노마의 사례가 대표적이다. 세븐&아이 홀딩스도 자사가 보유한 세븐일레븐 매장과 연계하는 전략으로 배송 서비스를 강화하는 전략을 추진하고 있다. 이처럼 기업이 보유한 고객, 상품, 채널, 기술 등을 파악한 후 핵심 역량을 중심으로 온·오프라인을 통합하고 연계하는 전략을 모색해야 한다.

● **조직을 통합하고 연계시켜라**

옴니채널 전략에 집중하고 효율적으로 운영하기 위해서는 조직을 통합하고 업무를 일원화시켜야 한다. 명확한 목표와 전략 방안이 나와 있다고 해도 이를 추진하기 위한 조직이 구축되지 않거나 운영 단계에서 채널 관리 조직이 이원화되어 있는 경우 부서 간 충돌이 발생하고 업무에 혼선이 생길 우려가 많다. 메이시스의 경우 마케팅과 판촉 부서를 통합하고 구매와 마케팅 프로세스를 일관되게 진행하여 유기적으로 각 채널이 연계되도록 관리·운영하고 있다.

● **작게 시작하고 지속적으로 개선하라**

처음부터 큰 규모의 서비스를 제공하고, 완성도를 가지기보다는 작게 시작하고 고객의 피드백을 통하여 완성하는 접근 방식이 필요하다. 현재 기업의 상황과 역량에서 필요한 작은 단위의 프로젝트부터 시작하여 고객 반응에 따른 지속적인 개선을 통해 대응하는 것이 필요하다. 메이시스는 '최소 기능 제품$_{MVP}$' 방식을 적용하고 있으며, 많은 기업들이 플래그십 스토어를 통하여 신기술을 테스트하고 새로운 서비스에 대한 고객 반응을 분석하여 매장에 적용하고 있다.

● **기술 혁신을 위해 끊임없이 노력하라**

혁신적인 디지털 기술은 매장의 쇼핑 경험과 운영 관리를 최적화시켜준다. 옴니채널에 필요한 매장 내 인터랙티브한 쇼핑 경험 제공, 맞춤화된 개인 서비스, 주문 결제의 편의성, 배송 지원 체계 구축 등을 위해서 기술 혁신이 뒤따라야 한다. 이를 위해 별도의 조직과 운영 프로그램이 필요하다. 월마트의 월마트랩이나 노드스트롬의 이노베이션랩 등이 이러한 역할을 담당하고 있다. 존루이스의 경우에는 스타트업을 육성하는 프로그램을 통해 관련 아이디어와 기술을 확보하고 있다.

● 차별화된 쇼핑 경험을 설계하라

온·오프라인 채널에서 고객에게 제공할 수 있는 차별화된 쇼핑 경험을 설계해야 한다. 온라인에서는 고객이 상품 정보를 획득하고 탐색하는 편의성을 제공해야 하며, 오프라인 매장에서는 제품을 체험하고 제품에 대한 다양한 지원과 혜택을 받을 수 있는 경험을 설계해야 한다. 버버리의 경우 온라인에서 제공되는 24시간 구매 지원 서비스를 오프라인 매장에서도 제공하고 있으며, 윌리엄스 소노마의 경우 카탈로그를 본 고객이 매장에 방문하면 테마 공간별로 상품을 체험할 수 있도록 매장을 구성했다.

● 언제 어디서나 구매가 가능하도록 하라

오프라인 매장이나 온라인, 모바일을 통해서 언제 어디서나 손쉽게 구매할 수 있는 환경을 제공해야 한다. 온·오프라인의 동일한 상품 구색 및 가격과 할인 혜택, 재고 파악 등의 일관된 정책으로 어느 채널에서든 동일한 경험과 서비스를 받을 수 있어야 한다. 메이시스, 노드스트롬, 베스트 바이, 버버리 등이 매장 내에서 온라인, 모바일을 활용한 구매 지원뿐만 아니라 키오스크, 태블릿을 활용한 매장 내 상품 검색과 온라인 구매도 함께 지원하고 있다.

● 배송과 물류 체계를 확보하라

고객이 옴니채널 서비스 중에서 가장 필요로 하는 서비스가 바로 편리한 배송 서비스이다. 온라인에서 주문한 제품을 매장이나 다른 제휴 채널을 통해서 받을 수 있는 배송 체계와 물류 기반이 확보되어야 한다. 옴니채널에서 성공한 많은 기업이 필수적으로 클릭 앤드 콜렉트 방식의 배송 지원 서비스를 제공하고 있으며, 배송 서비스를 보유하고 있는 업체와의 협력을 통해 배송 거점을 확충하고 있다. 베스트 바이는 매장 픽업을 강화하여 아마존과의 경쟁 우위를 확보하고 있으며, 테스코의 경우 지역 내에 있는 주유소와 제휴를 통하여 배송 거점을 늘려나가고 있다.

● **고객 관점에서 모든 것을 생각하라**

기업이 정의한 온·오프라인 채널이 더 이상 의미가 없어지고 있다. 고객은 자신의 구매 경험을 향상시켜줄 수 있는 최적의 채널을 선택하기 때문이다. 그렇기 때문에 옴니채널 전략을 추진함에 있어서 기업 주도형 전략보다는 고객 관점에서 매장 경험, 구매 프로세스, 조직 및 직원 응대, 기술 도입 등 모든 것들을 재정비하고 통합 연계해야 한다. 이미 많은 기업들이 옴니채널 전략을 추진함에 앞서 철저한 사전 고객 분석으로 고객이 필요한 사항을 파악하고 개선 과제를 도출하고 있으며 이에 따른 서비스를 단계별로 추진하고 있다.

Part
06

옴니채널 구현을 위한
디지털 기술

고객을 인지하다, 인식 기술

옴니채널에서 인식 기술은 제품 정보를 인식하여 제품에 관한 정보 제공뿐만 아니라 오프라인 매장에서 실시간으로 고객을 인지하고 연결시키는 역할까지 하고 있다. QR코드, RFID, NFC 등의 인식 기술을 활용하여 매장 내에서 모바일로 손쉽게 매장 내 상품 정보 파악, 쿠폰 등의 혜택 제공, 결제 서비스까지 다양한 용도로 활용되고 있다.

바코드의 변신, QR코드

QR코드는 1994년에 도요타 자동차 덴소 개발 부서(현재는 덴소웨이브)가 개발한 가로세로 두 방향의 흑백 격자 무늬 패턴으로 정보를 나타내는 매트릭스 형식의 이차원 바코드이다. 초기에는 2만여 개가 넘는 자동차 부품 생산 등 상품 관리에 널리 이용되었으나, 현재는 기존 바코드를 대체하는 개념으로 여러 분야에 널리 활용되고 있다. 용어 그대로 '빠른 응답'이 가능해 빠른 인식 속도와 기존 바코드에 비해 작은 공간을 활용하여 100배가 넘는 대용량 정보 저장이 가능하며 오류 수정이 가능하다는 특징을 가지고 있다.

구분	1차원 바코드	QR코드
모양	(정보없음 ↕ / 정보표현 ↔)	(정보표현 ↕ / 정보표현 ↔)
정보량	20문자	7089문자(숫자)
정보의 종류	영어 및 숫자	영어 및 숫자, 한글 등
기록밀도	1	20~40
데이터 복원 기능	없음	있음

▲ 1차원 바코드와 QR코드 비교

QR코드가 활성화된 배경은 스마트폰 보급 확대 및 간편하고 손쉬운 무선 인터넷 연결이 가능했기 때문이다. 디지털 미디어 콘텐츠 확장이 용이하고 누구나 손쉽게 QR코드 제작이 가능하다는 점도 활성화에 기여했다. 덴소웨이브가 QR코드의 보급 확대를 위해 특허 권리를 행사하지 않기 때문에 QR코드 제작에 따른 별도 라이선스 비용은 지불하지 않고 무료로 이용할 수 있다는 것도 중요한 역할을 했다.

QR코드를 활용하여 고객에게 재미와 호기심을 자극하여 광고 및 정보 전달의 주목도를 높일 수 있으며, 고객의 접근성을 강화하여 자발적인 참여를 유도할 수 있다. 그리고 실시간으로 온·오프라인을 연동한 쌍방향 커뮤니케이션이 가능하다.

첫째, 고객 참여를 통한 즉각적인 반응을 이끌어낼 수 있다.

'나우이즘nowism'으로 표현되는 필요한 정보를 '바로 이 자리' '지금 이 순간'에 실시간으로 얻고자 하는 현재의 소비자 욕구를 QR코드를 활용하여 즉각 대응할 수 있다. 또한 모호한 광고를 이해할 수 있는 추가 정보를 제공해 메시지를 강화할 수 있다. 매장에서 상품 안내 전단지에 부착된 할인 상품을 스캔해 계산 시 바로 할인 혜택을 받을 수 있는 서비스 제공 또한 가능하다.

둘째, 다양한 미디어와 상호 작용해 통합 마케팅 커뮤니케이션이 가능하다.

기존 오프라인 미디어와 디지털 미디어 연계를 QR코드를 통해 손쉽게 할 수 있다. 특히 기존 미디어가 가진 일방향적인 한계를 극복하고 다양한 매체와의 연계를 통해 고객과의 쌍방향 커뮤니케이션을 가능하게 해준다. QR코드는 매체 이식성이 높아 TV, 신문, 소셜미디어, 키오스크 등의 다양한 미디어에 부착 가능하기 때문에 다양한 매체와 연계해 온·오프라인 기반의 고객 접점을 강화할 수 있다.

셋째, 소비자 의사 결정 과정에 관여할 수 있다.

자동차, IT 제품, 화장품 등 정보 처리 과정이 복잡하고 적극적으로 정보를 탐색하여 구매 손실을 줄이는 고관여 제품의 경우 QR코드로 브랜드 이미지를 강화할 수 있다. 음료, 스낵, 식품 같은 상표 간 차이가 크지 않고 관여도가 낮아 습관적으로 구매하는 저관여 제품의 경우에는 제품 시험 사용 기회 및 쿠폰, 마일리지, 경품 등의 가격적인 면에서 할인 혜택을 제공해 구매를 유도하는 방식으로 QR코드를 활용할 수 있다.

넷째, 기존 광고 방식과 차별화된 자발적인 참여를 유도할 수 있다.

QR코드는 기존 광고 방식에 식상한 고객에게 사각 격자무늬에 숨겨진 차별화된 메시지 및 다양한 엔터테인먼트 요소를 발견하는 색다른 경험을 제공해 고객의 자발적인 참여 및 공유를 이끌어낼 수 있다.

다섯째, 다양한 디자인 변형을 통한 브랜드 아이덴티티를 강화할 수 있다.

디자인 및 크기 또한 기존 사각형 형태의 패턴을 벗어나 자사의 로고나 캐릭터 등을 활용해 개성 넘치는 디자인으로 브랜드 아이덴티티의 전달이 가능하다. 그리고 크기는 건물 빌딩 높이부터 자그마한 열쇠고리까지 변형이 가능해 일상 생활 어디에서나 고객이 접근할 수 있다.

여섯째, 기존 인쇄 매체의 한계를 극복하는 대안으로 활용할 수 있다.

기존 인쇄 매체의 경우 한정된 지면이기 때문에 전달하고자 하는 메시지가 제한되어 일방향적으로 정보가 전달됐다. 따라서 고객과 상호작용을 하는 데 많은 한계를 지니고 있다. 하지만 QR코드를 기반으로 멀티미디어를 연동해 메시지 인지 효과를 강화할 수 있으며, 트위터, 페이스북 등 다양한 고객 참여 기반의 소셜미디어와 연계해 고객과의 대화 기회를 확대할 수 있다.

일곱째, 매체별 접점 파악 및 효과 측정을 할 수 있다.

마케팅 커뮤니케이션에서 신문, 잡지, 옥외광고, 전단지 등 오프라인 미디어의 배포된 수량에 따라 매체별 노출 현황을 파악할 수 있으나 여기에 따른 마케팅 커뮤니케이션 반응을 측정하는 데 한계를 지니고 있다. 그러나 QR코드의 경우 매체 특성에 따라 집행 매체별로 마케팅 커뮤니케이션 전달 방법 및 접점 채널을 분리시켜 고객의 반응을 손쉽게 측정할 수 있다. QR코드에 별도의 코드를 심어놓아 고객이 QR코드를 스캔한 횟수, 스캔이 이뤄진 날짜와 시간 등의 정보를 파악할 수 있다.

롯데백화점, 현대백화점, 신세계백화점은 이러한 장점을 활용해 전단지에 QR코드를 싣고 상품 정보, 할인 쿠폰, 점포별 행사 안내 사이트로 연결하고 있다. 롯데백화점은 오프라인 매장에서 온라인 최고 인기 상품의 실물을 직접

디지털 트랜스포메이션 시대, 옴니채널 전략 어떻게 할 것인가?

▲ 홈플러스 QR코드 소고기 정보 (출처: 홈플러스)

확인한 후 QR코드를 인식해 바로 구매할 수 있다. 홈플러스는 매장에서 판매되는 소고기에 QR코드를 부착하여 고객이 스마트폰으로 QR코드를 스캔하면 상품 유통 과정을 볼 수 있는 이력 시스템을 제공하고 있다. SSG닷컴은 병행 수입하는 외국 유명 브랜드에 관세청이 진품을 보증하는 QR코드를 붙여 원산지, 상표명, 통관일자를 등을 확인하고 구매할 수 있도록 하고 있다. 이러한 QR코드의 도입을 통해 상품 진위를 묻는 소비자가 절반 수준으로 줄었으며, 2013년 11월부터 2015년 2월까지 취소 및 반품률은 전년 같은 기간보다 20% 줄었고, QR코드를 부착한 상품의 매출은 524%가 신장됐다.

▲ 베스트 바이 QR코드 서비스 (출처: 베스트 바이)

베스트 바이는 2010년 매장 내 모든 제품 태그에 QR코드를 도입했다. 스마트폰으로 QR코드를 스캔하면 베스트 바이 모바일 웹사이트로 접속되어 비슷한 사양의 다른 제품들을 비교하고, 리뷰를 확인할 수 있다. 그러나 고객이 아마존 사이트와 가격을 비교해보고 구매는 하지 않자 범용 QR코드를 자체 QR코드로 변경했다. 이에 가격 비교가 불가능해지자 고객은 눈에 띄게 줄었고 매출이 급감하면서 결국 베스트 바이는 QR코드를 원 상태로 바꿔야 했다.

막스 앤 스펜서는 2009년 출시한 과일 음료 병에 QR코드를 부착하여 단순한 상품 정보 제공뿐만 아니라 제품에 대한 스토리를 제공하고 있으며, 소비자가 직접 시음 후기도 올릴 수 있는 소비자 커뮤니케이션 채널로 활용하고 있다.

QR코드는 또한 온·오프라인의 고객 접점을 연결시켜주는 연결 고리로서 별도의 오프라인 쇼핑몰을 구축하지 않아도 언제 어디서나 쇼핑을 할 수 있는 가상 매장의 역할도 하고 있다.

2010년 홈플러스는 지하철역에 QR코드를 활용한 가상 매장을 오픈했다. 마트에 갈 시간이 없는 바쁜 직장인들이 출퇴근 시간에 지하철에서 스크린도어에 설치되어 있는 QR코드 상품 이미지를 스캔하면 바로 주문 및 결제가 가능해 편리하게 집에서 주문한 제품을 받아볼 수 있다. 이로 인해 QR코드 가상 매장을 통한 신규 등록자가 76% 증가하였으며, 온라인 판매량도 130% 증가했다. 그리고 홈플러스는 온라인 마켓 1위와 2011년 칸 국제광고제 미디어 부문 그랑프리를 수상하는 성과를 얻었다. 홈플러스는 선릉역 개찰구 앞 기둥과 스크린도어 등에 500여 개의 주요 신선식품 및 생활필수품 등을 판매하는 상설 가상 매장을 운영하고 있다.

▲ 구글 플레이스 QR코드 서비스
(출처: 구글)

구글은 지역 서비스를 구글 플레이스로 이름을 바꾸고 지역 상점이나 매장 등을 대상으로 20만 개의 QR코드 스티커를 배포했다. 구글 플레이스에서 지역 매장에 대한 상세한 정보(전화번호, 위치, 스트리트 뷰 등)와 함께 해당 업체에 대한 평가와 리뷰를 볼 수 있다. 고객은 매장 출입구에 부착된 QR코드 스티커를 스캔하면 가게를 즐겨찾기에 등록할 수 있으며, 매장에서 발행하는 쿠폰 같은 다양한 혜택을 즉석에서 받을 수 있다.

이뿐만 아니라 QR코드는 오프라인 가상 매장 역할에 그치지 않고 무인 매장으로서의 진화도 이루어지고 있다.

▲ 호인터 QR코드 무인매장 (출처: 호인터)

호인터Hointer는 시애틀에 QR코드를 기반한 남성용 청바지를 판매하는 무인 매장을 개설했다. 매장에 들어서면 옷을 쌓아놓은 진열대나 상품을 안내하는 보조원이 보이지 않는다. 조금은 어수선해 보이지만 빨래줄에 옷이 걸린 것처럼 주르륵 청바지가 걸려 있는 것을 볼 수 있다.

구매는 자신에게 맞는 사이즈 청바지의 QR코드를 스캔하면 되는데, 사이즈 정보가 네트워크를 통하여 재고 창고에 보내져 피팅룸 번호를 지정해주어 입어본 후 구매할 수 있다. 지정된 피팅룸에서 대기하면 자동으로 청바지가 나오고 입어본 후 마음에 들면 피팅룸에 있는 카드리더기로 결제한 후 쇼핑백에 담아서 가져가면 된다. 마음에 들지 않으면 피팅룸에 있는 반환함에 넣으면 자동으로 재고 창고로 보내진다.

유통과 물류 환경의 개선, RFID

유통 및 물류 시스템의 비용 절감과 효율성 제고 측면에서 월마트, 질레트, P&G, 베네통 등의 글로벌 기업들은 RFID 도입을 통한 유통 및 물류 환경 개선에 초점을 맞춰 옴니채널 기반의 상거래를 주도하기 위해 혈안이 되어 있다.

RFID는 칩에 저장된 정보를 전파에 실어 송신하고 리더기를 활용하여 정보를 읽어 들이는 무선통신 방식의 하나로 주파수 대역은 3kHz~3THz의 범위 이내이다. 리더interrogator, 안테나, 태그transponder로 구성되어 태그에 저장된 정보를 고주파RF 신호로 받아 전송할 수 있는 기능을 가지고 있다. 읽고 쓰기의 양방향이 가능한 NFC와 달리 RFID는 저장된 태그의 정보를 리더가 읽는 일방적인 통신만 가능하다는 단점이 있다. 그러나 가격이 저렴하고 크기가 작기 때문에 사람, 상품, 사물, 차량, 공간 등 어디에나 부착이 가능하며 비접촉으로 인식할 수 있다는 장점이 있다.

현재 사용 중인 바코드가 가격, 제조일 등의 정보만을 담을 수 있는 한계가 있는 반면 RFID는 기억용량에 제한이 없어 기존 바코드에 기록할 수 있는 가격, 제조일 등의 정보 외에도 제품의 원산지, 제품의 중간 이동 과정, 제품의 현재 상태, 구매 이력 등 다양한 정보를 담을 수 있다.

또한 무선으로 신호를 주고받기 때문에 거리에 제한 없이 자유롭게 데이터를 스캐닝할 수 있으며, 자동으로 RF 신호를 인식하여 컨테이너 박스나 팔레트 단위 등에 저장된 수십 개의 제품 정보들을 인식할 수 있다. 제품마다 부착된 RFID 태그를 통해 특정 제품이 공급 사슬 supply chain 의 어디쯤에 위치해 있는지 추적 가능하며, 리더기로 태그를 인식하면 자동으로 재고 기록이 남는다. RFID를 이용하게 되면 재고의 정확도를 65~70%에서 99.5%까지 끌어올릴 수 있다.[1]

매장 관리 및 물류 시스템에도 RFID가 도입되어 제조업체에서 상품 출하 시 상품에 붙어 있는 RFID의 정보를 이용해 어느 차량에 실어야 하는지를 작업자에게 자동으로 지시할 수 있다. 유통 업체에 도착한 차량에서 상품이 내려지면 관리 시스템이 RFID가 부착된 상품 정보를 인식해 수량 및 품목을 자동으로 점검한 뒤 납품을 승인하고 어느 곳에 배치될 것인지 자동으로 인식해 재고 창고의 해당 위치에 배치시킬 수 있다. 배치된 상품은 재고 수량에 자

---

[1] 손현진, 〈ICT와 리테일의 만남: 옴니채널(Omni-Channel)〉, KT경제연구소, 2013. 9. 27.

동으로 수정되어 반영된다. 고객이 상품을 구매할 때마다 구매량만큼의 재고 수량이 감소되고, 재고 미달 시 재고 창고에 정보를 발신해 상품 발주를 유도할 수 있다. 유통 업체와 물류 업체는 RFID를 도입하여 물류센터와 매장의 비용 절감 및 효율성을 증대시킬 수 있다. 또한 상품 공급망의 비효율성과 빈약한 상품 유효성의 주요 장애 요인들을 제거할 수 있다. 이러한 개선 작업 진행은 다음과 같다.

입·출고 내역의 자동화

유통 업계의 경우 다양한 유통 체인을 통해 상품들을 공급받고 있다. 상품을 공급받는 시점에서 수량 파악을 하기 위해서는 매장에서 일일이 상품을 확인해야 하는 번거로움과 상품의 입·출고에 따른 인건비 소요 및 재고 파악 등 다양한 제반 문제들이 뒤따른다. 이러한 문제는 공급 시점부터 매장 내에 유입되어 재고 창고에 쌓이는 과정을 자동화하여 극복할 수 있다.

유통 체인들이 공급하는 개별 상품 및 상품의 컨테이너, 운반 팔레트, 상품 박스 등에 RFID을 부착한 뒤 입고 시 매장에 설치된 RFID 리더기를 통해 개별 품목 ID와 수량을 확인하여 상품 납품 내역을 자동으로 수신할 수 있다. 상품 납품 내역은 자동으로 재고 시스템과 연동해 실시간으로 재고 데이터에 반영된다. 기존의 수작업에 의해 발생하는 재고 데이터의 오류를 개선할 수 있으며, 입·출고 프로세스 개선을 통한 선적 인건비 절감 등의 효과를 얻을 수 있다.

매장 선반 재고의 개선

상품 구매 시 매장 선반에 구매하고자 하는 상품이 없는 경우 고객은 구매를 위한 적극적인 행동을 하지 않고 구매를 포기하는 경우가 많다. 액센추어의 연구에 따르면 매장 내 선반의 상품이 부족하거나 상품 위치가 잘못 놓여 생기는 손실이 33%인 것으로 조사됐다. 상품 부족은 고객이 구매 기회를 포기해 매출 감소뿐만 아니라 고객 재방문에 치명적인 영향을 끼치고 있다. 매장 내 선반의 상품 부족 원인은 크게 두 가지로 볼 수 있다.

첫 번째 원인은 매장 내 부정확한 재고 파악 때문이다. 일반적으로 매장 내 선반의 상품 출하는 상품 주문서나 판매 데이터에 근거하여 재고 현황이 업데이트되고 있다. 하지만 잘못된 데이터로 인해 재고 파악이 정확히 이루어지지 않아 선반 재고가 부족하게 되는 경우가 많다. 설상가상으로 손님이나 종업원이 가게 물건을 훔치는 경우 물리적으로 계산하거나 다음 출하 시기가 될 때까지는 재고 부족을 파악하기 힘들다.

두 번째 원인은 재고 파악의 시간 부족 때문이다. 오늘날 많이 사용하는 POS 시스템은 하루가 끝나기 전까지 판매 데이터를 확보할 수 없다는 한계를 가지고 있다. 일반 상품의 경우 POS 시스템으로도 확인이 가능하지만 빠르게 판매되는 상품의 경우 수시로 확인하지 않는 한 다음 주문까지 재고 파악을 하는 데 어려움이 뒤따른다. 이외에도 고객이 상품을 들었다가 다른 위치에 놓는 경우도 매장 선반의 재고를 파악하기 어렵다.

이러한 것들은 선반 내 제품을 실시간으로 파악해 재고를 통제하여 관리할 수 있다. RFID를 매장 내 상품에 부착하게 되면 RFID 판독기와 안테나를 통해 태그가 부착된 모든 상품들의 위치를 모니터링하여 실시간으로 매장 내 제품 상황을 파악하여 재고를 업데이트할 수 있다. 매장 선반에 상품을 배치할 때 총계에서 부족한 경우 시스템은 자동으로 점원의 모바일 단말기로 메시지를 발송해 재고 부족을 통지해주며, 재고 창고의 판매 위치에 재공급이 필요함을 알려준다. 미리 재고 창고 수신기에 재고 부족 신호를 보냈기 때문에 쉽게 상품을 찾을 수 있어 신속하게 매장 내에 상품을 채워놓을 수 있다.

이외에도 RFID를 기반한 상품 운반 카트를 이용하면 선반 상품 배치의 오류를 줄일 수 있다. 상품 운반 카트에 포장 박스나 짐을 실으면 판독기가 자동으로 카트의 상품 아이템을 센싱sensing해 상품이 배치되어야 할 선반 위치를 알려준다. 또한 제품이 다른 곳에 잘못 배치되어 있는 경우 점원이 매장 내 통로를 지날 때 이를 통보해 제품의 재배치를 용이하게 할 수 있다.

제품의 신선함 유지

식료품 매장의 경우 유통기한이 잘못된 제품을 판매해 소비자에게 피해를 입혀 매출 감소 및 기업 이미지에 큰 타격을 주는 경우가 많다. 이러한 원인은 제품을 공급하는 유통 센터에서 제품을 납품할 때 모든 제품의 유통기한을 체크하지 않고 일부 제품만 확인한 후 모든 박스의 유통기한을 동일하게 표기하기 때문에 발생된다. 유통 센터에서 유통기한의 오류를 줄인다면 잘못된 유통기한에 따른 반품 및 재고를 효율적으로 줄일 수 있다. 이와 더불어 고객에게 매일 신선한 제품을 제공해 매장 방문율을 높일 수 있다.

또한 RFID 칩에 많은 정보를 담을 수 있기 때문에 상품의 신선도를 파악할 수 있다. 원산지, 제조년월일, 보존기한, 유통 과정, 출하일 등의 데이터를 기반으로 매일 매장 내 리더기로 매장 선반에 배치된 제품의 상태를 파악할 수 있다. 이 덕분에 유통기한이 지난 제품들을 회수하여 제품의 신선함을 유지할 수 있다.

구매 및 결제의 효율화

고객은 매장에서 상품을 찾지 못하거나 결제 시 대기하는 데 대부분의 시간을 소비하는 것으로 나타났다. 그리고 원하는 상품을 찾기 위해 복잡한 매장을 돌아다녀야 하고, 구매를 강요하는 부담스러운 종업원 등 구매에 많은 불편함을 느끼고 있다. 게다가 결제 또한 개별 상품을 일일이 바코드로 인식하는 작업을 거쳐야 하기 때문에 많은 시간이 소요된다. 조사에 따르면 매장 내에서 결제하는 데 소요되는 시간이 길게는 5분, 짧게는 30초 정도인 것으로 조사됐다.

  하지만 더 이상 물건을 찾아서 헤매거나 결제를 위해 오랜 시간을 소비하지 않아도 된다. 백화점에 도착하여 RFID가 장착된 쇼핑 카트를 이용하면 자신이 선호하는 상품이 어디에 진열되었는지 손쉽게 파악할 수 있다. 그리고 RFID 칩에 저장된 다양한 정보를 통해 상품 구매 여부를 결정한 후 카트에 상품을 담는 순간 자동으로 결제까지 이루어져 상품 결제를 위해 길게 늘어선 계산대에서 기다리지 않아도 된다.

도난 분실 방지

매장 내 도난 및 분실이 1.69%인 것으로 나타났다. 이를 방지하기 위해 태그tag를 부착하는 것은 그렇게 새로운 것이 아니다. 그러나 현재 주목하고 있는 것은 상품의 도난이나 분실 등에 의해 다른 곳으로 위치가 옮겨졌을 때 직원에게 알려주는 데 초점을 맞추고 있다.

RFID도 기존 시스템과 동일하게 상품에 부착된 주파수를 통해 제품을 감지하는 기능을 가지고 있으며 추가적으로 매장 선반에서 의심 가는 행동을 파악할 수 있다. 고가품의 경우 자동으로 경비에게 통지해 체포할 수도 있으며, 의심 가는 행동이 일어난 지역에 카메라를 작동시켜 매장을 감시할 수도 있다.

반품 및 물품보증 개선

소매업체의 경우 반품 관리를 효율적으로 관리하지 못해 관리 비용의 과다 지출 및 전담 인력 투입, 불만 처리 등 많은 문제점들이 발생하고 있다. 또한 교환에 따른 비용 손실을 줄이려고 반품 관리 정책을 엄격히 규정하여 고객의 불만을 야기하고 있다.

반품 관리 개선은 비용 절감 측면에서 볼 때 효율적으로 관리가 이루어진다면 매출 기회를 늘리고 재고 순환 시간과 처리 비용을 줄일 수 있다. 고객과의 관계 측면에서는 고객 충성도와 판매 증진에 기여하는 역할을 한다. RFID는 상품이 판매되었을 경우 제품 구매 이력이 상세히 기록된다. 판매한 제품 상태, 판매 종업원, 상품 위치, 판매 가격, 지불 형태 등 다양한 정보를 파악하고, 이것이 물품보증서의 역할을 수행해 타당하지 않은 반품의 손실을 줄일 수 있다. 반품 처리 또한 판독기를 통해 자동으로 진행하기 때문에 반품 지연에 대한 고객 불만을 줄일 수 있다.

핵심 정리

RFID 활용 목적	RFID 활용
입·출고 내역의 자동화	상품의 컨테이너, 운반 팔레트, 상품 박스 등에 부착하여 입고 시 상품 납품 내역 자동 수신
매장 선반 재고의 개선	매장 선반에 상품이 떨어진 경우 시스템으로 재고 데이터 전송
제품의 신선함 유지	상품의 유통기한을 파악하여 상품 교체
구매 및 결제의 효율화	RFID장바구니를 통한 구매 및 결제 일괄 진행
도난 및 분실 방지	상품에 RFID 태그 부착하여 도난 시 직원에게 알람 전송
반품 및 물품보증 개선	• 제품 구매 이력을 파악하여 물품보증서의 역할 수행 • 반품 처리 프로세스 단축

▲ 옴니채널 RFID 주요 활용

모바일 신용카드, NFC

NFC는 2002년 소니와 NXP가 공동으로 개발한 근거리 무선통신 기술이다. RFID 기술 중 하나이며, 13.56MHz의 주파수 대역을 사용하는 비접촉식 방식으로 통신 거리가 약 10센티미터 이내로 짧다. 그러나 상대적으로 보안이 우수하고 가격이 저렴하다는 장점이 있다. 기존 RFID가 읽기만 가능한 단방향인 반면 NFC는 읽기 쓰기가 모두 가능하다. 현재 우리가 쓰고 있는 버스나 지하철에서 신용카드를 통해 요금을 지불하는 것도 일종의 NFC 기술이 적용된 사례이다.

NFC는 모바일을 통한 사진, 음악, 영상 등의 정보뿐만 아니라 쌍방향 속성 때문에 모바일 결제, 전자티켓, 도어키, 신분증 등의 다양한 용도로 활용되고 있다. 시장조사 업체 ABI 리서치에 따르면 NFC 탑재 기기가 2018년에는 15억 대 이상으로 늘어날 것이라고 예상하고 있으며, 한국전자통신연구원의 정보분석 보고서에 따르면 NFC를 활용한 글로벌 무선충전·스마트폰 시장은 지속적으로 확대되고 있는 것으로 나타났다. 2013년 120억 달러 수준에 머물던 시장규모는 2017년에 약 180억 달러 수준으로 확대될 것으로 예상하였다.[2]

　NFC를 가장 많이 활용하고 있는 분야는 결제 서비스이다. 2014년에 애플은 아이폰6와 아이폰6플러스를 출시하면서 '애플페이'를 함께 공개했다. 애플페이가 성공적으로 모바일 결제 시장에 안착하면서 사용이 간편한 NFC 결제가 빠르게 확산되고 있다. NFC가 탑재된 스마트폰에 모바일 카드 애플리케이션을 설치하면 신용카드로 대체가 가능하다. 지갑에서 카드를 꺼낼 필요 없다. 교통카드와 같은 방식으로 카드 결제가 가능한 단말기에 터치만 하면 간단하게 결제가 이루어진다. 또한 지갑에 여러 장의 신용카드를 들고 다녀야 하는 불편함도 해소할 수 있다.

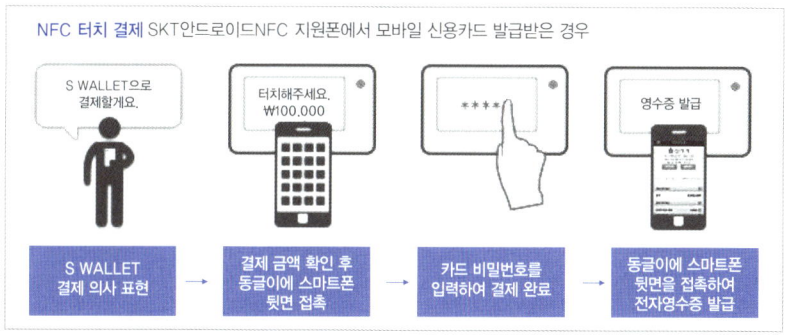

▲ 신세계백화점 S월렛 (출처: 신세계백화점)

2　〈차키 대신하는 스마트폰, 진화하는 NFC기술〉, 《아이뉴스24》, 2017.5.29.

현재 NFC결제기능을 지원하는 모바일 간편결제 서비스는 삼성페이, 애플페이, 안드로이드페이, 알리페이, 페이코PAYCO 등이다. 특히 페이코는 NFC기반 결제를 강화하기 위하여 2017년 말까지 오프라인 매장에 30만 대의 결제단말기를 설치할 예정이며, 현대백화점, CU 등의 오프라인 가맹점을 확대하고 있다.

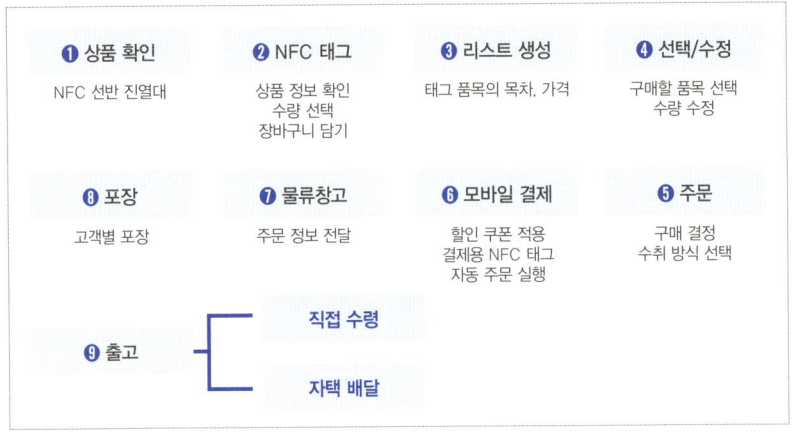

▲ NFC를 활용한 할인 마트 구매 프로세스 (출처: 하나금융경제연구소)

오프라인 매장의 구매 지원에도 NFC 활용이 늘어나고 있다. 상품을 진열하는 진열대에 NFC를 접목하여 스마트폰 터치만으로 원산지, 유통기한, 가격 등의 상품 정보뿐만 아니라 결제와 주문까지 원스톱으로 할 수 있는 방식으로 점차 확대되고 있다. 향후 매장 진열대에 샘플 상품만을 전시하는 NFC 선반으로 교체되면 매장 공간의 효율화와 구매 단계의 간소화가 이루어질 전망이다. 미국 식료품 회사인 크래프트Kraft가 매장 내 NFC 고객 반응을 테스트한 결과 NFC가 QR코드보다 고객접촉률이 더 높은 것으로 나타났다. NFC 접촉은 QR코드보다 열두 번 정도 더 많았으며, 고객이 매장 진열대에 머무는 시간도 NFC가 더 높게 나타났다. 기존 고객이 제품 선택을 위해 10초 정도 머문 반면 NFC를 결합한 경우 48초 정도 더 머물러 '브랜드인게이지먼트brand engagement' 효과가 높았다. 프랑스 유통 업체 까르푸Carrefour 계열 편의점인 까르푸 시티Carrefour City는 고객이 미리 모바일 애플리케이션을 통해 제품을 구매한 후 매장에서 NFC나 QR코드를 이용해 본인 인증을 하면 구입한 제품을 찾아갈 수 있는 서비스를 제공하고 있다. 일본 최대 음악 및 비디오 대여 체인인 쓰타야Tsutaya는 시부야점에 'NFC 체험' 코너를 개설해 서비스 하고 있다. 매장 POP 및 상품 패키지에 스마트폰을 터치하면 영화, 드라마 등의 예고 영상을 시청할 수 있어 영상물을 대여하기 전에 작품의 내용을 미리 확인할 수 있다는 편리함을 고객에게 제공하여 많은 호응을 얻고 있다.

손쉬운 검색을 가능하게 하는 이미지 및 얼굴 인식

'이미지 인식 기술Image Recognition Technology'은 이미지를 인식하면 이미지에 나타난 배경, 상품 등의 다양한 정보를 파악할 수 있는 기술을 말한다. 길거리를 지나가다 누군가 입고 있는 옷이나 신발이 마음에 들지만 브랜드, 상품명 등을 모르는 경우 사진을 찍어 이미지 검색으로 손쉽게 알 수 있다. 이베이의 조사에 따르면 2014년에 12%의 고객이 이미지 인식 기술을 활용한 것으로 나타났다.[3]

---

3   Oliver Ropars (2014. 12), 'Image recognition technology: the world as a shop window' Guardian

이 기술은 이미지에 나타난 특징을 추출해 데이터베이스에서 정합성과 검증을 거쳐 매칭되는 결과를 출력하는 방식으로 이루어진다. 지금까지 파일이름이나 사진에 태그를 붙여 이미지를 인식하는 방법에 의존하였으나, 최근에는 이미지 특징을 검출하고 사용자가 등록하는 이미지 패턴과 이미지 검색 알고리즘 패턴을 분석해 컴퓨터가 스스로 학습해 이미지를 검색하는 머신러닝Machine Learning 방식이 각광받고 있다.

구글은 2017년 구글 I/O개발자 컨퍼런스에서 구글의 컴퓨터 비전 기술과 AI을 결합한 구글렌즈Google Lens를 공개했다. 스마트폰 카메라로 사물을 비추면 바로 즉시 해당 정보를 보여준다. 예를 들어 레스토랑 간판을 비추면 상세 정보, 평점, 메뉴 등을 볼 수 있으며 예약도 바로 할 수 있다. 더불어 매장 내에 있는 제품을 비추면 해당제품의 상세정보와 고객 리뷰 등을 보고 바로 구매할 수 있다. 구글은 이미지검색을 통해 패션아이템이 다른 아이템과 매칭되는지 여부를 파악할 수 있는 '스타일아이디어' 기능도 추가하였다. 구글은 이러한 이미지 인식 기술을 누구나 손쉽게 개발하여 활용할 수 있도록 이미지객체 탐지 기술을 오픈소스로 공개했다. 구글의 이미지 객체탐지 기술은 업계최고로 평가 받고 있다. 2016년 마이크로소프트가 주최한 객체탐지기술경연대회 'COCO'에서 구글은 23개 팀을 제치고 1등을 차지했다.

네이버는 모바일 쇼핑검색에 딥러닝 기반의 컨볼루션 신경망CNN:Convolutional Neural Network기술을 적용하였다. CNN기술은 이미지로부터 상품에 대한 감성적인 특징을 자동으로 추출한다. 이를 통해 '귀여운', '화려한', '우아한' 등 감성 키워드별로 다양한 스타일의 아이템을 찾아준다.

카카오는 카카오톡으로 전송받은 이미지를 길게 누르면 유사한 상품의 이미지를 보여주는 '롱탭이미지 검색' 기능을 제공하고 있다. 롱탭이미지 검색은 쇼핑사이트와 연계하여 유사상품을 찾아주는 쇼핑기능을 강화하고 있다.

▲ 구글렌즈

 이미지 인식 기술은 고객이 찾고자 하는 유사한 상품을 이미지 매칭하여 검색해주는 상품 검색 분야에서 가장 많이 활용하고 있다. 반스앤노블Barnes &Noble은 모바일 애플리케이션에 스마트폰 카메라로 이미지를 인식하면 제품 검색이 가능한 서비스를 제공하고 있다. 도서 CD, DVD 등 표지를 찍으면 반스앤노블 제품 데이터베이스에서 해당 상품을 찾아준다. 쿠아바Kooaba도 책 표지, CD, DVD, 영화 포스터 등 이미지를 인식하면 관련 정보를 찾을 수 있는 서비스를 제공한다.
 아마존은 2009년에 초기 스마트폰으로 이미지 검색을 할 수 있는 '스냅잇Snap it'을 개편하여 '플로어Flow' 서비스를 제공하고 있다. 플로어는 오프라인 매장에서 책, DVD, 식료품, 생활용품을 스마트폰 카메라로 스캔하면 자동 인식하여 아마존 온라인 매장으로 연결시켜주는 서비스이다. 아마존은 오프라

▲ 아마존 플로어 서비스 (출처: 아마존)

인 고객을 끌어들이기 위한 전략으로 이미지 검색을 강화하고 있다.

이베이ebay는 소비자들이 스마트폰으로 촬영한 사진이나 갤러리에 저장한 이미지를 이베이 검색창에 업로드 하여 가장 유사한 제품을 찾을 수 있는 '이미지검색' 기능을 제공하고 있다. 이미지 검색기능은 AI과 딥러닝Deep Learning 기술을 활용하여 판매자와 사용자들이 등록한 이미지와 아이템DB를 활용하여 11억 개 이상의 이베이 카탈로그에서 매칭되는 제품을 손쉽게 찾을 수 있다.

메이시스는 코텍시카Cortexica 사의 이미지 인식 알고리즘 기술인 '파인드 시밀리어find similar'를 활용하여 이미지 검색을 지원하고 있다. 상품 이미지를 카메라로 촬영한 후 이미지를 올리면 메이시스의 온라인 매장에서 매칭되는 상품을 검색한 후 구매할 수 있다. 패션, 인테리어뿐만 아니라 84개가 넘는 카테고리를 지원하고 있다. 니만마커스Neiman Marcus는 모바일앱에 소비자들이 오프라인상의 다양한 아이템을 사진으로 찍으면 바로 니만마커스 카탈로그에서 유사한 아이템을 찾아주는 'Snap. Find. Shop' 기능을 제공하고 있다.

타겟백화점Target은 핀터레스트의 이미지 검색기술인 핀터레스트 렌즈Pinterest Lens와 협력하여 타겟백화점 카탈로그에서 유사한 아이템을 찾아주는 서비스를 제공하고 있다.

영국의 '스냅 패션Snap Fashion'도 고객이 마음에 드는 스타일의 의류나 신발 사진을 찍으면 그 이미지와 비슷한 스타일의 의류나 신발 결과를 보여주는 모바일 애플리케이션 서비스를 제공하고 있다. 스냅 패션은 다양한 브랜드와 제휴를 맺어 제휴 브랜드가 보유하고 있는 상품 조건과 일치하는 결과를 보여준다. 정확한 결과를 검색하기 어려운 경우에는 색상, 패턴, 스타일 등 최대한 비슷하게 보이는 다른 옵션을 제시해 정확도를 높이고 있다. 고객이 원하는 아이템이 있는 경우에는 제휴 매장으로 연결시켜줘 상품을 바로 구입할 수 있으며, 현재 구입할 수 없는 상품인 경우 상품 목록에 저장할 수 있다.

현대백화점은 더현대닷컴에서 이미지검색을 지원하는 '딥스캔deep scan' 서비스를 제공하고 있다. 원하는 옷의 사진을 찍어 앱에 올리면 해당사이트에

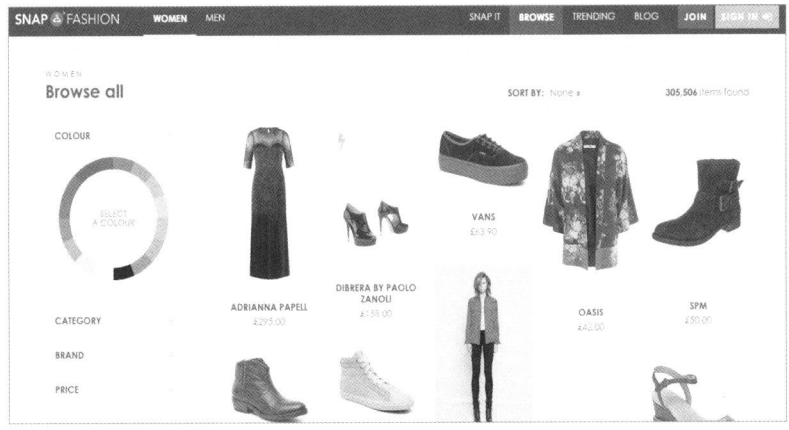

▲ 스냅 패션 컬러 검색

▲ 롯데닷컴 스타일 추천 (출처: 엘롯데)

등록된 50만 개 상품 중 해당 상품과 패턴, 색상, 디자인이 유사한 상품을 추천해준다. 현대백화점이 딥스캔 오픈 전에 사전 테스트한 결과 서비스 재사용률이 98% 증가하였다. 롯데닷컴도 머신러닝Machine Learning 기술을 적용한 이미지검색 기능 기반의 '스타일 추천 서비스'를 제공하고 있다.

이미지 인식이 사람이나 건물을 인식한다면 얼굴 인식은 사람의 얼굴을 인식하는 기술이다. 사람마다 고유하게 가지고 있는 얼굴의 특징을 통해 사람을 인식하고 판별하는 데 활용한다. 얼굴 인식 과정은 크게 '얼굴 검출'과 '얼굴 인식'으로 구분된다. 얼굴 검출 단계는 사람의 얼굴을 인식하여 눈, 코, 입 등의 구성 요소를 추출하는 단계이며, 얼굴 인식 단계는 눈, 코, 입의 거리와 모양으로 얼굴을 판별하고 밝기, 움직임, 색상, 눈 위치 추정 등 다양한 변수를 조정하여 정확성을 높이는 단계이다.

지문, 정맥 같은 생체 인식 방법과 달리 얼굴 인식은 비접촉식이며 카메라만 있어도 가능해 최근에 다양한 분야에서 활용되고 있다. 특히 출입 통제, 영상 감시, 신분증 위·변조 분석 등 보안 분야에서 많이 활용한다.

애플은 2018년초에 출시되는 '아이폰X'에 얼굴인식으로 잠금해제 할 수 있는 기능을 제공한다. 사용자의 얼굴을 스캔해 잠금해제, 결제, 보안앱 실행 등을 할 수 있게 한다는 것이다.

옴니채널에서의 얼굴 인식은 고객에게 쿠폰, 할인 등 다양한 혜택을 제공하고, 방문 데이터를 분석해 매장 방문 고객 활동 및 행동을 분석하는 데 활용하고 있다. 고객이 매장을 방문하면 고객의 얼굴을 인식해 성별, 연령을 분석하고 맞춤형 할인이나 쿠폰을 발행할 수 있으며, 타임 세일 등을 알리는 푸시 메시지를 보내 구매를 유도할 수 있다.

방문 고객의 얼굴 인식 데이터를 매장 내 POS 데이터와 연동하여 고객 마케팅을 강화하는 데 활용할 수도 있다. 상품별, 매장별, 내점 고객 중 구매 고객과 비구매 고객의 특성을 파악하고, 방문 고객의 속성이나 구매 행동을 추정하여 매장 내 제품 배치 및 고객 응대 등의 머천다이징Merchandising 설계에 반영하는 것이다. 애펙티바Affectiva는 '애프덱스Affdex'라는 서비스를 제공하는데, 얼굴 인식을 기반으로 사람의 감정을 분석하여 고객이 제품 구매, 이벤트 참여, 광고 주목도 등에 어떻게 반응하는지를 측정하는 서비스이다.

얼굴 인식 데이터의 감정 분석은 클라우드 방식을 기반하고 있다. 사람들이 얼굴 인식 데이터를 게재하면 얼굴에 나타난 표정을 추출해 저장하게 된다. 저장된 데이터는 기계적 학습을 통해 인지하여 자동으로 분석한다. 분석된 데이터는 실시간으로 얼굴 인식 데이터 장면마다의 감정 지표Metrics로 감정 스코어를 분석하여 제공한다. 감정 지표는 다섯 가지로 구성되며 광고 카피, 브랜드 트래킹, 미디어 시청 반응 조사와 뉴로마케팅Neuromarketing에도 폭넓게 활용되고 있다. 국내의 경우 여의도 IFC몰에 구축한 스크린 광고에 얼굴 인식 기술을 적용해 성별, 연령 분석을 하여 맞춤형 광고를 제공하고 있다.

NEC의 '네오페이스NeoFace'는 매장에 설치된 CCTV를 기반으로 고객 얼굴 데이터를 추출하여 분석하고 있다. 정면 이미지 외에도 측면, 후면은 물론 웃고 말하는 모습 등의 다양한 이미지를 데이터베이스화하고 이를 바탕으로 사용자의 얼굴을 분석한다. 이러한 얼굴 인식 기술을 바탕으로 고객의 방문 빈도, 고객 성향과 행동을 분석해 고객 관계 마케팅에 활용하고 있다.

영국의 대형 유통 체인인 테스코Tesco는 450개 매장에 얼굴 인식 광고판을 설치하여 마케팅에 활용했다. 매장에 설치된 모니터가 고객 얼굴을 인식하여 성별, 연령 등을 분석한 후 개인별 맞춤 정보나 광고를 제공했다. 리복Reebok은 뉴욕 5번가 매장에 IMRSV 사의 '카라Cara'라는 얼굴 인식 기술을 고객 분석에 활용했다. 매장에 설치하여 어떤 고객이 어떤 신발 앞에서 서성거리고 떠났는지에 대한 정보를 수집하여 고객 반응에 따른 정보와 광고를 노

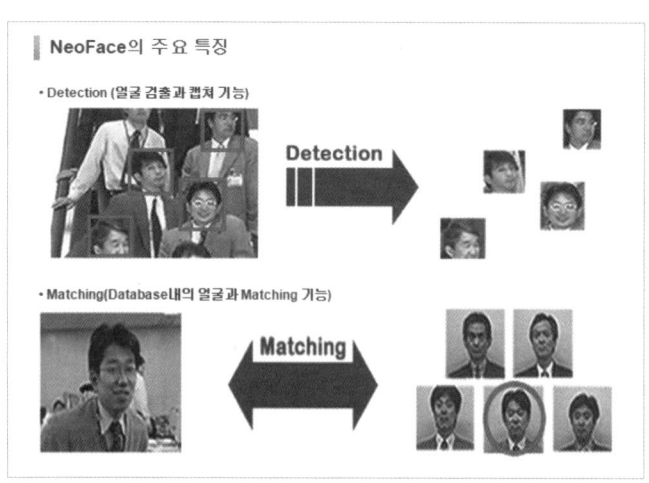

▲ NEC 네오페이스 (출처: NEC)

출시키고 있다.

이탈리아 마네킹 제작사 알막스Almax는 '아이시EyeSee'라는 마네킹을 베네통을 비롯한 패션 매장에 설치하였고, 고객의 얼굴 인식 데이터를 수집해 판매 증대를 위한 매장 디스플레이 및 프로모션에 활용하고 있다. 마네킹 내부에 내장된 얼굴 인식 소프트웨어와 카메라 센서로 고객이 마네킹을 바라보면 나이, 성별, 인종 등의 정보를 분석한다. 분석된 데이터를 기반으로 하루 총 방문객 수, 고객이 몰리는 시간대 파악 및 고객이 어떠한 표정을 짓는지 자동 분석할 수 있다. 데이터 분석 결과 할인 기간의 첫째 날과 둘째 날에는 남성이 여성에 비해 구매를 많이 한다는 것을 발견하고 할인 제품의 디스플레이 위치를 바꿀 것을 조언했다. 또한 오후 시간에는 방문객의 절반이 아이들로 '아이 전용 대기줄'을 따로 만들었으며, 특정 문을 열고 들어오는 고객의 3분의 1 이상이 아시안이라는 사실을 발견하고 중국어가 가능한 직원을 입구에 배치했다.[4]

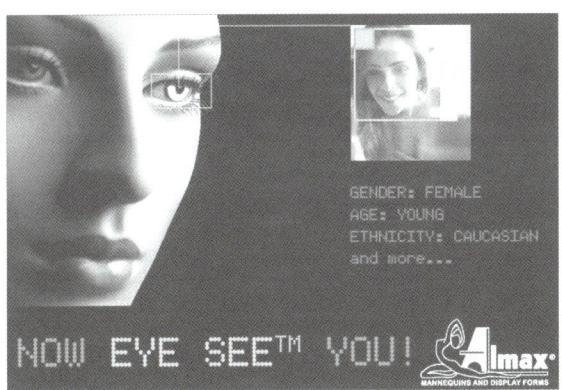

▲ 알막스 아이시 마네킹 (출처: 알막스)

4 〈마네킹이 고객정보 수집 …맞춤마케팅 대박〉, 《매일경제》, 2013. 12. 19.

디지털 트랜스포메이션 시대, 옴니채널 전략 어떻게 할 것인가?

고객을 안내하다, 위치 기반 기술

인식 기술과 더불어 옴니채널 기술에서 가장 많이 활용되는 기술이 위치 기반 기술이다. 위치 기반 기술은 고객의 위치를 파악해 개인화된 혜택을 제공해 매장 내 고객 유입을 유도하는 데 활용되고 있다. 또한 매장 방문 고객이 매장내에서 제품의 위치를 파악하고 어떻게 찾아가야 하는지도 위치 기반 기술을 활용해 안내해주고 있다. 현재 와이파이, GPS, 비콘, 지오펜싱 같은 위치 데이터를 기반으로 고객의 위치를 파악해 실시간으로 모바일을 활용한 다양한 서비스 및 마케팅에 활용되고있다.

인터넷 접속을 지원해주는 Wi-Fi

와이파이Wi-Fi는 무선 접속 장치가 설치된 곳에서 전파나 적외선 전송 방식을 이용하여 무선 인터넷을 활용할 수 있는 근거리 통신망이다. 와이파이를 사용하기 위해서는 연결할 수 있는 액세스 포인트Access Point가 필요하다. 액세스 포인트는 주로 무선 공유기를 활용하며, 스마트폰으로 액세스 포인트의 와이파이를 연결하여 인터넷에 접속할 수 있다.

옴니채널에서의 와이파이는 방문 고객의 인터넷 연결을 지원해주는 역할과 인터넷에 연결했을 때 이를 인지하여 상품 정보와 쿠폰을 제공하는 데 활용하고 있다. 고객은 스마트폰을 활용하여 매장 내에서 찾고자 하는 상품 위치를 와이파이를 통해 파악할 수 있으며, 모바일 결제 등을 편리하게 이용할 수 있도록 도와주는 역할을 한다. 즉 매장 내에서의 스마트폰 활용을 통해 고객 편의성 및 구매 경험을 강화해주는 기반이 되는 것이다.

더불어 와이파이를 활용하여 고객에게 다양한 혜택을 제공할 수 있으며, 고객 분석에도 활용할 수 있다. 딜로이트 조사[5]에 따르면 와이파이 서비스를 제공하고 이를 판촉에 적극 활용하는 매장에서 소비자들의 방문과 체류 시간, 구매율이 높아지는 것으로 나타났다. 국내 주요 커피숍 및 백화점 대부분이 무료 와이파이를 지원하고 있으며, 해외의 경우 스타벅스, KFC, 맥도날드 등이 매장 내 무료 와이파이를 제공하고 있다.

롯데백화점은 KT와 제휴해 와이파이를 활용해 실내 위치 정보를 제공하는 사업을 진행했다. GPS가 수신되지 않는 실내 공간에서 와이파이를 통해 위치를 인식할 수 있으며, 이동 경로 안내 서비스를 제공하고, 실내 지도 및 AR 기능을 통해 매장, 편의시설, 주차장 위치 등을 알려준다. 그리고 각종 행사 정보를 스마트폰으로 편리하게 활용할 수 있게 했다.

중국의 완다 플라자Wanda Plaza의 경우 와이파이에 연결된 고객에게 안정적이고 편리하게 모바일을 활용할 수 있는 경험을 제공하는 데 중점을 두고 있다. 쇼핑, 음식점, 문화, 엔터테인먼트 등 다양한 상업 활동을 한 자리에서 제

---

[5] 송기홍, 〈차세대 유통의 진화: 「스토어 3.0」 시대의 도래〉, 2013. 2.

공하는 대형 복합 쇼핑몰인 이곳에 들어온 고객이 와이파이에 연결한 후 '스캔 플라자Scan Plaza'를 선택하면 고객의 위치를 기반으로 각 매장 목록이 표시된다. 특정 매장을 선택하면 자세한 브랜드 안내와 프로모션, 할인 쿠폰, 신상품 정보가 제공된다.

▲ 이마트 플라잉 스토어 (출처: 이마트)

이마트는 바쁜 직장 업무 때문에 쇼핑할 시간이 없는 직장인들을 위해 그들의 일상에 다가가 친숙하고 편하게 구매할 수 있는 환경을 제공하는 '플라잉스토어Flying Store'를 진행했다. 플라잉 스토어는 이마트 캐릭터가 그려진 자동차 트럭 모양의 풍선 비행체를 일상생활에서 사람들이 많이 다니는 길거리, 지하철, 광장 등에 돌아다니게 했다. 풍선 내부의 와이파이에 접속할 수 있는 액세스 포인트가 내장되어 주위 사람들이 무료로 인터넷에 접속할 수 있으며, 와이파이에 접속하면 이마트 무료 쿠폰을 제공해 모바일 구매를 유도했다. 이 결과 이마트 모바일 애플리케이션의 다운로드 수가 증가했을 뿐만 아니라 온라인 쇼핑의 매출이 전월 대비 157% 증가하는 효과를 얻었다. 더불어 고객의 호기심을 자극해 색다른 경험을 제공하고, 고객을 찾아가 고객과 함께한다는 인식을 심어주는 계기가 됐다.

매장 내 고객의 와이파이 신호를 추적해 고객의 다양한 활동 이력을 분석할 수도 있다. 와이파이를 사용하는 고객의 매장 내 동선을 파악해 방문객 수, 방문율, 체류 시간, 체류전환율, 구매전환율, 재방문율 등을 집계해 매장 관리에 활용하는 것이다.

▲ 워크 인사이트 분석 데모 (출처: 조이코퍼레이션)

조이코퍼레이션은 '워크 인사이트Walk Insights'로 매장 내 와이파이 신호를 분석해 방문객을 분석하는 서비스를 제공하고 있으며, 현재 국내 외 400개 매장에서 사용 중이다. 미국 노드스트롬Nordstrom 백화점도 와이파이 신호를 추적해 매장 내 고객 동선을 파악해 고객이 어떻게 움직이는지를 알아보기 위한 실험을 진행하기도 했다.

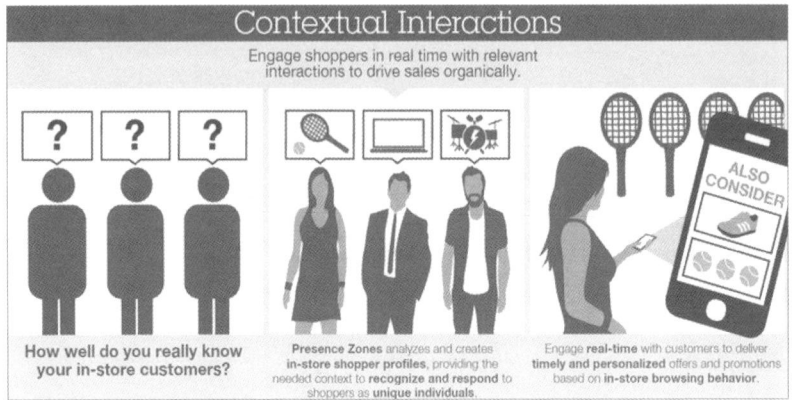

▲ IBM 프레젠스 존 (출처: IBM)

　IBM은 매장 내에서 고객이 모바일 디바이스로 와이파이 네트워크를 연결하면 옵트인Opt-in[6]을 기반으로 고객의 자발적인 참여를 유도하는 '프레젠스 존Presence Zones' 서비스를 제공하고 있다. 매장 내 와이파이에 접속한 고객이 참여를 허락하면 고객의 위치 및 매장에서 이동하는 동선을 파악하고 고객의 관심사를 분석해 실시간으로 상품에 관한 상세 정보나 쿠폰, 포인트 등을 제공해 맞춤형 프로모션을 진행한다. 프레젠스 존은 오프라인 매장, 온라인, 모바일 쇼핑을 통합하고 연결하여 다양한 고객 접점에서 고객 커뮤니케이션과 개인화된 쇼핑 경험을 제공할 수 있는 전방위 마케팅360 Degree을 전개할 수 있도록 지원하고 있다.

6　상업적인 메시지나 광고를 받겠다고 개인의 정보를 자발적으로 제공하는 것을 말한다.

6장 옴니채널 구현을 위한 디지털 기술

위치 정보로 혜택을 제공하는 GPS

GPS는 지구 주위를 떠다니는 위성으로 위치를 확인하는 시스템으로, 이를 통해 현재 시간과 정확한 위치 정보를 파악할 수 있어 위치 검색 서비스가 가능하다. 스마트폰에 이러한 위치 정보를 파악할 수 있는 GPS 센서가 탑재되어 별도의 장비 없이 손쉽게 GPS의 위치 정보를 활용할 수 있다.

옴니채널에서 GPS는 고객의 현재 위치에서 가장 가까운 매장을 안내하거나 고객의 위치, 시간 등을 분석해 고객에게 맞는 상품 정보, 쿠폰 등 다양한 혜택을 제공하는 데 활용되고 있다. 대부분의 백화점, 소셜커머스, 유통 및 프랜차이즈 관련 업종은 모바일 애플리케이션에 기본적으로 GPS 기능을 탑재하여 고객의 위치를 기반으로 매장 안내 및 상품 정보를 제공하고 있다.

IBM이 전 세계 3만 여명의 소비자를 대상으로 구매 행태를 분석한 보고서 Greater Expectation에 따르면 자신의 현재 위치를 GPS를 통해 유통 업체에 공유하겠다고 대답한 소비자 비율은 36%로 전년 대비 두 배 가까이 늘었다. 위치

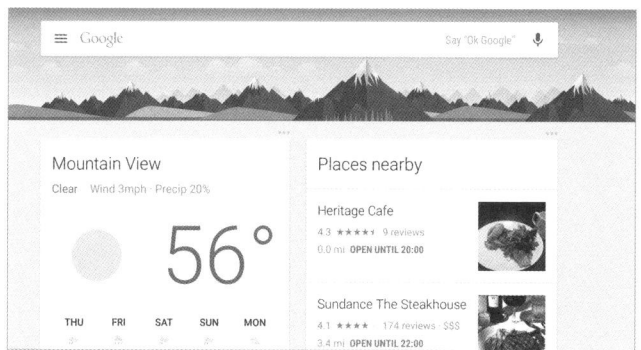

▲ 구글피드

정보 제공 의향에 대해 한국과 일본은 각각 28%와 20%인 반면 중국은 62%로 전 세계 평균을 훨씬 상회했다.

한편 롯데백화점은 '위치 기반 정보'를 활용하여 고객이 백화점 및 아웃렛에 들어서면 위치에 따라 주변 매장의 상품 정보, 사은 행사 및 할인 쿠폰 등을 스마트폰으로 받아볼 수 있는 서비스를 제공하고 있다.

구글은 '구글 피드'를 통해 사용자가 검색한 물품을 구입할 수 있는 매장이 근처에 있을 경우 알려주는 기능을 추가했다. 스마트폰 사용자가 '운동화'를 검색한다면 구글 피드는 사용자의 검색 이력을 기억하고 있다가 '운동화'를 판매하는 상점 주위에 사용자가 다가가면 상점의 판매 내역을 알려주는 방식이다. 구글은 사용자의 검색 이력, 위치 정보, 매장의 상품 정보를 조합해서 사용자가 찾을 만한 제품과 상점을 알려준다.

고객과의 커뮤니케이션, 비콘

비콘Beacon은 사전적 의미로 자동차, 차량, 항공 등의 위치 파악 및 안전 운행을 돕는 신호 장치를 말한다. 즉 위치나 상황 등을 알리기 위해 일정한 신호를 전송하는 기기이다. 이러한 비콘이 모바일 시대에 고객의 위치를 파악해 고객과 커뮤니케이션할 수 있는 용도로 폭넓게 활용되고 있다. 최근 O2O와 옴니채널에 관심이 늘어나면서 비콘 또한 쇼루밍 고객의 매장 구매 유도와 온·오프라인을 연결시켜주는 매개체로 부상하고 있다.

비콘이 활성화된 계기는 애플이 iOS7에 블루투스 기반의 BLEBluetooth Low Energy 기술을 적용한 아이비콘 기능을 탑재하면서부터다. 애플은 아이비콘

6장 옴니채널 구현을 위한 디지털 기술

▲ 야구장 아이비콘 활용 사례 (출처: 애플)

을 출시하면서 미국 MLB와 제휴를 맺어 미국의 20개 주요 야구장 스타디움 및 주변 매장 내에 아이비콘을 설치했다. 야구 경기장을 방문한 고객이 경기를 보는 동안 배고플 때 핫도그나 치킨 같은 할인 정보를 제공하고, 기념품 매장을 지나갈 때 모자나 의류 등의 할인 쿠폰을 받을 수 있는 맞춤형 서비스를 제공했다.

비콘의 동작 방식은 매장에 비콘 단말기를 부착해놓으면 단말기가 도달 가능한 신호 거리 내에 스마트폰을 가진 사람에게 특정 ID값을 보낸다. 스마트폰에 설치된 모바일 애플리케이션은 이러한 ID값을 인식하여 비콘을 관리하는 서버에 전달하게 된다. 서버에서는 위치를 확인하여 매장 내 미리 설정된 이벤트(상품 정보, 쿠폰, 할인 등)를 스마트폰으로 전송하게 된다.

현재 옴니채널에서 활용되고 있는 비콘은 크게 네 가지 방식으로 구분할 수 있다. '와이파이 및 GPS 방식', '블루투스 BLE 방식', '사운드 방식', 'LED 방식'이다.

기존 인프라의 활용, 와이파이 및 GPS 방식

기존에 설치된 와이파이 및 GPS를 활용하는 방식이다. GPS와 와이파이는 별도 단말기 설치 없이 기존 인프라를 활용할 수 있다는 장점이 있다. 와이파이는 실내 외 지역에서 제한 없이 사용할 수 있지만 GPS의 경우에는 건물 안에서 인식이 아예 되지 않는다. 가장 큰 단점은 와이파이와 GPS 모두 위치의 오차 범위가 커 정확도가 낮다는 것이다.

이러한 방식을 적용하는 업체는 유클리드Euclid Analytics나 스왐Swarm, 니어바이Nearbuy, 노미Nomi 등이 있다. 유클리드는 센서를 기반으로 스마트폰에서 나오는 와이파이 신호를 인식하여 고객 구매 패턴을 추적한다. 노미는 유클리드와 유사한 방식이지만 분석 단계에서 CRM 분석의 강점을 가지고 있다. 니어바이와 스왐은 매장 내 고객의 특정 위치나 동선을 파악해 다양한 혜택을 제공하는 데 활용하고 있다.

SK플래닛은 전국 4만 1천여 곳의 오프라인 매장에서 제공해온 '시럽 비콘Syrup Beacon'서비스를 확장하여 오프라인 매장의 마케팅을 지원해주는 '시럽 스토어Syrup Store'를 제공하고 있다.

오프라인 매장은 시럽스토어를 활용해 미리줌(포인트 선지급), 시럽광고(상권전단), BLE 홍보, 포인트 마일리지, 멤버십카드, 시럽월렛·OCB 등록 등 10여 가지의 매장홍보 마케팅, 세일즈프로모션 기능을 활용해 고객마케팅을 강화할 수 있다. 현재 시럽스토어는 이마트, 아모레퍼시픽, GS25, CU등에서 활용하고 있다.

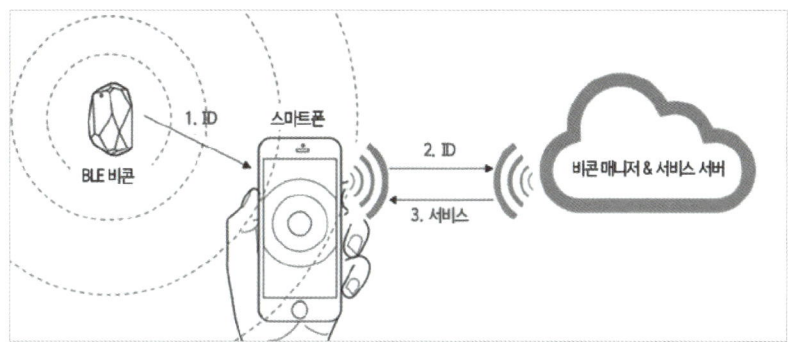

▲ BLE 비콘 서비스 동작 원리 (출처: LG CNS)

정교한 데이터 산출이 가능한 블루투스 BLE 방식

아이비콘처럼 블루투스 기반의 BLE를 활용하는 방식이다. 블루투스는 1994년 에릭슨의 무선 연구 개발에 기반하여 1998년 에릭슨, 노키아, 도시바, IBM, 인텔 등이 함께 참여하여 개발한 것이다.

비콘에 사용된 블루투스 4.0 버전은 2010년 6월에 채택되어 저전력Bluetooth Low Energy을 지원하고 있다. 블루투스 4.0은 최대 70미터 이내의 장치들과 교

▲ 에스티모트 스티커 비콘

신할 수 있으며 정교한 데이터 산출이 장점이다. 또 전력 소모가 적기 때문에 오랜 기간 사용할 수 있다. 가격 또한 저렴하며, 이전 버전의 경우 일곱 대까지만 동기화가 가능했으나 현재는 무제한 동기화가 가능하다.

BLE 방식을 제공하는 대표적인 업체는 아이비콘과 더불어 에스티모트Estimote가 있다. 에스티모트는 아이비콘의 가능성에 주목하고 아이비콘과 호환되는 비콘을 개발했다. 에스티모트 아이비콘 이외에 최근에는 가속도계와 온도 센서가 포함되어 손쉽게 부착할 수 있는 있는 '에스티모트 스티커'와 실내 위치를 SDK 엔진에 최적화시킨 '에스티모트 인도어 로케이션'이라는 'SDK-Software Development Kit'를 제공하고 있다.

퀄컴도 블루투스 기반의 비콘인 '김발Gimbal'을 출시했다. 김발은 안드로이드 단말 지원 및 아이비콘보다 가격이 저렴하다는 장점이 있다. 미국 미식 축구장인 선 라이프 스타디움에서 시범 서비스를 하였으며, 소셜커머스 업체와 제휴하여 서비스를 제공하고 있다.

▲ 퀄컴 김발 비콘

특정 신호에 반응하는 사운드 방식

사운드 방식은 사람의 귀에 들리지 않는 사운드(저주파, 고주파) 방식을 활용해 신호를 보내는 방식이다. 비콘 단말기에서 보내는 특정 신호를 스마트폰이 인지하여 반응하는 것이다. 블루투스를 활성화하지 않아도 정보를 수신할 수 있다는 장점이 있다.

▲ 샵킥 비콘 서비스

블루투스의 BLE 방식이 활성화되기 이전에 샵킥Shopkick은 저주파 사운드 방식의 비콘을 매장 입구에 설치해 방문 고객에게 쇼핑 정보와 할인 쿠폰을 제공했다. 2014년 9월 SK플래닛이 인수한 뒤 현재 메이시스와 베스트 바이, 타깃Target, 아메리칸 이글American Eagle 등 14개 대형 유통 업체의 전국 1만 2천여 개 매장에서 서비스 중이고, P&G, 유니레버, 코카콜라, 로레알 등 150여 개 글로벌 기업과 제휴를 맺어 상품 정보와 할인 쿠폰을 제공하고 있다.

얍을 서비스하는 '팝콘'도 고주파 방식의 인포사운드InfoSound 기술을 이용해 비콘 서비스를 제공하고 있다. 인포사운드는 일본 음향 기기 전문 업체 야

마하가 개발한 기술로, 사람이 인식할 수 없는 고주파를 송신해 수 초 내에 이를 데이터로 변화해준다. 음파가 도달하는 반경이 10미터 안팎에 불과해 매장 안에서만 이용할 수 있다. 대신 애플리케이션을 한 번만 설치하면 추가로 블루투스 장치를 켜는 번거로움 없이 계속 이용할 수 있다는 것이 장점이다.

퍼플즈도 고주파 방식의 사운드 비콘인 사운드태그SoundTAG를 제공하고 있다. 오프라인 스피커를 이용하기 때문에 추가적인 설치 비용이 들지 않는 차별점을 가지고 있다.

▲ 던킨도너츠 모닝스타트업 비콘 캠페인

던킨도너츠는 모바일 애플리케이션인 '모닝스타트업'을 리뉴얼 론칭하면서 방문 고객에게 아침 메뉴를 구매할 수 있는 쿠폰 배포 프로모션에 사운드 방식의 비콘을 활용했다. 모바일 애플리케이션을 설치하고 알람을 설정한 후 매장에 방문하면 매장에 있는 '울트라 사운드Ultra Sound'가 고객 방문을 인증해 모바일로 무료 할인 쿠폰을 전송해준다. 모닝스타트업은 퍼플즈의 '사운드태그' 기술을 모바일 애플리케이션에 활용했다.

빛을 이용해 혜택을 제공하는 LED 방식

LED 방식은 LED 조명으로 신호를 보내 스마트폰에서 빛을 인식하는 조도센서로 신호를 수신하는 방식이다. 기존의 블루투스, 사운드 방식은 정보 전송에 전파 및 음파 간섭을 고려해야 하나 LED 방식은 그럴 염려가 없다. 또한 기존 매장 내에 설치된 LED 조명을 활용하기 때문에 별도의 구축 비용이 들지 않는다는 장점이 있다.

기존 LED 조명 제품을 생산 판매하는 필립스Phillips, 파나소닉Panasonic, GE-General Electric 등의 관련 업체들이 서비스를 제공하고 있다. 필립스는 매장 천장의 LED 조명으로 사용자의 현재 위치를 파악해 스마트폰으로 매장 경로와 쿠폰 서비스를 제공하는 '필립스 커넥티드 리테일 라이팅 시스템Phillips connected retail lighting system'을 개발했다. 파나소닉도 기존 가시 광선 방식을 LED 조명 방식으로 개선해 속도를 높였으며, 현재 일본 이세탄 백화점에서도 시범 테스트를 하고 있다.

GE 라이팅GE Lighting은 바이트라이트ByteLight 사와 제휴를 맺어 BLE 방식과 LED 방식을 결합한 실내 위치 기반 서비스 플랫폼을 출시했다. 기존 LED 조명 방식에 BLE를 결합해 고객의 정확한 위치를 파악할 수 있다. 필립스 방식이 데이터 통신을 위해 항상 스마트폰 애플리케이션을

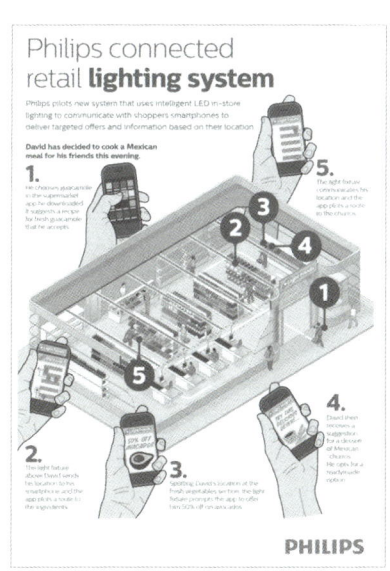

▲ 필립스 커넥티드 리테일 라이팅 시스템

▲ LED 조명 시스템

실행하는 반면 GE는 애플리케이션을 열지 않아도 실행이 가능하다. 월마트는 전 세계 매장에 GE 라이팅의 LED 조명 시스템을 도입하면서 LED 방식의 비콘 서비스도 함께 적용하였다.

국내의 경우 이마트가 매장 내 할인 쿠폰을 내비게이션 형태로 표시해주는 '세일 내비게이션Sale Navigation'에 LED 방식의 비콘을 활용했다. 고객이 매장을 방문한 후 스마트폰 애플리케이션을 실행한 후 카트에 장착하면 애플리케

▲ 이마트 세일 내비게이션

이션에 해당 매장의 내비게이션이 표시된다. LED 조명이 실시간으로 스마트폰 애플리케이션에 신호를 보내 현재 위치와 방향을 내비게이션에 표시해줘 매장 내 할인 상품 위치를 안내해주고 할인 상품의 해당 위치에 도착하면 자동으로 할인 쿠폰인 '라이팅 쿠폰'이 스마트폰으로 전송된다.

핵심 정리

방식	특징
와이파이 및 GPS	• 와이파이 및 GPS를 활용 • 별도의 단말기 설치 필요 없이 기존의 인프라 활용
블루투스 BLE	• 블루투스 기반의 BLE을 활용 　• 전력 소모가 적음 • 가격 저렴 　• 무제한 동기화 가능
사운드	• 사람의 귀에 들리지 않는 사운드(저주파, 고주파) 방식을 활용 • 블루투스를 활성화하지 않아도 정보 수신 가능
LED	• LED 조명을 활용 • 전파 및 음파 간섭을 받지 않음 • 매장 내 설치된 LED 조명 활용으로 구축비 절감

▲ 비콘 적용 방식

매장 내 비콘의 활용

지금까지 옴니채널에서 활용되고 있는 비콘을 네 가지 방식으로 구분하여 살펴봤다. 이외에도 비콘을 다양한 용도로 활용할 수 있다.

매장 주변을 지나가는 고객에게 관심 상품 정보나 할인 쿠폰을 제공해 매장 방문을 유도할 수 있다. 또한 매장의 코너마다 비콘을 설치해 고객이 해당 코너에 위치한 경우 관련 상품의 추가 정보와 함께 할인 쿠폰을 제공해 구매

▲ 매장의 비콘 활용 마케팅 사례 (출처: SK플래닛)

를 유도할 수 있으며, 구매 후 매장을 나갈 때도 쿠폰을 제공해 재방문을 유도할 수 있다. 그리고 매장을 방문한 고객이 어떤 코너에 어떠한 상품에 관심을 가지고 얼마나 머물렀는지도 분석할 수 있으며, 분석한 고객 데이터를 기반으로 고객 성향을 분석해 맞춤형 제안도 설계할 수 있다. 이외에도 고객이 모바일 애플리케이션에 매장에서 구매하고자 하는 구매 리스트를 가지고 있는 경우 이를 인지해 매장 내 구매하고자 하는 상품의 위치와 할인 쿠폰 등을 동시에 제공해준다.

현재 국내 주요 백화점, 마트, 편의점, 프랜차이즈 체인들이 시럽, 얍 등의 비콘 서비스 제공 업체와 제휴를 맺어 매장 내에 상품 정보와 할인 쿠폰을 제공하는 데 활용하고 있다.

실내위치측정 기술업체 로플랫(Loplat)이 2016년 5월 한 달간 강남구 일대 17개 업종, 2,386개 매장을 조사한 결과 비콘 설치 1위 업체는 편의점으로 492곳 중 82%인 404곳에 비콘이 설치되어 있는 것으로 나타났다.

2위는 카페로 대형 프랜차이즈 카페를 제외하고 중소형을 중심으로 조사한 결과 520개 매장 중 74곳(14%)에 비콘이 설치되어 있었다. 다음으로 패스트푸드 매장 37곳(55%), 화장품 매장 29곳(33%) 순으로 나타났다.

롯데는 서울 잠실 롯데월드타워를 비롯해 롯데백화점, 면세점, 하이마트 등의 매장에 비콘 기술을 활용해 실내 길 찾기와 상품위치찾기, 이벤트쿠폰 발송 서비스를 제공하고 있다.

신세계는 서울본점과 강남점, 스타필드 하남, 코엑스, 고양점에 비콘 서비스를 활용해 모바일앱에서 포인트카드 적립, 전자영수증 관리, 모바일쿠폰 자동 적용, 매장 위치 찾기 등의 다양한 혜택 및 편의서비스를 제공하고 있다.

테스코는 쇼핑 리스트 작성 및 할인 쿠폰 정보를 제공하는 '마이스토어Mystore' 애플리케이션에 비콘 서비스를 적용했다. 고객이 집이나 직장에서 쇼핑 리스트 목록을 작성하고 테스코 매장을 방문하면 리스트에 있는 상품이 어디에 위치하고 있는지 알려준다. 이외에도 온라인으로 상품을 구입한 후 가까운 테스코 매장에서 상품을 수령할 수 있는 픽업 서비스 경우 고객이 테스코 매장을 방문하면 직원에게 고객이 도착한 것을 알려주는 서비스를 제공하고 있다. 드럭스토어인 드웨인 리드Duane Reade는 비콘을 활용해 사용자의 이동 동선을 파악하고 구매 이력에 따른 상품 추천, 개인화된 쿠폰을 발송하는 서비스를 제공하고 있다.

일본의 다이코Daiko는 아이비콘을 활용한 'D랩후크DLabHook' 서비스를 제공했다. BLE 기술을 활용해 매장 내에 상품을 걸어놓은 후크Hook에서 관련 상품을 손으로 들면 옆에 설치된 디스플레이에 관련 상품의 정보(디자인 콘셉트, 기능, 소재, 코디 보기)를 제공해준다. 또한 매장 내에서 고객이 어떤 아이템을 어

▲ 다이코 D랩후크 서비스 (출처: 다이코)

느 시간대에 만졌는지, 실제 구매 데이터와 어떤 차이가 있는지를 분석해 상품 기획 및 마케팅에 활용했다. 이 서비스는 여성용 양말이나 속옷을 판매하는 추추안나Tutuanna 시부야점에서 한 달간 시범 운영했다.

온라인 결제 서비스 회사인 페이팔PayPal은 결제 사업을 오프라인으로 확장하기 위해 비콘 서비스를 도입했다. 페이팔 비콘 솔루션은 모바일 애플리케이션, 페이팔에서 제공하는 판매 관리 시스템POS과 호환이 되어 온·오프라인 어디에서나 편리하게 페이팔로 결제할 수 있는 환경을 제공하고 있다.

비콘 서비스 도입 시 고려해야 할 사항

비콘 서비스는 다양한 분야에 활용할 수 있지만 한계도 지니고 있다.

첫째, 기존의 와이파이, GPS 방식에 비해 블루투스 기반의 아이비콘의 오차 범위가 적다고 하지만 아직도 오차는 발생한다. 이러한 오차 범위를 줄여서 정교한 위치 기반 타깃팅을 전개하기 위한 방안이 마련되어야 한다.

둘째, 고객 위치 신호 데이터를 수집하여 기업의 상업적인 목적으로 활용하기 때문에 개인 정보 활용 동의를 얻고서 서비스를 제공해야 한다.

셋째, 우리나라의 경우 백화점, 커피숍, 프랜차이즈, 편의점 등의 매장이 밀집되어 있어 고객의 위치를 파악하여 한꺼번에 메시지를 보내는 경우 스팸화가 될 수 있다. 고객이 불편을 느끼지 않고 거부감 없이 반응할 수 있도록 기업 중심의 일방적인 푸시 방식을 벗어나 고객이 가치를 느끼는 정교한 맞춤형 서비스를 제공할 수 있는 대안 마련이 필요하다.

따라서 매장 내 비콘 서비스 도입 시 다음과 같은 사항을 고려해야 한다.

구분	목표	고려 사항
목적	어떤 전략과 목적을 가지고 갈 것인가?	매출 증대, 마케팅 강화, 고객 관계, 브랜드 이미지 개선 등
방식	어떤 방식을 선택할 것인가?	Wi-Fi, GPS, BLE, 사운드, LED 방식
제휴	어떤 회사와 제휴하여 진행할 것인가?	시럽, 팝콘, KT, 플렌즈 등
차별화	경쟁사 및 기존의 제공 회사와 어떠한 방식으로 차별화할 것인가?	기술, 적용 범위, 제공 오퍼, 관리 운영 등
연계	기존 서비스 및 마케팅과 어떻게 연계할 것인가?	매장, DM, 모바일, 마케팅, CRM, 배송 등
서비스	고객에게 어떤 가치 있는 서비스를 제공할 것인가?	상품 정보, 이벤트, 할인 쿠폰, 맞춤형 제안 등
적용	어떠한 단계로 매장에 적용할 것인가?	테스트(Close, Beta, Open), 시범, 단계별 범위 확대 등
활성화	어떻게 활용하게 만들 것인가?	블루투스 활성화, 애플리케이션 다운로드 등
운영 관리	운영 관리 조직 및 프로세스는 어떻게 할 것인가?	조직, 프로세스, 제도, 이슈 대응 등

비용	구축 및 운영 비용은 얼마나 들것인가?	구축비, 마케팅비, 관리 운영비 등
효과성	어떠한 방법으로 효과를 검증할 것인가?	인지, 방문, 횟수, 참여, 구매, 재방문 등

▲ 비콘 서비스 도입 시 고려 사항

위치 반경 내 고객을 유혹하는 지오펜싱

지오펜싱Geofencing은 지리를 뜻하는 Geographic과 울타리를 뜻하는 Fencing이 합쳐진 단어로 지리적으로 울타리를 설정한다는 뜻이다. 지리적 울타리를 설정하여 울타리 안에 고객이 들어오게 되면 기업이 목적으로 하는 마케팅과 서비스를 제공하는 데 활용하고 있다.

고객의 위치를 분석할 수 있는 와이파이, GPS, 비콘 등을 활용하여 고객이 진입할 수 있는 가상의 울타리 범위를 설정하는 방식으로 구성된다.

옴니채널에서는 지오펜싱을 고객의 매장으로 유도하기 위한 방법으로 활용하고 있다. 백화점, 마트, 편의점 등의 매장이 위치한 반경 범위 안에 지오펜

▲ 지오펜싱 개념

싱을 설치하여 주변에 있는 고객이 지오펜싱 범위 안에 들어오면 쿠폰, 할인 등의 혜택을 제공해 매장 유입과 구매를 유도하는 것이다. 지오펜싱은 고객에게 혜택을 제공하는 것뿐만 아니라 스마트폰의 위치 데이터를 활용해 고객의 매장내 행동도 파악할 수 있다. 행동 경로, 체류 시간을 정확하게 측정해 확보한 데이터를 기반으로 매장의 구역 검토 및 이벤트 효과 측정을 할 수 있다.

지오펜싱 도입을 위해서는 GPS의 정확도, 스마트폰의 GPS 기능이 항상 켜져 있어야 하기 때문에 단말기 전력 소모 문제와 고객 위치 정보 수집 및 활용에 따른 개인 정보 보호 문제를 고려해야 한다.

▲ KT찾아가는멤버십

KT는 Wi-Fi, LTE, 비콘 등 전국에 구축한 31만 개의 네트워크 인프라를 기반한 지오펜싱 서비스인 'KT 기가지오펜싱' 서비스를 제공하고 있다. 기업들은 오프라인 매장에 방문한 고객들 대상으로 온·오프라인을 연계한 개인화된 맞춤형 마케팅을 할 수 있다. KT는 멤버십앱을 통해 고객의 현재위치를 파악하고 주변혜택정보를 실시간으로 제공해주는 '찾아가는 멤버십' 서비스를 통해 개인 맞춤형 서비스를 제공하고 있다.

또한 지오펜싱의 시간, 장소, 상황정보와 기업들이 보유한 고객정보를 결합하여 정교한 매장방문고객 분석을 할 수 있다.

월마트는 북미 지역에 소득이 평균적으로 낮은 히스패닉과 아프리카 아메리칸을 대상으로 월마트 매장 부근의 패스트푸드 2만 개 매장을 타깃으로 한 마케팅을 진행했다. 타깃 고객이 지정된 지역 내에서 패스트푸드를 먹는 동안 스마트폰에 '이곳에서 건강에 안 좋은 음식을 먹지 말고, 월마트에서 값싸고 신선한 건강식 재료를 구매하여 집에서 요리하여 먹어라'라는 메시지를 전달했다. 지오펜싱을 활용하여 경쟁사에 위치한 고객을 자사의 매장으로 끌어들이기 위해 고객을 유인한 것이다.[7]

의류 업체 노스페이스는 2010년부터 매장 주변뿐만 아니라 공원이나 스키 휴양지를 중심으로 지오펜스 마케팅을 적용하고 있다. 이외에도 로레알이 보유한 화장품 업체 키엘도 2010년부터 일반 매장 및 백화점에 지오펜싱 마케팅을 활용하고 있다.

---

[7] Inmobi, 〈모바일 위치 기반 기술, O2O 비즈니스 성장의 중심〉, 2014. 8. 18.

6장 옴니채널 구현을 위한 디지털 기술

고객을 파악하다, 분석 기술

옴니채널에서 고객에게 개인화된 혜택 및 온·오프라인 매장의 일관성 있는 서비스를 제공하기 위해서는 분석 기술이 기반이 되어야 한다. 분석 기술은 기본적인 고객 프로필부터 온·오프라인의 구매 이력, 구매 경로, 구매 행태 등을 수집 및 분석할 수 있어야 한다. 최근 매장 내 방문 고객의 동선 및 행태를 와이파이, CCTV 등을 통해 파악하고, 인터넷, 소셜미디어 등의 고객의 구매 경로 및 행태를 파악하기 위해 빅데이터 기술을 활용하고 있다.

옴니채널의 기술, 빅데이터 분석

빅데이터는 데이터의 생성, 양, 주기, 형식 등이 기존 데이터에 비해 너무 크기 때문에 종래의 방법으로는 수집 및 저장, 검색, 분석이 어려운 방대한 데이터를 말한다. 옴니채널에서 빅데이터는 고객의 구매 행태 데이터를 기반으로 판매, 마케팅, 재고 관리, 물류 등 옴니채널 운영 전반에 걸쳐 필요한 핵심 기술이다. 고객의 온·오프라인 매장 방문부터 구매가 발생하기까지 고객 구매 의사 결정 전 과정을 빅데이터로 분석해 마케팅 및 매장 운영 관리를 효율화할 수 있다. 고객 관계 측면에서는 온·오프라인의 통합된 고객 정책을 기반으로 언제 어디서나 일관된 멤버십, 마일리지, 쿠폰 혜택 등을 제공할 수 있다. 매장 운영 관리 측면에서는 판매 데이터와의 연동을 통해 매출을 예상할 수 있으며, 재고 관리를 효율적으로 개선할 수 있다.

빅데이터는 다음과 같은 세 가지 특성을 가지고 있다.

첫째, 방대한 데이터 양 Volume을 분석한다. 데이터 전문 매체인 BDT 인사이트 BDT Insights에 따르면 현 지구상에 존재하는 모든 데이터의 90%가 최근 2년에 걸쳐 생성되었고, 앞으로도 데이터의 양은 2년마다 2배씩 증가할 것이라고 전망했다. 또한 페이스북 이용자들이 하루에 올리는 텍스트와 사진의 크기는 500TB에 이르며, 유튜브에는 분당 100시간 분량의 동영상이 업로드되고 있다고 한다. 즉 데이터 양이 과거에 비해 엄청난 크기로 늘어나고 있는 것이다.[8] 월마트는 소비자 거래로부터 시간마다 약 2.5PB의 데이터를 수집하고 있다.

둘째, 다양한 Variety 데이터를 분석한다. 기존 데이터 필드값을 가지고 있는 정형화되고 구조화된 데이터에서 텍스트, 사진, 영상 등의 비정형화된 데이터들이 늘어나면서 이러한 데이터를 분석하기 위한 접근 방법이 필요해졌다. 더불어 와이파이, 비콘, GPS 등의 네트워크 및 위치 정보 데이터와 다양한 센서에서 생성되는 데이터 등의 분석 데이터 종류가 계속 늘어나고 있다.

셋째, 데이터 분석을 빠르게 Velocity 처리한다. 모바일이 일상화되면서 일반적인 제공뿐만 아니라 상품 추천, 쿠폰 등을 제공하기 위해서는 방대한 양

---

8 정원식, 〈데이터의 바다서 정보 수집 '빅데이터 분석가'〉, 《한국경제》, 2014. 8. 22.

과 다양한 데이터를 빠르게 처리해야 한다. 나우이즘이라고 할만큼 실시간으로 고객이 원하는 욕구를 해결해줄 수 있는 데이터 처리와 대응이 필요하다. MIT 미디어랩은 미국의 메이시스백화점에서 블랙프라이데이에 얼마나 많은 사람이 있는지 스마트폰 위치 데이터를 분석해 매장의 판매액을 예측했다. 그 결과 메이시스가 자체 기록을 집계하여 종합하는 것보다 더 빠르게 분석할 수 있었다.[9]

특징	주요 내용
데이터 양	방대한 데이터를 분석할 수 있는 기술
데이터 다양성	텍스트, 사진, 영상 등의 비정형화된 데이터 분석 기술
데이터 속도	데이터 분석을 빠르게 처리하고 바로 활용할 수 있는 기술

▲ 빅데이터 주요 특징

방대한 양의 빅데이터를 효율적으로 활용하기 위해서는 빅데이터를 수집, 저장, 처리, 분석, 시각화할 수 있는 기술이 필요하다.

수집 기술	저장 기술	처리 기술	분석 기술	시각화 기술
기업 내외부로 분산된 데이터를 검색, 수집, 변환을 통해 정제된 데이터를 확보하는 기술	대용량, 비정형, 실시간 데이터를 빠르고 다양한 곳에 나누어 저장하는 기술	여러 곳에 나누어 있는 대용량 데이터와 다양한 데이터 종류를 실시간으로 처리하는 기술	기업의 의사 결정을 위해 통계 분석, 예측 분석, 데이터 마이닝, 소셜 분석 등의 분석 기법을 활용해 분석하는 기술	패턴과 의미 파악을 쉽게 하기 위하여 정보를 그래픽 형태로 구성하기

▲ 빅데이터 분석 프로세스

---

9 이동일, 《모바일 환경 속의 사회적 네트워크와 유통산업》, 대한상공회의소, 2013.

수집 기술은 기업 내·외부로 분산된 데이터를 검색 및 수집, 변환을 통해 정제된 데이터로 확보하는 기술이다. 저장 기술은 대용량이고 비정형화된 실시간 데이터를 빠르고 다양한 곳에 나누어 저장하는 기술이다. 처리 기술은 여러 곳에 나누어 있는 대용량 데이터와 다양한 데이터 종류를 실시간으로 처리하는 기술이다. 대표적인 처리 기술이 하둡Hdoop이다. 하둡은 파일을 저장할 수 있는 분산 시스템을 제공하며, 클러스터Cluster를 구성해 다양한 노드node부터 분산 처리가 가능하다. 분석 기술은 기업의 의사 결정을 위해 통계 분석, 예측 분석, 데이터마이닝, 소셜 분석 등의 분석 기법을 활용하는 기술이다. 빅데이터를 분석할 때 가장 많이 활용하는 통계 프로그램은 'R'이며, 'R'은 하둡 분산 처리 환경을 지원하고 다양한 통계 기법과 시각화 도구가 제공되어 구글, 페이스북, 아마존 등이 빅데이터 분석에 활용하고 있다. 시각화 기술은 분석된 결과의 패턴과 의미 파악을 쉽게 하기 위해 정보를 그래픽 형태로 구성하는 기술이다. 일반적으로 분포, 관계 등을 시각화하여 인포그래픽 형태로 제공하는 방식을 많이 활용한다.

한편 고객은 '인지 → 탐색/비교 → 경험 → 구매'의 과정 동안 온·오프라인을 막론하고 다양한 채널을 돌아다니면서 방대한 데이터를 남기게 된다. 매장 방문 기록, 검색 생성 키워드, 소셜미디어 반응, 장바구니에 담은 상품, 쿠폰 사용 내역, 구매 상품 및 금액 등 구매 과정에서 발생되는 모든 고객 데이터를 분석해 옴니채널에서는 고객과의 관계 및 경험을 설계하는 데 활용된다.

옴니채널에서 빅데이터는 고객 마케팅, 매장 머천다이징, 매장 운영 관리, 재고 물류 관리, 신규 서비스 및 상품 기획을 하는 데 활용되고 있다. IBM의 조사에 따르면 유통 기업의 53%가 고객 마케팅에 빅데이터를 활용하고 있으며, 다음으로 운영 최적화(18%), 리스트/재무 관리(13%), 신규 사업 발굴(11%), 직원/협력 업체 협업(4%) 순인 것으로 나타났다.[10]

빅데이터 활용 범위	빅데이터 활용 세부 사항
고객 마케팅	• 크로스셀링Cross-Selling 및 업셀링Up-Selling 판매 • 위치 기반 타깃 마케팅 • 매장 내 고객 행동 분석 • 고객 세분화 마케팅 • 고객 감정 및 감성 분석 • 온·오프라인 고객 구매 여정 분석
매장 머천다이징	• 판매 상품 최적화 • 가격 최적화 및 유동적 가격 설정Dynamic Pricing • 상품 배치 및 디자인 최적화
매장 운영/관리	• 매장 고객 지원 서비스 대응 • 매장 투여 인원 산출 및 비용 설계
재고/물류 관리	• 재고 관리 효율화 • 배송 및 물류 최적화 • 배송 트래킹 지원
신규 서비스/상품 기획	• 개인화 서비스 • 고객 편의 지원 서비스

▲ 옴니채널 빅데이터 활용 범위 (출처: 맥킨지 글로벌 분석연구소)

아마존은 CEO인 제프 베조스Jeff Bezos가 '데이터는 절대 버리지 않는다'라고 말할 만큼 사업을 시작할 때부터 고객 데이터를 분석하는 데 투자를 아끼지 않고 있다. 고객 구매 이력을 분석해 해당 고객이 구매할 가능성이 높은 상품을 예측해 추천해주는 개인화 추천 서비스를 제공하고 있으며, 추천 상품에

---

[10] IBM, 《Analytics: The real-world use of big data》, IBM 기업가치연구소, 2012.

서 활용할 수 있는 개인 쿠폰을 제공해 회사 매출의 약 35%를 올렸다. 개인화 추천으로 발생한 매출은 빅데이터 기반 추천 시스템의 성능 향상을 위해 매년 이익의 10%를 투자하고 있다. 아마존은 빅데이터 분석을 통해 구매 패턴을 예측하고 배송 시간 단축과 재고 관리를 최적화하고 있다. 고객의 구매 및 검색 기록, 상품페이지에 머문 시간, 위시리스트, 장바구니 등의 정보를 분석해 고객이 어떤 상품을 구매할 것인지 미리 예측하고 고객의 집 근처 가까운 물류센터에 상품을 사전에 배송하는 서비스를 제공하고 있다.

이베이는 매일 3만 명이 신규 사용자로 등록하며 전 세계적으로 1억 5천만 명의 회원을 확보하고 있다. 사이트에 방문하는 방문자의 활동 데이터인 클릭스트림Click Stream 데이터와 구매 데이터를 분석해 개인에게 적합한 상품 제안을 하고 있으며, 고객 세분화를 통한 다양한 혜택도 함께 제공하고 있다. 구매 및 조회 정보, 성별 등의 고객 속성, 추천 상품과 가격 정보, 기존 구매 고객의 피드백 스코어를 이용한 '테스트 및 학습Test&Learn'을 거쳐 개인화된 추천 콘텐츠를 구성해 제공한다. 그 결과 이전에 비해 클릭률CTR이 30% 이상 증가하는 성과가 나타났다. 그리고 기념일이나 친구 생일 등의 선물 구입이 증가하는 시점에 고객의 소셜미디어 활동 및 구매 이력을 분석해 고객이 선물할 만한 친구의 프로필을 분석한 후 선물 추천도 해주고 있다. 최적화된 구매 환경을 구성하기 위해서 상품 사진 크기, 사이트의 레이아웃을 구성하는 것에도 빅데이터를 활용하고 있다.

또한 이베이는 디사이드Decide와 리테일넥스트RetailNext를 인수해 빅데이터 분석을 강화하고 있다. 디사이드는 상품의 가격을 예측해 고객에게 제품 구매 시기를 조언해주는 서비스를 제공한다. 리테일넥스트는 오프라인 매장의 비디오카메라, 와이파이, 센서 등을 활용해 고객의 움직임을 데이터화하는 서비스를 제공하고 있다. 고객이 매장에서 움직인 동선 데이터를 유동 인구 수, 방문자 수, 체류 시간 및 구매, 날씨 등의 다양한 데이터와 연동해 상품 배치 및 고객 마케팅에 활용하고 있다.

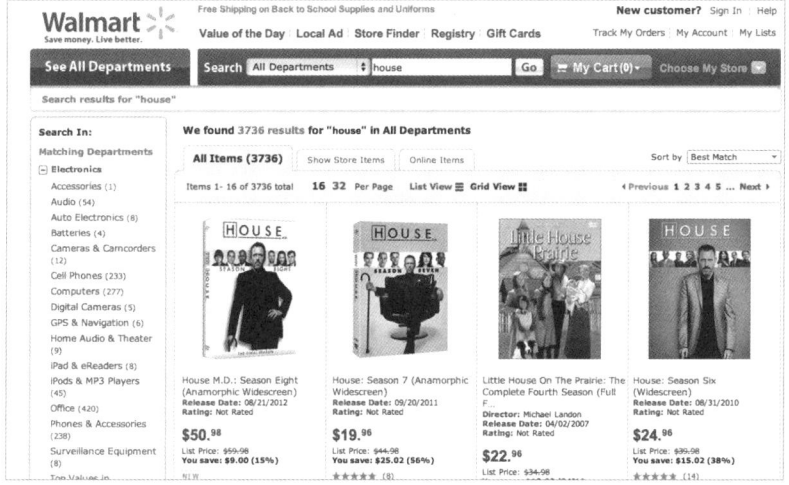

▲ 'House' 검색 결과. 드라마 〈하우스〉 추천

월마트도 빅데이터 분석을 통해 고객의 구매 경험 및 온·오프라인 매장의 통합 연계를 강화하고 있다. 2011년 소셜 플랫폼 기업인 코스믹스Kosmix를 인수했으며, 코스믹스가 보유하고 있는 소셜미디어 분석 기술과 플랫폼을 활용해 빅데이터 분석에 박차를 가하고 있다. 매일 블로그, 트위터, 페이스북, 유튜브에서 생성되는 소비자의 소셜 데이터를 분석해 상품 기획 및 마케팅, 재고 관리에 활용하고 있다. 코스믹스의 '소셜 게놈Social genome'은 소셜미디어에 남겨진 단어의 빈도나 제품, 인물, 장소, 사건 등의 상관관계를 분석해 고객의

성향을 파악하는 검색 방식이다. 이를 월마트의 검색엔진인 '폴라리스Polaris'
에 적용해 고객에게 적합한 맞춤형 상품을 추천해주고 있으며, 검색어 및 소
셜 데이터 분석으로 고객의 관심사를 파악해 상품 기획 및 배치에도 활용하고
있다. 소셜 게놈 도입 결과 온라인 구매율이 10~15%가 증대됐다.

그리고 월마트는 온라인 데이터를 분석해 오프라인 매장을 관리하는 데 활
용하고 있다. 온라인을 통해 고객의 지역별 반응을 분석하고 이를 오프라인
매장에 반영해 특성에 맞춘 마케팅으로 연계하고 있는 것이다. 또한 고객이
원하는 제품을 적시에 공급하여 고객 만족 향상과 함께 재고 관리를 최적화
하고 있다. 월마트는 빅데이터 분석 결과를 협력 업체에 공개해 공급 체인의
효율성을 높이고 있다.

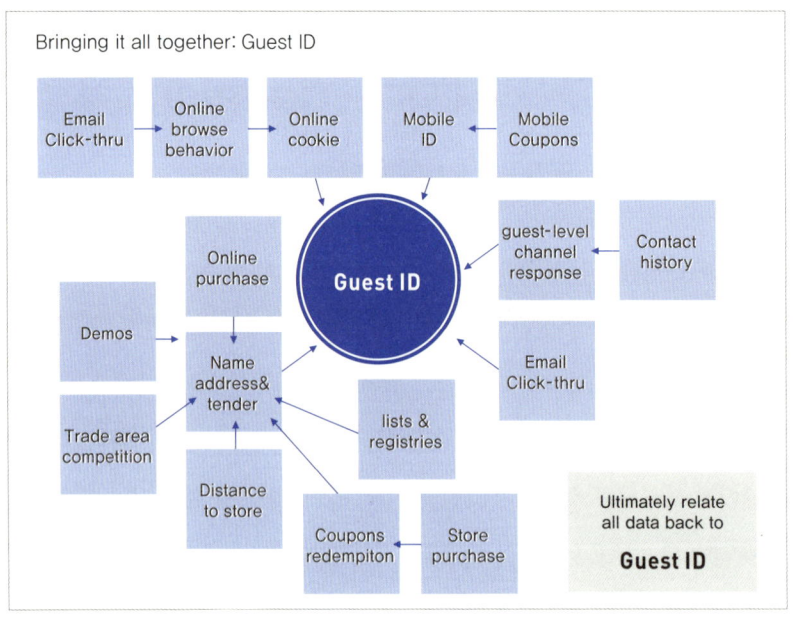

▲ 타깃의 게스트 ID 확보 방법 (출처: 타깃)

미국 유통 회사인 타깃은 2002년부터 고객 데이터를 활용한 마케팅을 체계적으로 진행하고 있다. 타깃은 고객의 생애 주기Life Cycle에서 취업, 결혼, 출산, 취미 생활 등으로 인한 구매 습관의 변화Purchase Habit Loop를 찾아내 타깃에서 구매가 지속적으로 일어나도록 고객 분석에 중점을 두고 있다.[11] 예를 들어 고객이 임신한 경우 타깃은 고객의 온·오프라인의 모든 활동을 게스트 IDGuest ID화하여 데이터베이스에 쌓아놓고 임신으로 인한 구매 습관의 변화에 따라 고객을 형상화하는 게스트 포트레이트Guest Portrait를 추출하여 임신을 예측한다. 고객 분석으로 파악된 정보는 고객 구매 접점 채널인 카탈로그, 이메일, SMS, 온라인 광고 등에 구매 유도를 위한 마케팅 캠페인에 활용된다. 실제로도 타깃이 여자 고등학생에게 임신과 관련된 쿠폰을 보내 아버지가 항의했는데 추후 확인해본 결과 딸이 임신한 사실이 맞았을 만큼 빅데이터 분석 예측은 그 정확성이 높다.

테스코는 1995년 업계 최초로 클럽카드라는 고객 로열티 프로그램을 실시했다. 분석 전문 자회사인 던험비Dunnhumby를 통해 테스코 클럽카드를 기반한 고객 분석과 로열티 마케팅을 전개하고 있다. 고객의 구매 리스트를 추적함으로써 쇼핑 성향, 구매 패턴, 라이프 스타일과 다양한 제품군 간의 연결 고리를 파악하는 것이다. 고객의 구매 성향에 따라 20개의 군으로 분류하였으며, 지금도 매주 1500만 건이 넘는 거래 데이터를 분석하고 있다. 테스코는 고객 데이터 분석으로 고객의 요구에 맞춘 상품 추천과 매장별 판매 현황 및 재고 관리를 효율적으로 전개하고 있다.

---

[11] 임하늬, 〈데이터 성공적 활용 사례 분석〉, KT경제경영연구소, 2013. 5. 27.

또한 빅데이터 분석을 통해 운영 비용의 효율화를 위한 활동도 함께 진행하고 있다.[12] 2007년부터 운영최적화팀을 구성해 매장 내 비용 절감 요소를 모니터링하고 분석하는 작업을 하고 있다. 매장 운영 비용 중 가장 큰 부분을 차지하는 냉장고 온도 정보를 실시간으로 모니터링해 최적 온도 이탈 시 온도를 통제하는 방식으로 전기료를 절감하고 있으며, 날씨 정보와 매장 및 지역별 상품 이력의 상관관계를 분석해 제품 수요를 예측하고 발주량을 조절하고 있다. 그리고 판매량 예측에 따라 상품별 프로모션 유형과 시기별 할인율도 조정하고 있다.

목적	주요 추진 활동	성과(연간)
비용 혁신	• 매장 냉장고 온도 정보 실시간 수집 • 모니터링 후 최적 온도 이탈 시 통제	300억 원 절감
가격 및 프로모션 최적화	• 상품별 프로모션 유형 최적화 • 시기별 할인율 최적화(판매량 예측)	525억 원 절감
물류 및 재고 최적화	• 날씨와 제품 간 상관관계 분석으로 발주량 조절 　- 매장·지역별 상품 이력 분석 　- 상세 계절 분석(초여름, 한여름 등)	105억 원 절감

▲ 테스코 SCM 분석팀의 운영 비용 개선 활동 내역 (출처: 리테일매거진)

2010년을 전후로 시어스Sears는 오프라인 유통 시장 내의 경쟁과 온라인 유통 업체들의 압박을 극복하기 위한 방안으로 빅데이터 전략을 전개했다. 시어스는 고객의 거주 지역, 가용 제품 수량, 고객 기호 등을 분석해 개인 맞춤

---

[12] 김지은, 〈고객이 남긴 흔적에 '성장 열쇠' 있다〉, 《리테일매거진》, 2014년 5월호.

형 쿠폰을 발행해주고 있다. 또한 제품 정보, 지역 경제 상황, 날씨, 경쟁 제품 가격 등 다양한 결합 데이터를 가격 탄력 알고리즘Price elasticity algorithm을 활용해 차별화된 제품 가격 책정을 실시간으로 반영하고 있다.

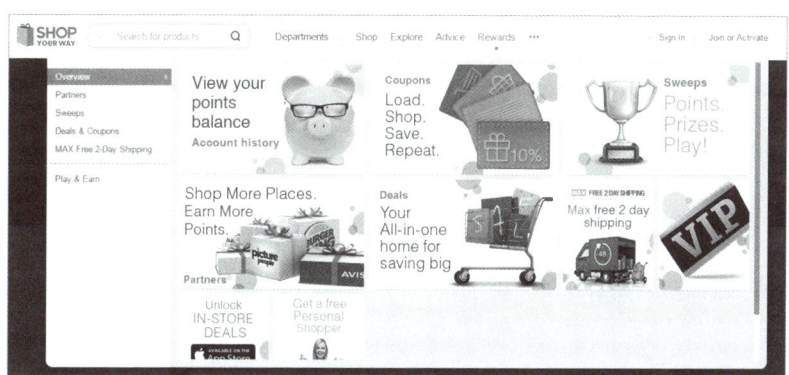

▲ 시어스 고객 보상 프로그램 'Shop your Way Rewards'

2011년 시어스는 온라인, 모바일 사용 시나리오를 분석해 'Shop your Way Rewards'라는 고객 보상 프로그램을 도입해 개인화된 고객 마케팅으로 고객 참여를 강화했다.

방문 고객의 행동 패턴을 분석하는 매장 트래킹 분석

온라인의 경우 고객이 웹사이트를 방문하면 웹사이트를 클릭한 '클릭 스트림Click Stream' 데이터나 서버에 남겨진 웹로그 데이터를 분석해 고객의 행동을 추적할 수 있다. 오프라인 매장 또한 방문 고객을 '트래킹Tracking'할 수 있는 다양한 기술로 방문 고객의 행동 패턴을 분석하기 위해 다양한 시도들이 이루어지고 있다. 머리에 비디오카메라를 장착하여 고객의 행동을 파악하는 영상 녹화 방식에서 벗어나 매장 내 설치된 CCTV 데이터를 활용하거나 스마트폰 보급의 확대로 무선 네트워크 및 센서를 활용한 분석 등 폭넓게 시도되고 있다.

현재 방문 고객 트래킹 분석은 '모바일', '영상', '모바일과 영상 결합'이라는 세 가지 형태를 많이 활용하고 있다.

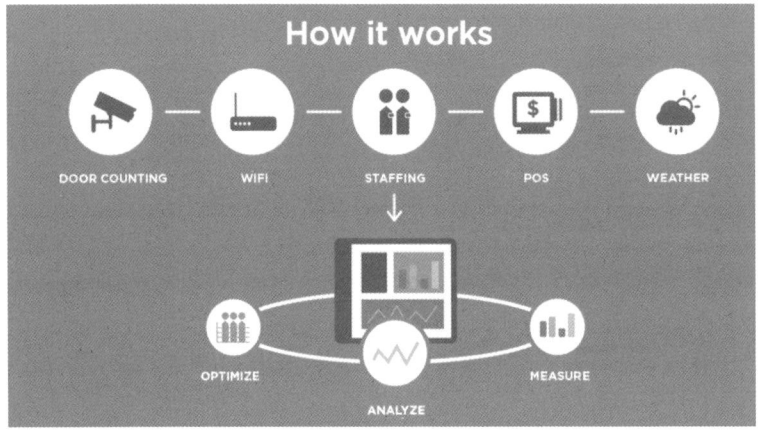

▲ 노미 매장 트래킹 분석 방식 (출처: 노미)

첫째, 모바일을 활용하는 방식이다. RFID, 와이파이, 비콘 등의 매장 내 무선네트워크 및 다양한 센서 데이터를 활용하여 고객의 행동을 분석하는 것이다. 기술이 표준화되어 있고, 기존에 설치된 장비를 활용하기 때문에 설치가 간단하며, 가격이 저렴하다는 장점이 있다. 더불어 분석된 데이터를 기반으로 실시간 쿠폰 제공 등의 마케팅 연계가 가능하다. 국내는 조이Zoyi의 워크인사이트Walk Insights, 지니네트워크의 왓츠업, 다양한 비콘 서비스 업체가 트래킹 분석 서비스를 제공하고 있다. 해외는 유클리드, 노미Nomi, 니어바이, 샵킥 등이 있다.

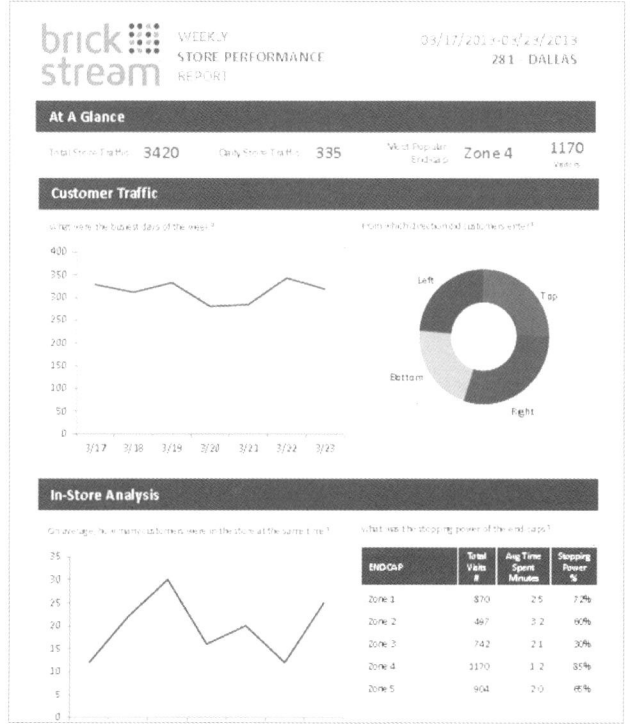

▲ 브릭스트림 트래픽 리포트 (출처: 브릭스트림)

둘째, 영상을 활용하는 방식이다. 매장 내 설치된 CCTV 카메라나 영상 인식 기술 등으로 고객의 움직임을 포착해 매장 방문 흐름을 분석하는 것이다. 보편화된 기술이며, 고객의 얼굴 표정 및 행동을 분석해 감정 상태까지 분석할 수 있다는 장점이 있다. 국내의 경우 SKT, KT, ADT 캡스가 관련 분석 솔루션을 출시했으며, 해외의 경우 쇼퍼트랙ShopperTrak, NEC의 네오페이스, 브릭스트림Brick Stream 등이 있다.

디지털 트랜스포메이션 시대, 옴니채널 전략 어떻게 할 것인가?

▲ 리테일넥스트 분석 (출처: 리테일넥스트)

    셋째, 모바일과 영상을 결합하여 활용하는 방식이다. 모바일과 영상의 단점을 상호 보완하여 보다 정교한 분석을 위해 두 가지 방식을 적용하여 분석하는 것이다. 대표적인 회사로는 리테일넥스트가 있다.

활용 방식	분석 방식	주요 회사
모바일	RFID, 와이파이, 비콘 등 매장 내 무선 네트워크 및 다양한 센서 데이터를 활용하여 고객 행동 분석	조이, 지니네트워크, 유클리드, 노미, 니어바이, 샵킥
영상	매장 내 설치된 CCTV나 영상 인식 기술 등을 활용해 고객의 움직임을 포착하고 매장 방문 흐름 분석	SKT, KT, ADT캡스, 쇼퍼트랙, 네오페이스, 브릭스트림
모바일과 영상 결합	모바일과 영상의 단점을 상호 보완하여 보다 정교한 분석을 위해 두 가지 방식을 적용하여 분석	리테일넥스트

▲ 매장 트래킹 분석 방식

    매장 방문 고객의 데이터 분석을 기반으로 고객이 언제 들어와서 나갔는지의 체류 시간과 상품을 탐색하기 위해서 어떻게 매장을 돌아다녔는지의 동선, 어떠한 상품에 관심을 가졌는지의 관심 상품 등의 분석을 할 수 있다. 이외에도 고객 패턴을 기반으로 고객을 신규, 재방문으로 구분할 수 있으며, 매장 방문부터 구매 전환까지의 고객 구매 여정을 단계별로도 분석할 수 있다. 그리고 매출 데이터를 연동하여 방문 고객의 구매전환율이나 매출에 영향을 미치는 상관관계를 분석해낼 수 있으며, 날씨 데이터를 활용하여 매장 방문객 증감 추이, 매출 영향 등도 도출해낼 수 있다.

분석된 데이터는 다음과 같이 활용할 수 있다.

첫째, 매장을 운영 및 관리하는 데 활용할 수 있다. 매장을 방문한 방문객 수 대비 매출 실적을 평가하여 매출 추이를 예측할 수 있으며, 판매 추이에 따른 재고 관리를 최적화하여 운영 관리를 효율화할 수 있다.

둘째, 고객 마케팅 전략을 수립하는 데 활용할 수 있다. 날씨, 쿠폰 등의 다양한 마케팅 상관관계를 분석해 개인 맞춤형 상품 제안, 혜택 제공 등의 마케팅 캠페인을 강화할 수 있다.

셋째, 구매전환율을 개선하는 데 활용할 수 있다. 방문부터 구매 전까지의 단계별 전환 요인을 분석해 의사 결정에 영향을 미치는 디스플레이 및 배치를 개선하여 방문 고객의 구매를 향상시킬 수 있다.

경영컨설팅회사 에스코어S-Core와 워크인사이트가 협업하여 동남아 및 남미 주요 국가에 위치한 전자유통 매장 내 고객의 스마트폰 무선신호를 수집한 로그Log 정보를 기반으로 소비자 쇼핑행태를 분석하였다. 분석결과 실제 고객의 매장체류시간과 매출의 상관관계를 분석한 결과 체류시간이 길수록 매출이 증가하는 것으로 나타났다. 또한 동일한 가전 매장이라도 디스플레이 배치에 따라 체류시간에 차이가 있는 것으로 분석되었다.

고객의 행동을 예측하고 취향까지 분석하는 AI

AI은 인간이 사고하고 생각하고 학습하고 판단하여 문제를 해결하는 능력을 컴퓨터에서 동일하게 구현한 기술이다. 구글의 알파고(AlpahGo)가 이세돌 9단과 바둑대결을 펼치면서 자연스럽게 AI에 관한 관심이 촉발되었다. AI의 다양한 분야 중에서 최근 각광받고 있는 분야가 머신러닝과 딥러닝 기술이다.

머신러닝은 기계가 방대한 데이터를 바탕으로 학습모델을 만드는 것을 말한다. 머신러닝은 기록된 데이터를 학습하고 이를 기반으로 예측하여, 불확실한 구조에서 데이터의 구조를 추출하고, 분류하여 최적화시켜주는 기능을 한다. 머신러닝은 주로 데이터를 기반으로 미래의 결과를 예측하는 데 사용된다. 예를 들어 고객 구매 데이터를 기반으로 향후 제품이 얼마나 판매될지를 예측하거나 제품 구매에 따른 브랜드 충성도가 높아질지 등을 예측할 수 있다.

딥러닝은 머신러닝 데이터 분석 알고리즘의 한 분야라고 볼 수 있다.

딥러닝의 핵심은 분류를 통한 예측이다. 수많은 데이터 속에서 패턴을 발견해 인간이 사물을 구분하듯 컴퓨터가 데이터를 나누고 학습하는 방식이다. 딥러닝은 사진과 동영상, 음성정보를 인식하는 방식에 폭 넓게 활용되고 있다. 삼정KPMG가 전 세계 유통 및 소비재 기업 임원 526명의 설문조사를 분석한 보고서에 따르면 10개 중 4개 회사가 고객 서비스 강화를 위해 AI 기술을 사용하고 있다. 또한 85%의 기업은 제품 개발에도 AI을 활용하고 있는 것으로 나타났다.

옴니채널에서의 AI은 고객의 구매성향뿐만 아니라 취향까지 분석해 고객의 구매 패턴을 예측해 개인화된 쇼핑경험을 높여주는 데 주로 활용하고 있다. 기업들은 AI 기술을 활용해 추천 서비스, 챗봇 등의 다양한 개인화 서비스를 제공하고 있다.

신세계 백화점 고객 500만여 명을 대상으로 온·오프라인 구매 기록과 성별, 연령, 구매 패턴 등 100여 개의 변수를 분석한 데이터를 기반으로 고객분석과 개인화 마케팅에 AI 서비스인 'S마인드'를 활용하고 있다. S마인드를 활용해 개인별 선호 브랜드 정보를 기반으로 최신 쇼핑 정보를 매칭하여 개인화된 상품 추천 정보를 실시간으로 제공하고 있다.

롯데그룹은 IBM과 협력하여 백화점 직원처럼 음성이나 문자로 응대하면서 고객이 선호하는 최적의 상품을 추천하는 '추천봇(쇼핑어드바이저)'을 개발

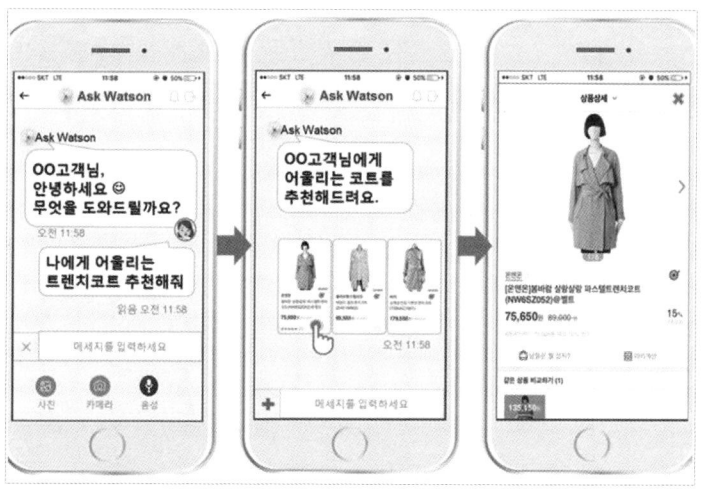

▲ 롯데그룹 추천봇

중이다. 이 추천봇에는 IBM의 AI 기술인 '왓슨Watson'을 활용된다. 고객의 질의나 문의에 대해 의도를 정확히 파악하고 응대하는 것은 물론 구매정보, 온라인 행동정보 등을 통한 고객성향 분석, 시장 흐름과 트렌드를 분석한 패션 상품 추천 등의 기술을 준비 중이다. 또한 개인의 구매 기록에만 머무르지 않고 유행이나 이슈, 연예인의 스타일 같은 비정형 정보도 반영해 "요즘 고객님 같은 연령대 분들은 이런 상품이 인기 있어요"라며 상품을 추천할 계획이다.

2016년 말 아마존은 오프라인 식료품 매장인 아마존고Amazon Go를 오픈하면서 계산대가 없는 매장을 구현하기 위하여 컴퓨터 비전, 딥러닝, 센서퓨전 기술 같은 자율주행차에 적용된 저스트 워크아웃 테크놀로지Just Walk Out technology를 매장에 적용하였다.

이 중 딥러닝은 가장 핵심 기술로 고객의 구매 패턴 및 상품을 실시간으로 분석하여 어떤 제품을 얼마나 구매했는지를 분석하는 데 활용되고 있다. 또한 아마존은 AI 기반 음성비서 서비스인 알렉사Alexa를 활용하여 아마존 프라임Amazon Prime 회원 대상으로 음성으로 주문할 수 있는 서비스를 제공하고 있다. 사용자들은 이전까지 알렉사를 통해 한번 구매한 이력이 있는 상품에 대해 재구매하거나 아마존이 추천하는 상품도 주문할 수 있다.

Special Column

뇌 속의 구매 버튼을 자극하라, 뉴로 마케팅

1989년 창간한 여성 월간지 《마리안느》는 17호 만에 폐간되는 비운의 잡지가 됐다. 창간 전 실시한 시장조사 결과 주부들이 낯뜨거운 섹스 이야기나 루머 일색의 기존 잡지들에 식상해한다는 것을 알게 됐다. 그리고 유익한 정보만을 담은 잡지가 나온다면 응답자의 95% 이상이 구독하겠다는 결과를 얻었다. 이에 고무된 이 잡지는 고객 니즈에 맞는 무섹스, 무루머, 무스캔들을 표방하는 명품 여성 월간지의 콘셉트로 출간했다. 하지만 창간한 지 2년도 채 되지 않아 독자들의 외면 속에 부도를 내고 말았다.

이러한 결과가 초래된 건 고객의 숨겨진 진짜 마음을 읽지 못했기 때문이다. 설문 조사 당시의 환경 및 자신의 체면 때문에 응답자들은 속내를 드러내지 않았다. 그리고 구매 결정 시점에는 이성적 판단보다는 연예인의 루머나 선정적이면서 자극적인 내용에 이끌리는 감성적인 본능에 따라 기존의 익숙한 잡지를 선택한 것이다.

백화점에서의 구매 또한 마찬가지이다. 합리적인 구매를 위해서 꼼꼼하게 구매 계획서를 작성해 백화점에 들어서지만 매장을 둘러보면서 쇼윈도에 걸려 있는 화려한 옷을 보게 되면 발길을 멈추고 매장 점원에게 가격을 물어보게 된다. 그리고 결국 구매 계획과 상관없는 제품을 충동적으로 구매한다.

고객은 자신이 물건을 구매할 때 합리적이고 이성적으로 구매한다고 생각하지만 자신도 모르는 사이에 이성이 아닌 충동에 의해 구매를 결정하게 된다. 조사 결과 모든 결정의 70~80%는 무의식 상태에서 이루어지며 고객이 내리는 모든 중요한 결정은 감정이 우선하고 있다.

뉴로 마케팅은 설문 조사로 파악할 수 없는 고객의 다양한 의사 결정과 선택 과정에 뇌가 어떻게 반응하는지 분석하여 고객의 심리 상태를 파악하는 것이다. 뇌의 반응을 분석하여 고객이 말로 표현하지 못한 다양한 심리 상태를 파악하고 본심을 들여다볼 수 있다. 더불어 심리 상태 이외에도 오감이 의사 결정을 할 때 어떠한 영향을 끼쳤는지 감성적인 판단의 역할도 규명할 수 있다. 뇌의 작용 및 상태를 파악하기 위한 분석 방법으로 가장 많이 활용하는 방법은 fMRI(자기공명단층 촬영장치)이다. 뇌나 신경계의 특정 부분이 활성화될 때 신경이 산소를 소모함에 따라 변하는 뇌혈류를 측정해 뇌신경의 활성화를 간접적으로 추정하여 보여주는 것이다. 우리가 냄새를 맡는 데 집중하고 있으면 후각을 담당하는 뇌의 부분이 fMRI 사진에서 밝게 나타난다. 반면 무언가 골똘히 생각하거나 기억을 끄집어내려 한다면 기억과 사고를 담당하는 전두엽, 즉 뇌의 앞부분이 밝게 나타난다. 이처럼 fMRI는 활성화된 부분을 밝게 보여줌으로써 우리가 무슨 생각을 하는지, 무엇을 느끼는지를 보여준다.

fMRI로 촬영된 결과를 기반으로 고객의 행동 및 의사 결정을 파악하기 위해서는 우선 뇌의 구조와 기능을 이해해야 한다.

뇌는 크게 대뇌피질, 대뇌변연계, 뇌간으로 구분할 수 있다. 대뇌피질은 뇌의 90%를 차지하고 있으며 주로 의식적인 사고, 학습, 언어 능력 등 이성을 콘트롤하는 기능을 한다. 대뇌피질은 다시 전두엽, 두정엽, 후두엽, 측두엽, 소뇌로 구분된다. 특히 머리 이마 앞부분에 해당하는 전두엽의 전전두엽前前頭葉은 감정과 행동, 기억의 통합에서 특별한 리더십을 발휘하고 있는 두뇌 CEO 역할을 한다. 대뇌피질은 이성을 담당하기 때문에 이성적 판단할 때 활성화된다. 즉 구매 결정 시 충동적으로 상품을 선택했으나 가격을 보고서 잠시 망설이는 것은 대뇌피질의 전두엽이 활성화되었기 때문이다.

대뇌피질 아래에는 대뇌변연계가 자리잡고 있으며 주로 특정 정서 반응과 연관되어 있으며 감성을 콘트롤하는 기능을 한다. 대뇌변연계는 감각 정보 중개 역할을 하는 시상, 시상의 바로 아래에 본능적 행동을 지배하는 시상하부, 우리 몸의 가장 중요한 호르몬을 조절하는 뇌하수체, 기억을 관장하는 해마 및 선호도를 관장하는 편도핵으로 구성되어 있다. 길거리를 지나다 은은한 커피향 때문에 무의식적으로 커피가 먹고 싶다는 욕구가 발생하는 것은 대뇌변연계가 활성화되었기 때문이다.

파충류의 뇌라고 불리는 뇌간은 가장 안쪽에 존재하며 모성애, 굶주림, 갈증, 성욕과 같이 인간이 태어나는 순간부터 생존에 필수적인 본능을 유지하는 것을 담당한다. 뇌간은 뇌의 내외부의 신호들과 신경전달물질을 통해 두뇌 전반에 영향을 미치고, 동시에 대뇌와 변연계에 의해 영향을 받는다. 하품 같은 단순한 생리 현상부터 고차원적인 의식 활동 전반에 이르기까지 뇌간은 다른 영역들과 함께 일한다.

구조	기능	세부 구조	기능
뇌피질(신피질)	이성을 콘트롤	전두엽	사고, 학습, 추리, 의사 결정 능력 및 언어 능력 담당
		두정엽	감각 정보를 종합하고 분석
		후두엽	시각을 지배
		측두엽	기억과 청각을 지배
		소뇌	몸의 균형과 운동을 관장
대뇌 변연계	감성을 콘트롤	시상	감각 정보를 중개하는 역할
		시상하부	본능적 행동을 지배(생명중추)
		뇌하수체	호르몬을 조절하여 기능을 조절
		해마	기억을 관장
		편도핵	선호도를 관장
뇌간	본능을 콘트롤		

▲ 뇌의 구조와 기능

뇌의 각 영역은 역할에 따라 상호작용하면서 구매 의사 결정 과정에서 고객의 머릿속에 다양한 영향을 끼친다.

제일 먼저 관여하는 것은 대뇌피질이다. 대뇌피질은 이성을 콘트롤하기 때문에 기술, 품질, 가격 등을 기반으로 이성적 판단을 선행한다. 기술이나 품질 등 이성적으로 판단하기 어려운 경우 뇌는 대뇌변연계로 하향변환으로 전환시켜 디자인, 패션, 스타일 등의 감성으로 판단한다. 감성으로 의사 결정이 어려운 경우 시상으로 판단하라는 명령을 내리는데 시상은 감각을 콘트롤한다. 즉 감각적으로 판단하는 것이다. 감각은 시각(87%), 청각(7%), 촉각(3%), 후각(2%), 미각(1%) 순으로 의사 결정에 영향을 끼친다.

감각적으로 결정을 못 내리면 뇌는 다음 판단 기준으로 시상하부 기능인 본능을 자극한다. 특히 가장 중요한 식욕과 성욕은 어필하는 형태에 따라 파급 효과가 크다. 본능의 자극 강도로도 판단을 못 내리면 해마를 통하여 기억을 끄집어내어 제품과 서비스에 관한 기억으로 판단한다. 최종적으로 뇌는 편도핵의 선호도에 따라 개인이 가지고 있는 제품이나 서비스의 크기, 형태, 색깔 등을 선택하여 의사 결정을 내린다.

그러나 뇌는 우리가 미처 알지 못하는 사이에 수많은 자극과 신호를 받아들인다. 그렇기 때문에 앞서 설명한 프로세스대로 구매 의사 결정이 이루어지지 않으며 뇌가 반응하는 자극 강도 및 활성화 정도에 의해 이성 및 감정의 판단으로 구매 의사 결정을 내린다. 예를 들어 백화점에서 마음에 드는 옷을 발견하게 되면 '옷을 구입해'라는 메시지가 대뇌피질의 후방과 측면에 옷이 하나의 상으로 조합된다. 조합된 상은 변연계로 넘겨져 다양한 감각을 기반으로 옷이 가진 의미를 탐색하게 된다. 이러한 과정을 거치면서 가격이 비싸면 신피질이 활성화되어 이성적인 판단의 영향이 커 구매를 중단할 수 있으며, 옷을 들고 거울에 비친 모습이 잘 어울리면 변연계의 감성적인 역할이 크게 작용해 그대로 충동구매로 이어지는 것이다.

2006년 스탠퍼드 대학교 심리학과 브라이언 크너슨 교수 연구팀은 사람들의 구매 행위를 결정하는 뇌의 활동을 분석하는 연구 결과를 발표했다. 연구팀은 fMRI 안의 피실험자들에게 고다이바 초콜릿을 보여주고 가격을 확인하게 한 뒤 살 것인지 말 것인지 버튼을 누르게 했다. 그리고 초콜릿 제품이 담긴 이미지와 가격을 보여주었을 때의 뇌 활동 및 반응을 촬영했다. 연구 결과 제품을 구매하겠다고 대답한 피실험자들은 상품을 보자마자 쾌락을 느끼는 대뇌 측좌핵의 활동이 매우 활발해졌다. 구매를 하지 않겠다고 대답한 피실험자들은 뇌 반응이 구매자들과 매우 달랐다. 그들은 가격을 보자 금전적인 손해를 느끼고 모험을 회피하려는 성질을 관장하는 측두엽 아래에 있는 뇌섬엽 부위가 활발히 활동하는 모습을 보였다.

마지막으로 피실험자들은 이성을 판단하는 전전두엽 피질에서 상품을 구매했을때 쾌감과 '지출의 고통'을 저울질해 제품을 살지 말지 결정하는 모습을 보였는데, 대뇌 측좌핵이 활발히 활동하던 피실험자들은 여지없이 구매 버튼을 눌렀다. 이 실험 결과 뇌는 이미 초콜릿을 보는 순간 의식을 하기도 전 뇌의 쾌락을 느끼는 측좌핵이 먼저 반응했기 때문에 제품을 보는 순간 뇌는 제품을 구입할지 말지 이미 알고 있다는 것이다. 즉 매장에서 고객이 방문해서 물건을 만져보거나 점원에게 가격을 물어보는 순간 고객의 뇌에는 구매 의사가 있는 것이다. 그렇지만 가격을 보는 순간 이성을 판단하는 전전두엽이 활성화되어 가격 대비 성능 등을 비교하는 등의 다양한 상황을 파악하고 다음 행동을 결정한다. 즉 쇼핑의 유혹에 빠지지 않도록 측좌핵을 억제하고 이성적으로 행동하도록 하는 것이다. 뉴로 마케팅을 통하여 고객의 뇌에서 일어나는 구매 의사 결정 매커니즘이 밝혀지면서 상품 기획, 브랜드 인지, 광고 효과, 매장 동선 및 디스플레이 구조, 고객 응대 등의 다양한 마케팅 분야에서 fMRI 분석을 활용하고 있다. 다임러 크라이슬러Daimler Chrysler는 소비자들이 스포츠카를 볼 때 사회적 지위와 보상을 연상한다는 사실을 알아냈으며, 켈로그Kellogg's는 여성들이 식품 광고를 보며 배고픔을 해소하면서도 날씬해지고 싶어 하는 상반된 감정을 파악했다. 또한 담배의 경고 문구가 보상과 관련된 부위를 활성화시켜 오히려 흡연 욕구를 자극한다는 것을 밝혀냈다.

국내의 경우 아모레퍼시픽은 브랜드 선호도 조사를 위해 아모레퍼시픽과 해외 유명 브랜드의 광고 및 제품 사진을 보여주면서 fMRI 사진을 찍었다. 실험 결과 아모레퍼시픽의 헤라와 아이오페에 대해 감성 영역인 우뇌 반응이 예상보다 적어 친밀감이 모자란다는 결과가 나왔다.

이 결과를 바탕으로 아모레퍼시픽은 제품 패키지부터 백화점 매장 및 모델 이미지까지 브랜드 전반에 관하여 감성적이면서 친밀감을 주기 위한 리뉴얼 작업을 진행했다. 헤라의 제품 패키지는 기초 화장품은 원통형 용기에 담는다는 관행을 깨고 여성들이 화장을 고칠 때 사용하는 트윈케이크처럼 항상 핸드백에 넣고 다니며 사용할 수 있도록 사각형으로 만들었다. 백화점 매장도 제품 색감과 디자인에 걸맞게 변형시켜 소비자들이 무의식적으로 브랜드에 익숙해지고 친밀감을 가지도록 했다. 기능성 화장품인 아이오페의 경우 뇌 분석 결과 기능성을 강조하다 보니 조금은 '차갑다'라는 느낌을 준 것으로 나타나 광고 이미지에 변화를 주었다. 회사는 광고 모델 이나영의 피부 상태를 분석해 몇 달 동안 이미지를 관리해 성숙하면서도 친밀한 느낌의 화장이 가능하도록 했다.

실질적으로 구매가 결정되는 매장 내 동선 및 디스플레이 또한 뇌의 활동 상태를 파악해 고객의 구매 동기 및 감정을 자극하도록 설계할 수 있다. 왼쪽 뇌는 운동을 조절하는 기능을 담당해 신체 오른쪽 부분을 조정해주며, 대뇌신피질 아래에 있는 대뇌기저핵 속 높은 도파민 농도가 고객에게 오른쪽으로 움직이도록 유도해 고객은 매장 내에서 자기도 모르게 오른쪽으로 이동하는 경향이 강하다. 고객이 편안하게 매장을 둘러보고 쇼핑을 계속할 수 있도록 중앙 통로를 입구에서 오른쪽으로 45도 꺾어진 방향으로 낸 다음 고객이 시계 방향으로 매장을 둘러볼 수 있도록 설계해야 한다. 고객에게 선택의 폭이 넓은 것 같은 느낌을 주고 동시에 물건을 고르는 스트레스를 줄이며 구매 충동을 자극하도록 매장 내 상품을 배치하는 가장 효과적인 방법은 브랜드별로 배치하는 것이다.

뇌는 뇌에 소모되는 불필요한 에너지 낭비를 줄이도록 진화됐다. 우리가 익히 알고 있는 브랜드들은 머릿속에 자동으로 각인되어 있어 뇌는 낭비를 줄여 최소한의 에너지를 소모하여 무의식적으로 구매가 이루어진다. 그러나 다양한 상품 구색을 통하여 뇌가 인지하고 대안을 비교 탐색하는 복잡한 사고 과정을 거치는 동안 뇌는 많은 에너지를 소비하고 이성적으로 판단해 구매를 포기할 수도 있다. 그렇기 때문에 무엇보다 제품의 브랜드를 고객에게 각인시키는 작업이 중요하다.

매장 내에서 동선 확보와 매장 배치보다 더욱 중요한 것은 마지막 계산대에서의 고객 대응이다. 뇌는 일련의 사건 가운데 가장 먼저 체험한 것보다 가장 나중에 체험한 것을 더 잘 기억하는 습성을 가지고 있다. 그렇기 때문에 매장 내에서 빠르고 편리하고 친절하게 제품을 구매할 수 있도록 좋은 경험을 제공해주더라도 마지막 계산대에서 오래 기다리게 하거나 점원이 불친절하면 마지막 경험이 긍정적인 경험을 파괴해 부정적인 감정이 남게 된다.

뉴로 마케팅은 서로 상관관계처럼 얽혀져 있는 복잡한 뇌의 구조 및 기능처럼 뇌 영상 데이터를 분석하는 방법 및 잘못된 해석에 의해 오류에 빠질 수 있는 한계도 가지고 있다. 더불어 fMRI로 촬영한 뇌혈류의 활성화 분포만으로 모든 이성적인 판단 및 감성적인 동기를 파악해내는 것 또한 어렵다. 비용 역시 fMRI을 한 번 활용할 때마다 몇 천만 원이 소요되기 때문에 많은 부담감으로 작용한다. 그렇기 때문에 뉴로 마케팅의 접근은 뇌 촬영뿐만 아니라 기존 조사 방법 및 고객의 의식적인 탐색 과정을 이해하기 위한 다양한 심리학적 보완 조사 방법을 결합하여 이루어져야 한다. 뇌 데이터의 해석 또한 고객 의도 및 무의식적 행동이 어떻게 이루어지는지 판단하기 위해서 제품 및 고객 성향을 이해할 수 있는 마케터뿐만 아니라 뇌의 구조 및 기능을 해석할 수 있는 신경정신학자, 다양한 인지심리를 판단할 수 있는 심리학자로 이루어져야 한다.

앞으로 기술적 발전에 따라 뇌에 숨겨진 고객 니즈를 파악하기 위한 방법은 꾸준히 진화할 것이다. 이러한 진화는 기업 및 마케팅 입장에서 수동적으로 고객을 관찰하고 반응을 기다리기보다 고객에게 먼저 다가서고 고객이 공감할 수 있도록 친밀한 대화가 오가는 공감의 마케팅으로 진화하는 계기를 만들어줄 것이다.

디지털 트랜스포메이션 시대, 옴니채널 전략 어떻게 할 것인가?

고객과 커뮤니케이션하다, 모바일 쇼핑 애플리케이션

스마트폰에서 사용할 수 있는 애플리케이션의 수요가 늘어나면서 유통 기업들 또한 스마트폰의 다양한 기능을 결합한 애플리케이션에 관심을 가지기 시작했다. 많은 기업이 애플리케이션을 활용하여 상품에 대한 정보 제공뿐만 아니라 고객이 제품을 직접 체험하고 브랜드를 인지할 수 있는 '브랜디드 앱Branded App'인 모바일 쇼핑 애플리케이션을 제공하고 있다.

  기업들은 모바일 쇼핑 애플리케이션을 활용해 카메라로 바코드를 인식하여 상품 및 가격 정보를 제공하고 있으며, GPS 기능과 연동하여 자신의 위치와 가장 가까운 매장 위치를 안내하고, 쿠폰 등을 실시간으로 제공해 고객의 구매를 유도하고 있다. 이외에도 터치 유저 인터페이스 및 중력 센서를 활용해 제품을 만지거나 조작하는 등의 재미 요소를 부가하여 브랜드를 체험할 수 있게 하고 있다.

  이러한 모바일 쇼핑 애플리케이션은 다음과 같은 특징을 가지고 있다.

  첫째, 상품 구매 외에도 가격 비교 등의 쇼핑 지원 기능과 매장 브랜드를 고객이 손쉽게 인지하는 데 초점을 맞추고 있다. 둘째, 위치 기반, AR, 센서 등의 스마트폰의 차별화된 경험 기반 기술로 고객의 오감을 자극하여 실제 제품을 직접 체감할 수 있도록 하고 있다. 셋째, 언제 어디서나 고객의 니즈에 대응할 수 있도록 온·오프라인 연계를 통한 고객 접점을 강화해나가고 있다. 넷째, 기업이 제공하는 상품과 서비스를 거부감 없이 이용하고 브랜드와 제품의 활용성을 증대하기 위한 다양한 콘텐츠를 제공하고 있다. 마지막으로 고객의 지속적인 참여와 충성도를 강화하기 위해 기존 마케팅 채널 및 소셜 미디어와 연계하고 있다.

효과적인 모바일 쇼핑 애플리케이션 제공 및 마케팅 커뮤니케이션 전략을 전개하기 위해서는 다음과 같은 사항을 고려해야 한다.

첫째, 애플리케이션 제공으로 기업이 얻고자 하는 목적과 방향이 명확히 설정되어야 한다. 신규 모바일 판매 채널의 확장인지, 제품의 첨단 이미지 및 스타일 강조를 위한 홍보 목적인지, 고객에게 차별화된 브랜드 경험 제공 및 기존 고객과의 관계 강화를 위한 것인지, 모바일의 특성인 이동성을 기반하여 고객 접점 채널을 유지하기 위한 목적인지 등 기업이 마케팅적으로 얻고자 하는 명확한 목적이 설정되어야 한다. 특히 자사의 제품 및 브랜드와 연관성 있는 모바일 쇼핑 애플리케이션을 제공해야 하는 것이 가장 중요하다. 즉 상품 구매, 타깃 고객의 니즈 등을 충분히 고려하여 자연스럽게 브랜드 인식 및 활용성을 증대시킬 수 있도록 브랜드 연관성이 높아야 한다.

둘째, 스마트폰 사용자 특성 및 니즈를 면밀히 분석하여 타깃 고객에 맞는 모바일 쇼핑 애플리케이션 방향 및 마케팅 커뮤니케이션 방법을 모색해야 한다. 대부분 자투리 시간을 때우기 위해 인터넷에 접속하여 정보를 검색하고 일상생활 속에서 편리하고 간편하게 활용할 수 있는 모바일 쇼핑 애플리케이션을 선호하고 있다. 그리고 부담 없이 재미있게 즐길 수 있는 기능을 선호하고 있다. 그렇기 때문에 모바일 쇼핑 애플리케이션 활용성을 높이기 위해 여러 기능을 제공하기보다는 구매 연관성 및 편의성을 개선하여 고객이 간편하게 생활 속에서 활용할 수 있는 특화 기능을 제공하는 게 효과적이다. 또한 서비스 구성 및 디자인 배치를 고려할 때 고객 선호도가 높은 상품 위주로 배치하며, 카테고리별, 브랜드별, 인기특가별, 핫딜 서비스 등을 바로 이용할 수 있도록 구성해야 한다.

셋째, 일반 PC와 다른 스마트폰의 제약 환경과 기능적 차별성을 고려한 서비스 구성 및 기능 제공 방식을 결정해야 한다. 스마트폰은 언제 어디서나 이동하면서 간편하게 정보를 찾을 수 있다는 장점을 가지고 있지만 작은 화면 사이즈와 낮은 해상도는 제약 요소로 작용한다. LTE 시대라고는 하지만 네트워크 속도가 느리고 불안정해서 끊기는 현상도 자주 발생한다. 그렇기 때문에 고객의 구매 편의성을 최대한 강화시킬 수 있는 방향으로 인터페이스를 고려하여 접근성 및 사용성을 높여야 한다. 상품 이미지와 폰트를 확대해 가독성을 높이고, 쉬운 이동과 직관적이고 편리하게 상품 정보를 파악할 수 있는 검색 기능 및 화면 구성으로 이루어져야 한다.

스마트폰은 카메라, GPS, 터치 UI, 가속도계, 진동 센서 등의 차별화된 기능이 있어 시각, 청각, 촉각 등의 다른 매체가 가지지 못하는 감각적인 경험들을 풍부하게 제공할 수 있다는 장점도 있다. 그렇기 때문에 차별화된 기능들을 기반으로 구매 지원이나 상품 경험을 강화할 수 있는 전달 방식 및 애플리케이션을 구성을 고려해야 한다.

넷째, 온·오프라인의 고객 접점 채널 및 통합 마케팅 커뮤니케이션 차원의 연계 전략을 고려해야 한다. 오프라인의 고객 접점 채널을 온라인과 연계하여 실시간으로 매장 및 상품 검색, 고객 혜택, 맞춤 상품 제안 등 고객의 문제 해결을 지원하고 즉각적인 의사 결정을 내릴 수 있어야 한다. 그리고 온·오프라인의 통합되고 일관된 고객 정책과 마케팅 커뮤니케이션을 제공하여 오프라인 매장에서 다양하게 지원하고 고객의 구매 경험을 자극할 수 있어야 한다.

마지막으로 고객이 최대한 많이 다운로드받고 오랫동안 사용할 수 있도록 모바일 쇼핑 애플리케이션 홍보와 운영 관리가 정기적으로 진행되어야 한다. 고객이 흥미를 가지고 일상에서 활용할 수 있는 브랜드 애플리케이션을 제작하는 것도 중요하지만, 하루에도 수천 개의 애플리케이션이 출시되는 상황에서 고객이 관심을 가지고 다운로드할 수 있는 홍보는 무엇보다 중요하다. 고객이 애플리케이션을 지우지 않고 자주 실행하여 활용할 수 있는 신상품 안내, 정기 이벤트, 쿠폰 등을 정기적으로 제공하는 게 필요하다.

모바일 애플리케이션의 필요 기능	필요하다(%)
특정 위치에서 상품의 가용성을 검색하고 확인	66
매장에 있는 동안 상품 가격 검색	57
매장에 있는 동안 사용할 수 있는 편리한 셀프 서비스 도구	56
가장 가까운 매장의 위치를 발견	49
처리 중인 주문에 대한 사전 알림 수신	48
결품 상품의 재고 위치를 확인하고 배송 요청 및 수령 예약	46
매장에 있는 동안 상품 후기 확인	46

▲ 옴니채널을 필요로 하는 모바일 애플리케이션 기능 (출처: IBM)

온·오프라인 매장의 일관성 있는 경험 제공에 모바일 애플리케이션이 중요한 역할을 한다. 그렇기 때문에 언제 어디서나 끊기지 않은 실시간 서비스 제공을 위한 모바일 연계가 이루어져야 한다. 이러한 옴니채널 기반의 모바일 쇼핑 애플리케이션 구성 및 기능 제공을 위해서는 다음과 같은 사항을 고려해야 한다.

첫째, 고객의 문제 해결을 지원할 수 있는 안내자Concierge 역할을 해야 한다. 매장 및 상품 위치를 파악하고, 주문, 결제, 재고 및 배송 확인 등 구매를 쉽고 편리하게 할 수 있는 기능이 지원되어야 한다.

둘째, 고객이 구매 결정 판단을 내리기 위한 신뢰Confidence가 필요하다. 따라서 가격 비교, 상품 후기, 소셜미디어 연계 등이 제공되어야 한다.

셋째, 고객 상황Context에 맞는 실시간 대응이 가능해야 한다. 고객의 시간, 장소, 상황을 고려한 고객 맞춤형 상품 제안 및 혜택 등을 실시간으로 서비스할 수 있어야 한다.

넷째, 온·오프라인 연계Connect를 통한 끊김 없는 경험을 제공해야 한다. 온·오프라인의 상품 정보, 가격 비교, 쿠폰, 마일리지 등이 동일하게 연계되어 일관된 구매 경험을 제공할 수 있는 기능이 있어야 한다.

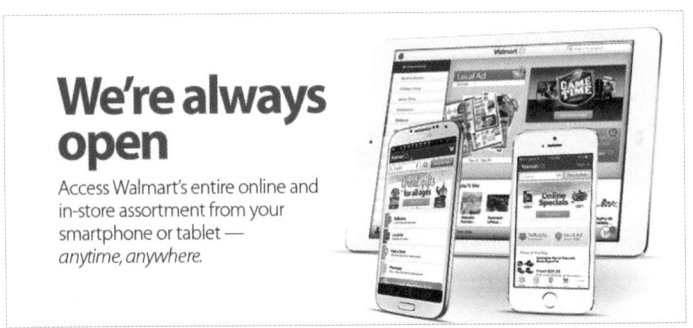

▲ 월마트 모바일 애플리케이션

현실에서 적용되고 있는 모바일 쇼핑 애플리케이션의 경우, 가장 대표적인 예가 월마트이다. 월마트는 기업 아이덴티티인 '매일 최저가Every Day Low Price'를 실현하고 온·오프라인 채널을 유기적으로 연계하는 최적화된 구매 환경을 제공하기 위해 지속적으로 모바일 쇼핑 애플리케이션을 강화해나가고 있다.

주요 기능	제공 서비스
세이빙캐처	월마트에서 판매되는 8만 가지 식료품과 생활 용품에 대해 지역 내 다른 경쟁 업체보다 비쌀 경우 그 차액만큼 고객에게 온라인 상품권으로 보상하는 최저가 보상제 서비스
사전 주문 매장 수령	빠르게 처방전을 재주문하고 매장에서 수령하는 서비스
내 매장 검색	매장을 지정하면 재고 확인, 상품 위치, 가격 검색을 지원하는 서비스
구매 리스트	텍스트, 스캐너, 음성으로 쇼핑 리스트를 입력할 수 있는 서비스
가격 체크	제품 가격을 체크하면 온라인 및 오프라인에서 이용할 수 있는지 확인할 수 있는 서비스
주간 광고	매주 상품 정보와 고객 리뷰, 평점을 볼 수 있는 서비스
매장 스캐너	매장에서 상품 정보, 가격, 리뷰 및 평점을 볼 수 있는 서비스
고객 리뷰 및 평점	다른 사람의 리뷰 및 평점을 볼 수 있는 서비스
매장 찾기	ZIP 코드, 주, 시 등을 입력하면 전화번호 및 이용 가능 시간을 안내해주는 서비스
온라인 월마트	온라인 월마트 상품을 주문하여 집에서 받을 수 있는 서비스

▲ 월마트 모바일 애플리케이션 주요 기능

고객의 지갑이 되다,
결제 기술

모바일 활용이 높아지면서 간단하고 편리하게 모바일로 결제할 수 있는 모바일 간편결제 서비스도 함께 늘어나고 있는 추세이다. 통계청에 따르면 국내 모바일 결제 시장 규모 역시 2013년 거래액이 6조 원대였으나 2014년 14조 원을 넘어섰고, 2016년에는 34조 원을 돌파하는 등 매년 꾸준히 증가하는 추세를 보이고 있다. 시장 진입 초기, 생소한 결제 방식으로 이용자 유치에 난항을 겪던 간편결제 서비스가 이제는 매 분기 성장세를 이어오며, 유통, 보험 등 다양한 서비스 제휴를 통해 일상생활 속 깊숙이 자리 잡고 있는 것이다.

모바일 결제 시장이 활성화된 이유는 다음과 같다.

첫 번째, 모바일 쇼핑 이용자가 늘어나면서 자연스럽게 모바일 결제 사용이 늘어났다. 통계청에 따르면 2017년 온라인 쇼핑 거래액이 6조 3천억 원을 돌파했으며, 모바일 쇼핑 거래액은 3조 8200억 원으로 온라인 쇼핑 전체 거래액 중 모바일 거래가 64%를 차지하고 있다. 모바일로 제품을 구매할 때 한 번만 등록하면 일일이 카드번호를 입력하지 않고 쉽고 간편하고 편리하게 결제할 수 있기 때문에 모바일 간편결제를 많이 활용하고 있다. 또한 결제와 동시에 자동으로 다양한 할인과 적립포인트 혜택을 받을 수 있다는 장점도 활성화에 중요한 역할을 하였다.

두 번째는 제도개편으로 결제의 불편함이 사라졌기 때문이다. 2014년 하반기 '전자상거래 결제 간편화 방안'으로 공인인증서 및 액티브X 의무사용이 폐지됐다. 또한 전자지급 결제대행 업체Payment Gateway, PG가 신용카드 정보를 저장할 수 있게 되어 결제할 때마다 개인정보를 입력해야 했던 번거로움이 사라져 모바일 결제 시장이 탄력을 받게 되었다.

국내에서 모바일 결제 방식은 스마트폰에 결제 애플리케이션을 다운로드 받은 후 카드정보를 입력하고 오프라인 매장에서 카드 애플리케이션을 활성화하여 바코드 및 QR코드를 스캔하여 신용카드 없이 스마트폰만으로 결제를 진행하는 '모바일 간편결제' 방식을 주로 활용한다.

국내 모바일 간편결제 시장은 2014년 9월 카카오페이의 등장으로 본격적으로 시장이 활성화되었다. 지금은 신용카드 회사, 백화점, 오픈마켓, 소셜커머스, 플랫폼 회사, 결제대행 회사, 휴대전화 단말기 제조사, 이동통신사 등이 다양한 모바일 간편결제 서비스를 제공하고 있다.

현재 국내에서 가장 많이 사용하고 있는 모바일 결제 서비스인 네이버페이는 2017년 1분기에 640만 명이 사용하고 있으며 거래액도 2017년 2분기에 1조 7천억 원 규모를 넘어선 것으로 분석하고 있다. 네이버페이는 네이버 ID로 쇼핑하고 간편하게 결제 가능하며 원클릭 결제는 물론 송금까지 가능하다. 네이버의 쇼핑뿐만 아니라 광고, 콘텐츠 등의 다양한 서비스 등의 결제를 지원한다.

2017년 9월 기준으로 644만 명이 사용하고 있는 삼성페이는 마그네틱 방식과 NFC 방식을 모두 지원해 카드 단말기가 있는 곳에서는 어디서나 손쉽게 결제할 수 있다. 또한 스마트폰에 애플리케이션을 다운로드받아 신용카드 등을 등록하면 실물 신용카드 등을 지니고 다니지 않아도 간편하게 결제할 수 있다.

유통업계도 온·오프라인의 구매 편의성을 높여주기 위한 옴니채널 서비스와 고객의 결제 데이터를 활용한 마케팅 역량을 강화하기 위한 전략으로 모바일 간편결제 서비스를 제공하고 있다.

2015년 7월에 출시된 신세계의 모바일 결제 서비스인 'SSG페이'는 7천여 개의 가맹점수를 보유하고 있으며, 바코드 스캐닝 한번으로 결제와 동시에 할인 적용, 포인트 적립, 현금 및 전자영수증 발행 등이 가능하다. 통합형 결제 간소화를 통해 '원스톱one-stop' 결제 환경을 구축했다. SSG페이는 국내 최초로 현금과 상품권을 충전해서 현금처럼 사용하는 선불식 SSG머니와 후불식 신용카드 간편결제를 동시에 탑재했다. 또한 고객들은 SSG머니를 통해 지인에게 선물이나 용돈도 줄 수 있고, 더치페이 결제 및 현금 결제 후 잔돈을 충전할 수도 있다. 출시 한 달 만에 5만 건의 다운로드를 기록하였으며, 2017년 6월 기준으로 400만 건이 다운로드되었다.

롯데 L페이는 롯데의 유통 계열사뿐 아니라 시네마, 렌터카, 놀이공원 등 1만 3천여 개의 가맹점에서 사용할 수 있다. 가맹점 확대를 위하여 2017년 4월에는 11만 개 온라인 가맹점을 보유한 국내 전자결제 1위 업체 KG이니시스와의 제휴로 가맹점을 2~3만여 개 더 늘렸다. 더불어 KG이니시스에서 L포인트 간편결제 서비스도 가능해져 연내 최대 10만여 가맹점에서 L페이로 결제할 수 있다. L페이앱을 개편하여 3670만 명에 이르는 기존 롯데멤버십 회원들이 편리하게 결제 및 포인트를 연동하여 활용할 수 있으며, 음파결제 '웨이브$_{Wave}$' 기술을 도입해 고객 편의성을 강화했다. 웨이브는 사람 귀에 들리지 않은 비가청음파를 이용한 모바일 간편결제 서비스로 소리를 이용하기 때문에 모든 스마트폰에서 음파결제를 이용할 수 있다.

현대백화점은 모바일 간편결제 서비스인 'H월렛'을 제공하고 있다. 이용내역 및 청구내역 조회, 백화점 멤버십 마일리지 적립, 할인쿠폰 적용 등 현대백화점카드의 모든 기능을 사용할 수 있다. 현대백화점 H월렛의 가장 큰 특징은 결제 단계를 간소화, 소비자의 결제 편의를 높이기 위해 '온터치'라는 기술을 국내에서 처음 적용했다는 점이다. '온터치'는 앱을 실행하지 않아도 결제가 가능한 기술로 휴대폰을 결제 단말기에 올려 놓으면 앱이 자동 실행돼 결제가 되는 방식이다. 차별화된 서비스로 월평균 4만 명의 가입자를 확보하고 있으며, 20~30대 고객의 매출 비중이 50%가 넘을 만큼 젊은 고객들의 사용률이 높다.

애플리케이션	엘페이	SSG페이
운영회사	롯데그룹/롯데멤버스	신세계그룹/신세계I&C
설치수	비공개(안드로이드 최대 50만 건)	400만 건 이상
출시	2015년 9월	2015년 7월
가맹점수	1만 2천여 개(KG이니시스 포함 4만 개)	7천여 개
강점	라이프스타일 맞춤 다양한 유통 인프라 확보	국내 유일 선불.후불.직불 모두 가능
이색서비스	세계 최초 음파결제 엘페이웨이브	금액 자동계산

▲ 엘페이-SSG페이 모바일간편결제 서비스 비교 (출처:머니투데이)

디지털 트랜스포메이션 시대, 옴니채널 전략 어떻게 할 것인가?

고객의 현실에 가상을 입히다, 디지털 체감 기술

매장에서 색다른 몰입감 있는 고객 경험을 강화시켜주고 온라인에서 직접 만지고, 입어볼 수 있는 체험을 제공하기 위해서는 디지털 체감 기술이 필요하다. AR, 키넥트, 3D기술 등을 활용하여 옴니채널 매장에서 고객 체험에 필요한 가상 피팅, 매직미러 등의 서비스를 제공하고 있다.

몰입감 있는 경험 강화, AR

AR은 VR이 3D 그래픽 등의 기술을 활용하여 완전하게 가상의 공간을 창출한 것과 달리 카메라, 웹캠 등에 비춰지는 실제 사물이나 공간 등의 실사 이미지를 활용하여 가상의 정보를 부가함으로써 새로운 경험을 제공하는 기술이다. 실제 사물에 가상의 정보를 중첩함으로써 현실 세계를 보충하여 사용자에게 보여준다는 차별성을 가지고 있으며, VR에 비해 사용자에게 보다 나은 현실감을 제공하는 특징이 있다.

현재 AR이 구현되는 방식은 크게 두 가지로 구분된다.

첫째, 카메라, 웹캠 등을 활용해 실제 촬영된 이미지 위에 가상의 정보를 결합하여 구현하는 마크리스Markless 방식이다. 위치 정보와 결합하여 가까운 지하철역 및 커피숍 등을 찾아주는 AR 애플리케이션들이 이러한 방식을 기반으로 하고 있다. 또한 매장에 설치된 웹캠을 통하여 자신의 실사 모습을 촬영한 후 다양한 의류를 가상으로 입어보고 자신의 체형에 맞는 맞춤옷을 제안받는 솔루션 또한 동일한 방식이다.

둘째, 실사 이미지를 카메라, 웹캠으로 비추면 실사 이미지의 인식점marker을 인식하여 스크린 위에 해당 이미지와 연결된 정보나 영상을 표시하는 마크Mark 방식이다. 매장 브로슈어에 나온 신상품 이미지를 웹캠에 비추면 웹캠이 상품의 인식점을 인식하여 상품에 관한 안내뿐만 아니라 구매 매장 정보를 보여주는 방법에 적용하고 있다. 현재 잡지의 실사 광고 및 동영상 안내 브로슈어 등이 이러한 방식을 결합하여 활용한다.

방식	특징
마크리스 방식	카메라, 웹캠 등을 활용해 실제 촬영된 이미지 위에 가상의 정보를 결합하여 구현하는 방식
마크 방식	실사 이미지를 카메라, 웹캠으로 비추면 실사 이미지의 인식점을 인식하여 표시하는 방식

▲ AR 구현 방식

AR을 구현하기 위해서는 다양한 요소 기술이 필요하다. 가장 핵심적인 기술은 사용자에게 인터랙티브한 경험을 제공해줄 수 있도록 실제 현실 이미지를 기반으로 가상 정보를 일치시켜 실시간으로 전달해주는 것이다. 더불어 실제 이미지 및 인식점을 인식할 수 있는 카메라 및 센서 기술, 사용자의 위치 및 주변 정보를 파악하여 사용자의 시선, 동작 등을 알 수 있는 위치 기술, 필요한 가상 정보를 생성할 수 있는 컴퓨터 그래픽, 가상 정보와 현실 정보를 일치시키기 위한 정합Registration 기술, 결과를 효과적으로 전달할 수 있는 디스플레이 기기 등이 유기적으로 결합되어야 한다.

과거에는 AR을 구현하기 위해 특수 장비들이 필요하여 제조 및 항공산업 등에서만 주로 활용됐다. 그러나 최근 스마트폰에 카메라, GPS, 가속센서 등이 자체 내장되어 AR 기술 구현이 가능해졌고, 손쉽게 애플리케이션을 다운받을 수 있어 일상생활 속에서 편리하게 다양한 AR 서비스를 활용할 수 있게 됐다.

애플은 2017년 6월 세계개발자회의WWDC에서 애플의 운영체제인 'iOS11'에 AR 기능을 탑재한다고 발표하였다. 애플의 AR 기능 탑재로 개발자들은 iOS에서 제공하는 AR 개발키트ARKit를 사용해 손쉽게 몰입감 있는 쇼핑경험을 구현할 수 있게 되었다.

이케아는 애플의 AR 개발키트를 활용해 AR 앱인 '이케아 플레이스IKEA Place'를 출시하였다. 사용자는 '이케아 플레이스'를 활용해 배치하고 싶은 위치에 2천 점의 3D 제품가구와 이케아 디자이너 컬렉션별로 좋아하는 가구를 선택하여 배치할 수 있다.

개인의 니즈가 다양해지고 고객 접점이 확대되면서 여러 상황에서 고객의 니즈를 만족시켜줄 수 있는 마케팅이 필요해졌다. AR은 마케팅적으로 고객의 TPO에 기반한 실시간 개인화 대응 및 다양한 인터랙션 정보를 부가하여 색다른 브랜드 경험을 제공해줄 수 있다는 장점이 있다. 또한 고객이 현재 자신의 주변에 카메라를 비추면 현재 위치를 기반으로 자신이 찾고자 하는 매장 및 브랜드 정보도 쉽게 파악할 수 있다. 매장에서는 현재 고객의 위치 정보를 파악하여 실시간으로 고객에게 맞는 신상품 정보 및 할인 쿠폰 등을 제공하여 고객에게 맞춤형 상품을 제안할 수 있다. 더불어 의류, 화장품 등의 고객 체형이나 스타일 등 다양한 요소를 고려한 AR로 고객 개개인의 특성에 적합한 상품을 추천해줄 수 있다.

인터액션스의 설문조사에 따르면 미국 소비자 중 AR을 제공하지 않는 매장보다 제공하는 매장을 선호한다는 고객이 61%였다. 소비자들이 AR을 이용해 사고 싶은 제품은 가구가 60%로 가장 많았고, 그 다음은 의류 55%, 식료품 39%, 신발 35%, 화장품 25%, 보석 25%, 장난감 25% 순으로 나타났다.

AR을 활용한 스페인 명품 브랜드 로에베Loewe의 경우 일본에 매장을 오픈하면서 고객이 로에베 AR 애플리케이션을 탑재한 스마트폰 카메라로 매장 전경을 비추면 브랜드의 역사와 디자이너, 해당 상품의 특징이 화면에 나타나 고객에게 브랜드와 제품에 대한 정보를 제공해 고객의 매장 체험을 한층 극대화시켰다.

조립식 완구 업체인 레고Lego의 경우에는 AR을 활용하여 제품을 구매하기 전에 미리 완성된 제품을 볼 수 있는 체험을 제공하고 있다. 제품 포장지에 이미지 인식 기술을 적용하여 고객이 구매하기 전 매장 내에 설치된 키오스크에 제품 박스를 비추면 해당 제품의 레고가 완성된 모습을 3D로 구현하여 보여준다.

패션, 의류, 화장품 등 고객 체형이나 스타일 등의 다양한 요소를 고려하여 구매해야 하는 상품의 경우 실사 이미지를 AR을 통해 고객 개개인의 특성에 적합한 상품을 추천해주고 있다. 스위스 시계 브랜드 티쏘Tissot는 종이로 된

디지털 트랜스포메이션 시대, 옴니채널 전략 어떻게 할 것인가?

▲ 레고 AR (출처: 레고)

손목시계 모양의 마커를 손목에 찬 후 웹캠에 비추면 손목시계를 체험할 수 있는 AR 서비스를 제공했다. 28개의 각기 다른 손목시계를 고객이 직접 착용하는 듯한 경험을 제공해 자신에게 맞는 모델을 선택할 수 있다.

화장품 브랜드 세포라Sephora는 매장에서 고객이 화장품을 지우지 않더라도 화장품 샘플들을 이용해볼 수 있는 AR 서비스인 '세포라 AR 거울Sephora's Augmented Reality Mirror'을 제공하고 있다. 2012년 처음 출시된 서비스는 현재 3D로 형태로 진화되어 사람의 얼굴을 시뮬레이션까지 해주고 있다. 고객은 거울에 비친 자신의 얼굴에서 화장 부위(눈, 입술 등)를 선택한 후 화장하고자 하는 색을 골라 제품을 직접 바르는 듯한 느낌을 경험할 수 있다. 유니클로는 샌프란시스코에 플래그십 스토어를 오픈하면서 '마술거울Magic Mirror'이라는 AR 드레스룸을 설치했다. 매장 안에 있는 대형 스크린에 마음에 드는 옷을 골라 입은 후 거울에 비추면 다른 컬러의 옷으로 바꿔 입을 수 있다.

매장에서 배포되는 제품의 인쇄 브로슈어 및 카탈로그 대부분은 제품 홍보

▲ 세포라 AR 거울 (출처: 세포라)

에 중점을 두다 보니 고객에게 상세한 제품 정보를 제공하는 데는 한계가 있다. 더불어 제품이 가지고 있는 기능적 특성을 강조하는 것도 제한적이다. 그런데 인쇄 브로슈어 및 카탈로그에 AR을 활용하면 제품에 관한 상세 정보 제공뿐만 아니라 제품을 직접 체험할 수 있는 기회를 제공할 수 있다.

 미국 최대 전자유통 매장인 베스트 바이는 매주 발행되는 카탈로그에 AR 기술을 결합하여 제품을 안내해주는 AR 카탈로그를 배포했다. 사용자는 웹캠을 베스트 바이가 배포한 카탈로그에 위치시키면 카탈로그에서 도시바 노트북이 튀어나와 제품 실물 정보를 볼 수 있게 했다. AR 카탈로그는 베스트 바이가 예상했던 것보다 많은 6500명의 사람들이 이용하였으며, 78%가 사이트를 방문하여 AR을 경험했다.

 가구 업체인 이케아도 2013년부터 AR 카탈로그를 배포하고 있다. 실제 이케아 매장에서 판매되고 있는 가구를 경험할 수 있을 뿐만 아니라 가구를 배치하고자 하는 위치에 카탈로그를 올려놓은 후 스마트폰으로 인식하면 실제

디지털 트랜스포메이션 시대, 옴니채널 전략 어떻게 할 것인가?

▲ 이케아 AR 카탈로그 (출처: 이케아)

사이즈에 맞춰서 배치 및 크기를 볼 수 있다. 그리고 AR을 활용하여 제품을 조립할 수 있도록 카탈로그 책자에 3D 화면으로 단계별 조립 방법을 제공해 사용자들이 손쉽게 제품을 조립할 수 있게 해주고 있다.

  제품 설명서는 고객이 제품을 구매한 후 첫 대면하는 고객 서비스이기 때문에 제품 설명서를 쉽게 이해하고 바로 설치할 수 있도록 해주어야 고객 만족도를 높일 수 있다. AR을 활용하면 두껍고 복잡한 제품 및 사용 설명서 없이 간단한 몇 개의 이미지로 고객이 쉽게 제품 사용법을 이해할 수 있다.

동작과 표정을 인식하는 키넥트

키넥트Kinect는 원래 마이크로소프트의 게임기인 엑스박스360의 게임 동작을 위한 목적으로 개발된 기술이다. 닌텐도 위나 소니 플레이스테이션은 게임 동작을 위해 별도의 마우스 같은 동작 컨트롤러가 필요하지만 엑스박스는

▲ 키넥트

필요없다. 키넥트는 별도의 동작 컨트롤러 없이 사람의 동작과 음성을 인식할 수 있어 자연스럽게 손짓이나 발짓 등의 동작에 따라 게임을 할 수 있다.

키넥트는 적외선, RGB, 깊이 등의 세가지 센서를 통해 사람을 정확하게 인식하고, 마이크로폰을 이용해 음성 인식이 가능하다. 또한 사람의 동작 인식을 강화하기 위해 키넥트 받침대와 목 사이에 관절 모니터가 설치되어 사람의 움직임을 따라갈 수 있다.

2014년 하반기에는 윈도용 키넥트 v2가 출시되면서 1080p 해상도 카메라, 적외선 센서, 확장된 뷰, 타임오브플라이트 기술, 표정 및 골격 인식 기술을 개선하여 탑재했으며, USB3.0포트도 함께 지원하고 있다.

타임오브플라이트 기술은 개별광양자Photon 객체가 사람으로부터 반영되는 시간을 측정해 정확도와 정밀도를 높였다. 골격 인식 기술은 각 골격의 지점을 더 많이 추적하여 사람의 동작을 자연스럽게 인식할 수 있도록 개선되었으며, 얼굴을 인식하여 머리 위치와 얼굴 근육의 변화를 실시간으로 읽을 수 있다. 그리고 입 모양과 눈썹의 위치 등을 분석해 사람의 표정을 분석할 수 있다.

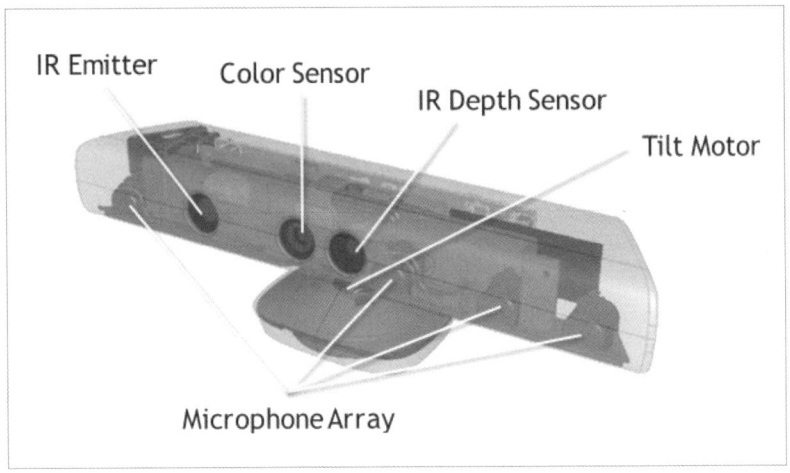

▲ 키넥트 센서 구성 (출처: 마이크로소프트)

키넥트는 사람의 움직임을 기반으로 한 '자연스러운 사용자 인터페이스Natural user Interface'로 게임뿐만 아니라 의료, 교육, 광고, 유통 분야에서도 폭넓게 활용되고 있다. 유통 분야에서 키넥트는 고객의 행동을 3D로 트래킹하여 행동 패턴을 분석하고, 고객이 쇼윈도를 걸어가면 고객을 인식하여 실시간으로 고객에게 맞춤 상품을 제안해주며, 가상 드레싱룸 방식으로 상품을 체험하는 데 활용하고 있다.

이탈리아의 애자일 루트Agile Route는 방문 고객 트래킹 분석에 키넥트를 활용하고 있다. 매장 내에 키넥트를 설치하여 방문 고객의 움직임을 인식하여 고객 동선과 방문 지점의 분포를 히트맵Hitmap으로 볼 수 있으며, 고객이 위치한 매장 진열대나 만지는 상품을 분석할 수 있다. 이 서비스는 아르헨티나 개발자들이 만든 '쇼퍼셉션Shopperception'이다.

마이크로소프트는 매장 밖에 설치된 쇼윈도에 키넥트를 설치하여 지나다

6장 옴니채널 구현을 위한 디지털 기술

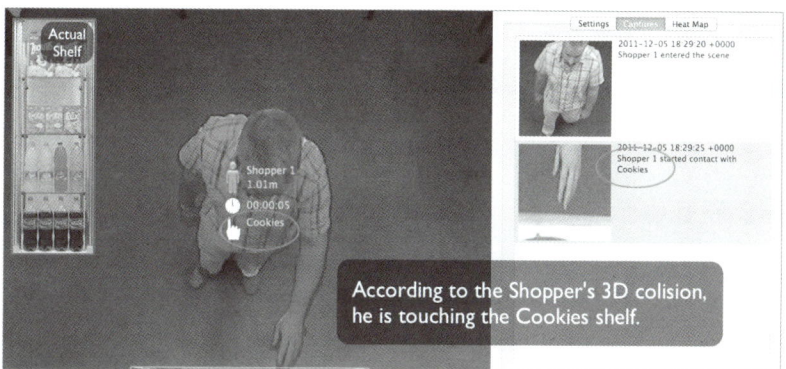

▲ 애자일 루트 쇼퍼셉션 (출처: 애자일 루트)

니는 사람을 스캔한 후 성별, 키, 몸무게, 인종, 나이 등을 예측한 후 매장 내 POS 시스템인 '윈도 임베디드 포스레디 7(Windows Embedded POSReady7)'과 연동하여 고객 성향에 맞는 제품을 추천해주는 서비스를 제공하고 있다. 이뿐만 아니라 매장을 방문한 고객의 나이, 성별, 관여도를 분석해 매장에 있는 디지털

▲ 디지털 사이니지 (출처: 《리드라이트》)

사이니지에 구매를 유도할 수 있는 맞춤형 정보를 표시해주는 '스마트진열대 Smart shelf'도 함께 제공하고 있다. 현재 블루밍데일, 코카콜라, 닛산, 펩시 등의 주요 유통 기업들이 매장에 활용되고 있다.

▲ 홀푸드 스마트카트 (출처: 긱와이어)

유기농 식료품 전문기업인 홀푸드Whole Foods는 키넥트 기술을 기반으로 윈도 태블릿, UPC 스캐너, RFID 리더, 음성 인식을 적용한 '스마트카트Smarter Cart' 프로젝트를 추진했다. 키넥트의 동작 인식을 활용하여 사람의 움직임을 인식할 수 있어 카트를 끌지 않아도 매장 내에서 이동할 때마다 카트가 저절로 사람을 따라오며, 음성 인식 기술을 적용하여 음성 명령을 내릴 수도 있다. 그리고 상품을 카트에 담으면 카트 내에 있는 스캐너와 RFID 리더기로 상품명 및 가격을 인식하여 쇼핑 리스트를 공유할 수 있도록 했다. 상품 결제 또한 기다릴 필요 없이 체크아웃대를 통과하기만 하면 자동으로 결제가 이루어진다.

고객 맞춤형 생산의 가능성, 3D 기술

3D 기술은 입체적인 형태로 구현해 제품이나 매장 내 체험을 사실감 있게 해주며 몰입감 또한 높여주는 데 활용하고 있다. 고객이 직접 만지고 입어봐야 하는 옷, 신발 등의 패션 제품을 온라인, 모바일, 매장에서 실시간으로 만지고 입어볼 수 있는 3D 기술로 제공하고 있다.

최근 3D 프린트 기술의 발달과 보급 확대로 제조, 유통, 물류 분야에 3D 기술이 폭넓게 활용되고 있다. 유통 분야에서 가장 많이 활용하는 서비스는 가상 피팅, 매직미러 등과 같은 체험 기능이다.

운동화 브랜드인 아식스Asics는 아식스워킹Asics Walking 매장에서 고객이 신발을 선택하기 전 사람의 발 형태를 측정하는 3D 족형 기기를 활용하여 고객에게 맞춤형 신발을 제안해주고 있다. 이 기기는 발 길이, 평면 높이, 발뒤꿈

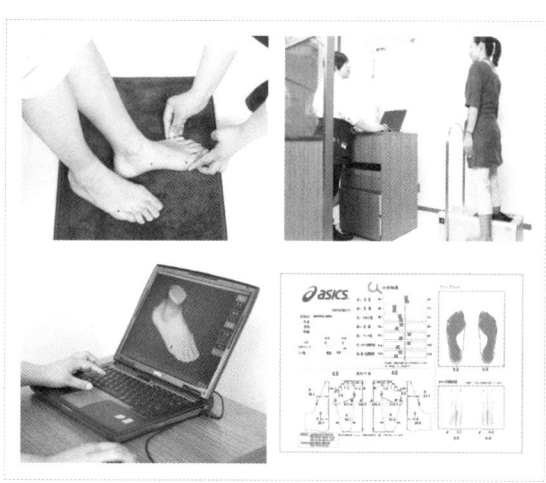

▲ 아식스 워킹 신발 피팅 및 측정 (출처: Asics)

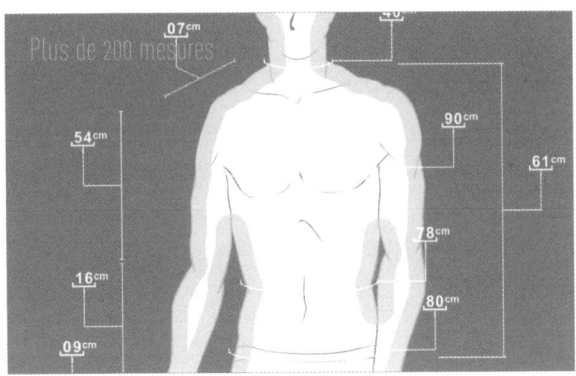

▲ 누보아틀리에 3D 스캔 (출처: 누보아틀리에)

치 경사, 엄지의 각도 등을 정밀하게 측정하여 데이터로 분석하며, 측정된 데이터를 기반으로 매장의 전문 직원이 신발을 추천해준다.

　프랑스에 있는 남성용 양복 전문 브랜드인 누보 아틀리에Nouveau ateliers는 양복 제작에 3D 기술을 접목했다. 고객 신체 치수를 측정하기 위해 신체 스캔을 하고 여기에 3D 기술을 활용하여 맞춤 양복을 제작하고 있다. 이 기술로 맞춤양복 제작 과정을 단축하여 신체 측정에서 제작, 배송까지 평균 3주가 소요된다.

　3D 프린터가 등장하면서 유통 분야에서도 다양한 방법으로 활용하고 있다. 현재 일반 인쇄를 위한 목적으로 활용되는 프린터가 평면 형태로 디자인을 출력한다면 3D 프린터는 3D로 된 디자인을 입체적으로 출력하여 실제와 동일한 형태의 물건을 만들어낸다. 3D 프린터로 실제 제품을 만들기 위해서는 3D 디자인 도면, 3D 프린터, 3D 프린팅 소재가 필요하다.

　3D 디자인을 위해서는 3D 스캐너로 사물을 스캔하거나, 인터넷에서 기존 디자인된 3D 데이터를 다운로드받거나, 3D 소프트웨어를 활용해 3D 디자인

도면을 만들어야 한다. 3D 도면 설계 소프트웨어를 제공하는 오토캐드AutoCAD는 3D 프린터 운영체제인 '스파크'를 무료로 공개하고 있다. 이외에도 구글 스케치업 등이 있다.

유통 분야에서 3D 프린터는 실시간으로 고객에게 맞는 맞춤형 생산을 통해 다품종 소량 생산이 가능하게 해주고 있다. 고객 맞춤형 생산으로 고객의 다양한 욕구를 충족시키고 상품에 대한 차별화된 경험도 함께 제공할 수 있다. 기업 또한 제품을 생산하고 배송하는 과정을 단축할 수 있다는 장점이 있다. 매장 내 3D 프린터만 설치가 되어 있다면 기존 디자인 설계 도면만으로 고객의 체형 및 스타일에 맞는 상품을 바로 제작할 수 있다. 유통 및 배송 과정도 단축되어 매장 운영과 재고 효율화를 최적화할 수 있다.

미국 뉴욕에 메이커봇Marketbot 스토어는 3D 프린터와 3D 프린팅으로 생산한 상품을 판매하는 매장을 열었다. 피규어, 인체 모형, 장난감 등 다양한 제품을 판매하고 있으며, 3D 사진관처럼 매장 안에 있는 고객 서비스 센터에 문의하면 고객이 원하는 제품을 만들어준다.

▲ 메이커봇 스토어 (출처: 메이커봇)

디지털 트랜스포메이션 시대, 옴니채널 전략 어떻게 할 것인가?

▲ 오레오 트렌딩 밴딩 머신 (출처: 오레오)

오레오는 사용자가 직접 고른 '색깔'과 '맛'의 오레오 쿠키를 3D 프린터로 2분 만에 만들어내는 '오레오 트렌딩 벤딩 머신'을 공개했다. 바나나, 민트, 라임향 등 열두 가지 맛이 있으며, 네 가지의 다른 모양을 선택할 수 있어 4천여 가지의 조합을 만들 수 있다.

아마존은 3D 프린팅 스토어를 개장하여, 장난감, 장신구, 집안 장식 소품 등 200여 가지의 상품을 크기, 색상, 소재, 고객이 원하는 문구를 넣어 3D 프린터로 제작하여 판매한다. 그리고 '개인화 위젯Personalization Widget'을 제공해 구매 전 자신이 구매할 상품을 마음대로 디자인하여 미리 볼 수 있게 했다.

미국 배송 업체인 UPS는 3D 프린터 업체인 스트라타시스Stratasys 사와 제휴해 UPS 스토어UPS Store 100개 점포에 3D 프린터를 출력할 수 있는 서비스를 제공하고 있다. 시제품이나 간단한 모형의 경우 고객이 전 세계 어디에서든 3D 디자인 데이터를 전송하면 간단하게 출력하여 받아볼 수 있다. 사무용품을 판매하는 스테이플스Staples도 3D 디자인을 출력해주는 3D 출력서비

6장 옴니채널 구현을 위한 디지털 기술

▲ 아마존 3D 프린팅 스토어

스를 제공하고 있다.

　제조에서 유통 전반에 폭넓게 3D 프린터가 활용되면서 유통 분야에 고객이 원하는 맞춤상품 판매에 따른 다품종 소량 생산으로 재고와 물류 비용이 감소될 것으로 예상된다.

Special Column

손끝으로 느끼는 브랜드 경험, 촉감 마케팅

스마트폰의 가장 차별화된 특징은 손끝으로 만져지는 부드러운 동작에 바로 반응하는 자연스러운 터치감이다. 기존 휴대전화의 복잡한 단계를 거치는 버튼 조작 방식과 달리 마치 기계와 손이 한 몸이 된 듯한 자연스러운 촉감은 자연스럽게 사람들을 빠져들게 만든다. 이렇게 손끝으로 느끼는 촉감은 복잡하고 사용하기 어려운 디지털 제품을 고객이 직관적으로 쉽게 인지하고 이해할 수 있으며 다양한 방식의 동작을 통한 재미를 선사해 기존 경쟁사들과 차별화된 브랜드 경험을 심어주는 역할을 했다.

최근 디지털 기술의 발전에 따라 인터페이스 기술이 터치를 기반한 단순하고 자연스러운 환경으로 변화되고 있다. 더불어 인공적인 제품이 범람하면서 자연스럽게 소비자의 니즈 또한 자연친화적인 제품을 선호하는 웰빙 성향으로 바뀌면서 몸에 닿은 자연스럽고 좋은 느낌을 원하는 촉감에 관한 관심이 늘어나고 있다.

촉감은 손이나 피부 등의 신체 접촉으로 외부 자극과 반응한 뇌가 인지하여 일어나는 감정이다. 사람은 생후 7주에 접어들면서부터 본격적으로 촉감을 느끼기 시작한다. 사람이 느끼는 대부분의 촉감은 약 2제곱미터에 달하며 몸무게의 10~25%를 차지하는 피부를 통해서 일어난다.

몸 부위에서 가장 예민한 촉감 부위는 입과 손이다. 특히 손은 우리 주변의 사물

6장 옴니채널 구현을 위한 디지털 기술

을 탐색해 느끼는 감각을 뇌로 전달해주는 중개자 역할을 한다. 손끝으로 느끼는 촉감은 피부 감각이 전달하지만 사람의 뇌 속에 저장된 정보와 상호작용하여 무의식적인 감정 행동을 유발한다. 그렇기 때문에 무의식적으로 일어나는 인간의 의사 결정 중 촉감(3%)은 시각(87%), 청각(7%) 다음으로 비중(후각2% ,미각 1%)은 작지만 행동을 결정하는 데 영향을 줄 수 있다.

미국 위스콘신 대학교 조안 팩 박사와 캘리포니아 대학교 로스앤젤레스 캠퍼스 수잔 슈 박사가 미국 일리노이 주 법무부가 2003년 내놓은 '과잉 구매문'을 보여주면서 소비자들이 물건을 만지거나 또는 만지지 못한 상태에서 물건을 사도록 하는 실험을 진행했다. 실험 결과 만질 수 있었던 그룹은 그렇지 않은 그룹보다 더 많은 물건을 산다는 결론을 얻을 수 있었다. 촉감을 통하여 소비자가 상품을 만졌을 때 '좋다'라는 느낌을 받으면 물건을 살 때 주저하는 면이 줄어들고, 반대로 촉감이 '좋지 않다'고 느끼면 물건을 잘 사지 않는 결론을 내릴 수 있었다. 촉감 마케팅은 기존 시청각 중심의 제한된 메시지 한계를 극복하여 제품 및 서비스가 가지고 있는 차별화된 느낌을 몸으로 체감할 수 있도록 다양한 촉감 환경을 제공해 고객의 행동을 자극하는 마케팅 커뮤니케이션 활동이다. 특히 촉감은 마케팅 커뮤케이션 측면에서 기존 매스미디어 방식과는 다른 개인을 중심으로 독특한 감성 및 경험 자극뿐만 아니라 기능이나 품질이 보편화된 제품이나 브랜드에 차별화된 가치를 제공해 브랜드 경험을 증대시킬 수 있다.

촉감 마케팅 전략에서 소재와 표면, 온도와 무게, 형태와 안정성은 제품의 아이덴티티 및 고객의 브랜드 경험을 자극하는 매개체 역할을 하고 있다. 가죽이나 천연소재는 일반적으로 따뜻하고 부드러운 인상을 주기 때문에 사람들을 편안하게 하고 고급스러운 느낌을 제공해 상품의 브랜드 가치를 높여준다.

KB카드의 '레더 스타일 카드'는 가죽의 부드러운 촉감과 질감을 활용해 고급스러운 느낌과 카드를 꺼낼 때 만져지는 자연스런 느낌을 제공하기 위해 기존 카드 자재 제조 방식에서 탈피해 카드 표면을 특수하게 고안된 안료로 제작하여 차별화된 브랜드 경험을 제공했다.

만져지는 소재의 느낌을 차별화하여 매장 방문도 유도할 수 있다. 의류 매장에서 부드러운 촉감은 고객을 유인하는 데 효과적이다. 촉감이 아주 부드럽거나 푹신하게 보여 만져보고 싶게 하는 소재의 제품을 입구 쪽에 배치하면 손님들이 옷을 만져보고 안으로 들어오면서 다른 제품도 만져보는 유인 효과를 얻을 수 있다. 그리고 표면을 통해 만져지는 자연스러운 느낌을 통하여 제품이 가진 브랜드 아이덴티티를 고객이 느끼도록 할 수도 있다. 라네즈의 '하이드라 솔루션 에센스'는 용기에서 짜내면 보통의 에센스처럼 약간 묽은 크림 형태로 에센스를 손으로 살짝만 문질러도 피부 표면에서 물처럼 변하는 효과가 나타난다. 제품을 만들 때 넣은 히말라야 산맥의 '스노 워터'가 들었다는 것을 고객이 촉감으로 인식해 색다른 재미를 느낄 수 있도록 한 것이다.

온도 또한 제품이나 서비스의 브랜드 인식 및 경험에 영향을 줄 수 있다. 차가운 겨울날 식당에서 따뜻한 보리차와 물수건을 내주거나 병원에서 진찰받을 때 청진기를 가슴에 잠시 품어 따뜻하게 데운 후에 가슴에 대거나 하는 자그마한 서비스는 고객이 서비스의 진정성을 느끼고 더 나아가 브랜드에 애착을 가져 고객의 가슴속에 러브마크를 심어줄 수 있다.

사람이 느끼는 무게의 차이에 따라 제품에서 느끼는 품질에 관한 인식이 달라질 수 있다. 일반적으로 사람들은 무게가 많이 나가는 물건일수록 품질이 우수하다는 인식을 가지고 있으며, 이와는 반대로 가벼운 플라스틱 제품 같은 경우 품질이 낮을 것이라는 인식이 있다.

명품 오디오 및 가전 업체인 스웨덴의 뱅앤올룹슨Bang & Olufsen은 점점 더 작아지고 가벼워지는 최근 전화기 트렌드와는 정반대로 상대적으로 무겁고 독특한 전화기인 '베오컴2'을 개발했다. 전화기의 기본 기능은 걸고 받는 데 있으므로 무조건 작고 가벼워야 좋은 것은 아니라는 관점을 고수하고 있는 것이다. 특히 소비자의 얼굴에 직접 닿는 제품이므로 촉감이 중요하다는 개발 철학을 담아 소비자들에게 제품의 견고함뿐만 아니라 품질에 대한 좋은 인상을 심어주고 있다.

제품, 포장, 기구 등의 모양 및 형태가 가진 특징에 따라 제품의 특징을 강조할 수 있으며, 형태가 제공하는 차별화 요소는 고객에게 색다른 경험을 제공해줄 수 있다. 제품 패키지는 패키지의 형태가 제공하는 특징에 따라 더 이상 제품을 보호하는 수단이 아닌 제품의 브랜드를 강화하고 고객이 제품을 처음으로 만졌을 때 제품에 관한 느낌을 총체적으로 전달할 수 있는 수단으로 변화되고 있다. 2009년 대비 22%의 성장세를 기록한 어린이 과즙 음료의 성공 견인차 역할을 한 것은 다름 아닌 독특하고 재미있는 캐릭터 페트병이었다. 아이들에게 친숙한 동물 캐릭터가 음료 뚜껑에 달려 있어 귀여운 캐릭터를 감상하고 페트병을 손에 쥐었을 때 느끼는 올록볼록한 입체감을 통해 마치 장난감을 가지고 노는 느낌을 선사했다. 이러한 페트병 패키지는 단순히 제품의 내용물을 담는 기능에서 제품만이 가지고 있는 차별화된 경험을 제공하는 브랜드 경험 중개 역할을 하고 있다.

기능성 제품의 경우 제품 자체의 차별화된 기능뿐만 아니라 혜택, 효용, 느낌 등을 기존 매스미디어로 고객에게 설명하는 데 많은 한계가 있다. 이러한 경우 고객이 직접 제품을 만져보고 경험할 수 있도록 샘플 제공이나 체험 행사를 개최해 제품의 차별화된 가치를 고객이 인식할 수 있도록 하고 있다.

인도에서 세제 브랜드 타이드TIDE의 초강력 세척제 신제품인 TIDE DIRT MAGNETS를 프로모션하기 위해 P&G는 TIDE MAGTTRACTIN이라는 샘플 마케팅을 잡지 광고를 통해 진행했다. 많은 소비자들이 하얀 셔츠에 얼룩이 묻거나 더러워지면 아무리 좋은 세제를 사용한다 하더라도 깨끗하게 세탁되지는 않을 것이라는 소비자 인식을 전환시키기 위해 고객이 직접 보고 체험하도록 잡지 광고를 제작했다. 잡지에는 잉크와 커피, 계란, 케첩이 하얀 옷에 묻어 당황하는 사람의 모습이 담긴 페이지가 있다. 이 페이지의 옷에 얼룩이 묻은 부분에 TIDE DIRT MAGNETS의 작은 샘플팩이 삽입되어 있는데 그 부분을 당기면 잡지 속의 얼룩이 사라지도록 했다. 이 광고를 통해 4만 명의 독자들이 세척력을 체험하였고, 캠페인 진행 후 타이드의 시장 점유율이 8.2%에서 9.1%로 급상승하는 결과를 얻었다.

광고의 특성상 이미지 전달에 중점을 두고 있기 때문에 광고를 통해 제품의 기능을 체험하는 데는 한계가 있다. 광고가 미처 전달하지 못하는 이러한 기능은 제품의 특성을 최대한 반영할 수 있는 다른 광고 매체와 결합하여 제품의 차별성을 느낄 수 있도록 할 수 있다.

소니의 플레이스테이션은 자사의 플레이스테이션 2를 출시하면서 말레이시아의 한 버스 정류장에 플레이스테이션의 트레이드마크라 할 수 있는 네모(■), 세모(▲), 동그라미(●), 엑스표(X)를 뽁뽁이로 도배해놓았다. 버스 정류장을 광고 매체로 활용한 것이다. 사람들은 차를 기다리는 지루한 시간을 마치 플레이스테이션의 게임기를 조작하는 것처럼 뽁뽁이를 손으로 만지며 즐거움을 느낄 수 있었다.

촉감 마케팅에서 무엇보다 중요한 것은 고객이 물건을 꼼꼼히 살펴보고 느껴볼 수 있는 공간과 충분한 시간을 제공하는 것이 것이다. 소비자의 구매 접점이라고 할 수 있는 상품 진열장에서 소비자들이 직접 만질 수 있도록 하는 것 자체만으로 무심코 지나가버릴 수 있는 제품들과 상호작용을 일으켜 충동 구매를 증가시킬 수 있다.

안경점 알로ALO는 옷을 고르는 것처럼 안경도 자유롭게 써보고 자신의 스타일에 맞는 안경을 고를 수 있도록 과감하게 유리진열장을 제거하는 파격적인 마케팅으로 젊은 세대들의 입소문을 통해 빠르게 성장했다. 영국의 슈퍼마켓 체인 에스더는 화장지 제품의 겉포장을 제거한 결과 매장 판매 공간을 넓히고 매출이 증가하는 효과를 얻었다.

마케팅 커뮤니케이션 측면에서 고객은 더 이상 관리하고 일방적으로 메시지를 전달해야 할 대상이 아닌 '사람'으로서 자신만의 개성과 느낌을 공유하고 표출할 수 있는 단독 주체이자 상호 커뮤니케이션해야 하는 대상으로 그 존재가 변화되고 있다. 그렇기 때문에 제품의 특징이나 기능 중심으로 촉감을 제품에 담는 게 중요한 것이 아니라 고객이 가지고 있는 경험이나 느낌을 충분히 이해하고 자연스럽게 반응할 수 있도록 공유하고 전달하는 게 중요하다.

6장 옴니채널 구현을 위한 디지털 기술

고객을 움직이게 하다, 디지털 사이니지

디지털 사이니지는 지하철, 매장 등의 주요 거점을 기반으로 다양한 멀티미디어 콘텐츠 및 맞춤형 서비스를 제공하는 실시간 디지털 미디어를 말한다. 디지털 사이니지를 활용하여 시간, 장소, 목적별로 고객을 타깃팅하여 콘텐츠 및 광고를 실시간으로 전달하는 것이 가능하다. 매장 상황에 따라 즉각적이고 탄력적으로 소재 교체가 가능해 체계적이고 효과적으로 정보를 전달할 수 있다. 또한 실시간으로 움직이는 화면에 원하는 내용을 담을 수 있기 때문에 영상, 소리 등 다양한 감각을 자극할 수 있는 요소를 가미해 보다 풍부한 콘텐츠를 노출할 수 있다.

　디지털 사이니지는 설치 장소에 따라 인·아웃도어 In-Out Door 로 구분되며, 대기 및 환승, 판매 장소에 따라 분류할 수 있고, 매장, 교통 시설, 병원 등의 설치한 장소에 따라 구분된다. 아웃도어는 가장 일반적인 형태로 방수 처리된 대형 스크린을 건물 외벽에 설치하여 동영상 콘텐츠나 광고를 전송하는 형태로 운영된다. 인도어는 건물 안의 일정한 장소나 내벽에 설치하는 형태로 터치스크린 방식의 키오스크나 LCD, LED 모니터를 이용하여 터치스크린 기능과 카메라, 센서, NFC 등 다양한 스마트 미디어 기기들이 탑재되어 정보를 제공한다.

디지털 사이니지의 크기는 소형, 중형, 대형으로 구분된다. 소형은 15인치 미만의 전자 POP 단말 등이며 중형은 15~50인치의 액정 및 PDP 등이 해당된다. 대형은 주로 빌딩 외벽 등에 설치된 150인치 이상의 LED 비전을 말한다. 현재 디지털 사이니지에는 주로 PDP, LCD, LED 디스플레이들이 활용되고 있다.

PDP는 비교적 얇게 만들 수 있고 LCD보다 싼 값으로 더 크게 만들 수 있으며, 시야각이 더 넓다. 색상과 채도가 크며, 반응 시간이 빠르다. 지하철, 차량, 매장 내에 POP 등의 시설물에 주로 활용된다. LCD는 전력 소모가 적고 얇게 만들 수 있어 휴대용 장치에 많이 활용된다. 대형마트, 편의점, 지하철 등에서 디지털 사이니지 기기로 사용하고 있다. LED는 자체적으로 발광하기 때문에 두께나 선명도, 발열(에너지 효율), 시야각 면에서 유리하다. 주로 옥외 빌보드 디스플레이스로 활용되며 LED 패널 기술력이 향상됨에 따라 디지털 사이니지의 인터랙티브 콘텐츠를 구현하기 위해 적극 활용되고 있다.

디지털 사이니지는 제공 방식에 따라 단순터치형One Way, 참여형Interactive으로 구분된다.

단순터치형은 기존의 아날로그 방식이 디지털로 전환된 형태로 디지털 1세대 형태에서 많이 사용되고 있다. 동영상 광고 등의 콘텐츠들을 일방적으로 타깃에게 노출하는 형태로 진행된다. 기존 옥외광고에 비해 콘텐츠를 손쉽게 제어할 수 있고 네트워크로 중앙 통제가 가능하다. 또한 웹사이트 및 모바일도 지원된다.

참여형은 터치스크린이나 다른 미디어 기기들과의 융합을 통해 사용자들간의 양방향 서비스가 가능하다. 사용자들의 직접적 참여를 유도하고 참여를 기반으로 새로운 경험을 창출할 수 있다. 다양한 미디어들과 융합하여 인터랙티브한 기능을 통해 실시간 서비스가 가능하다. 또한 사용자들의 반응을 효과적으로 측정 및 분석할 수 있다.

디지털 사이니지의 성장 배경

디지털 사이니지의 성장 배경은 미디어, 고객 커뮤니케이션, 인프라, 관리 운영 측면에서 살펴볼 수 있다.

미디어적인 측면에서 보자면 시각적 정보와 이미지를 선호하고 디지털 디스플레이에 익숙한 디지털 비주얼 세대의 사회적 트렌드에 디지털 사이니지가 부합한다. 전통적인 4대 매체는 광고 시장에서 시장점유율이 하락하는 반면 디지털 사이니지를 포함한 뉴미디어는 지속적인 성장세를 나타내고 있다.

고객 커뮤니케이션 측면에서는 일방향적인 커뮤니케이션을 벗어나 양방향적인 커뮤니케이션 대응 체계가 필요해졌다. 시간, 위치, 상황을 고려한 실시간 개인 맞춤형 서비스 니즈 또한 증가했고, 고객의 구매 활동 및 매장 경험의 온·오프라인의 경계가 사라지면서 이에 따른 매장 연계 전략 또한 필요해졌다.

인프라적 측면에서는 디스플레이 가격이 지속적으로 하락하고 있어 저렴한 비용으로 디지털 사이니지를 설치할 수 있다. 또한 대형에서 소형까지 다양한 형태의 제품이 출시되고 있으며, 슬림화와 경량화된 형태의 디스플레이도 출시되고 있다. 무선인터넷의 속도 개선으로 온·오프라인 연동 또한 용이해졌으며, 멀티미디어 및 다양한 몰입형 콘텐츠 기술이 지속적으로 발전되고 있다.

관리 운영 측면에서는 전문 지식이 크게 필요하지 않아 실시간 콘텐츠 업데이트 또는 교체가 가능하며, 과학적이며 정확한 효과 측정이 가능해졌다.

디지털 사이니지의 활용

디지털 사이니지는 매장 내에서 주로 매장 입구, 고객 동선에 따라 주요 판매 거점에 설치된다. 제공되는 주요 콘텐츠는 동선 및 위치 안내, 쿠폰 다운로드 등이 있으며, 상품 정보 제공, 매장 안내, 할인 혜택 제공, 고객 체험 및 몰입 경험을 강화하는 목적으로 활용되고 있다.

매장에서의 디지털 사이니지 활용

주요 설치 위치
- 매장 로비
- 매장 입구 및 디스플레이 윈도
- 고객 웰컴과 정보 안내 지역
- POS 계산대
- 엘리베이터 및 에스컬레이터 동선
- 음식점 및 푸드코트 등의 편의 시설 공간
- 매장 내 프로젝트 시스템 활용 윈도 공간

주요 콘텐츠
- 상품 안내 및 체험 정보
- 매장 동선 안내
- 기업 문화 및 브랜드 아이덴티티 관련 정보
- 매장 지도 및 위치 안내
- 고객 푸시 및 개인화 정보 안내

- QR와 NFC및 쿠폰 다운로드
- 할인 및 행사 안내
- 생활 관련 정보 및 매장 내 안전 수칙 메시지
- 직원 안내 및 직원 훈련 메시지

활용 목적
- 신상품, 특별 사은품 및 할인 제공 등의 프로모션 진행
- 제품 진열 및 체험 쇼케이스 진행
- 고객 참여 및 차별화된 몰입 경험 제공
- 고객 로열티 프로그램에 관한 정보 및 교육 진행
- 매장 입점 업체 및 제휴사 광고 노출
- 디지털 피팅룸 및 인터넷과 모바일 연계 지원
- 매장 내의 지도 및 매장 정보 가이드 제공
- 매장 외부 디스플레이 노출을 통한 매장 유입
- 매장 안전 수칙 및 관리에 관한 영상 제공
- QR코드 및 NFC를 활용한 할인 및 쿠폰 제공
- 한곳에서 타 매장 동시 할인 및 행사 정보 전송

갤러리아백화점은 각 층 에스켈레이터 상하행선과 엘리베이터 앞에 디지털 사이니지를 설치하여 고객이 손쉽게 터치 방식으로 다양한 매장 정보와 영상으로 상품을 체험할 수 있게 했다.

▲ 갤러리아백화점의 디지털 사이니지 활용 (출처: 갤러리아백화점)

콘텐츠는 총 다섯 개로 층별 안내, 갤러리아 서비스 및 브랜드 소개, 실시간 검색, 인기 브랜드, 쇼핑 정보 안내로 구성되어 있다. 브랜드 검색은 고객을 배려하여 초성, 자음 등으로 검색할 수 있으며, 브랜드 소개는 기존 종이 POP 의 단순한 정보 전달을 넘어 브랜드 설명과 해당 시즌의 이미지 및 영상까지 고객에게 시각적으로 전달하고 있다. 실시간 인기 브랜드는 카테고리별 인기 브랜드 순위를 제공하여 고객에게 색다른 재미를 선사하고 있다. 쇼핑 정보 안내는 행사 안내뿐만이 아니라 매일 갤러리아 바이어가 추천하는 아이템을 보여주는 콘텐츠인 '투데이픽Today's Pick'을 통해 쇼핑의 편의성을 도모하고 있다. 한국어, 영어, 중국어, 일본어 4개 국어로 전환이 가능해 명품관을 방문한 외국인이 편리하게 매장 정보를 이용할 수도 있다.

▲ 롯데몰 라이브 (출처: 롯데몰)

롯데몰은 백화점과 극장, 호텔, 전시관을 잇는 1층 그랜드홀 기둥에 '롯데몰 라이브'를 설치했다. 열일곱 개의 정렬된 플랫폼에서 동시에 광고를 진행하고 상품이 노출되어 임팩트가 강하고, 쇼핑관과 전시관 정면에서 한눈에 볼 수 있다. 그리고 디지털 사이니지가 주는 첨단의 이미지가 자칫 롯데몰의 '자연' 콘셉트를 반감시킬 수 있다는 점을 고려해 기둥 측벽에 조경을 연출하고,

6장 옴니채널 구현을 위한 디지털 기술

▲ IFC몰 디지털 사이니지 (출처: IFC)

비상업적인 아트콘텐츠를 많이 배치했다.

이마트는 삼성전자와 제휴하여 매장내 행사안내물, 현수막, 계산대광고판 등을 디지털 사이니지로 구축하였다. 디지털 사이니지를 활용하여 이마트 행사상품안내, 실시간 쇼핑 정보뿐만 아니라 다양한 광고 콘텐츠도 노출해 소비자들에게 유용한 상품 정보를 제공한다.

IFC몰은 지하철 연계 통로 벽면에 총 22면의 라이팅 패널을 설치하였으며, IFC몰 주요 동선 26개소에 설치된 스마트 스탠딩 미디어는 화면 터치, 안면 인식, 카메라 인터랙티브, 동작 인식, 등의 기술을 융합해 쉽고 재미있는 다양

▲ 현대백화점 충정점 디지털 사이니지 (출처: LG전자)

한 체험을 할 수 있다. 사용자의 움직임에 따라 화면이 순차적으로 전환되거나 가려져 있던 이미지가 나타나고, 제품이 입체적으로 보이는 등 다양한 효과 구현이 가능하다. 또한 디지털 사이니지에 설치된 카메라를 활용해 비춰지는 실시간 영상에 AR을 맵핑해 차별화된 경험을 제공하고 있다.

현대백화점은 충정점 외벽에 어느 각도에서나 선명하고 자연스런 색감을 구현되는 IPS 패널을 탑재한 디지털 사이니지를 설치하고 현대백화점의 브랜드 아이덴티티 및 시즌별 테마에 맞는 미디어 아트를 전시하고 있다.

▲ LG전자 미디어폴 (출처: LG전자)

LG전자 가전 매장은 방문객에게 차별화된 체험을 제공하기 위해 1~4층을 연결하는 높이 약 30미터의 초대형 LED 디스플레이인 '미디어폴Media Poll'을 설치했다. 방문객의 움직임에 따라 영상과 배경음악이 바뀌어 색다른 경험을 제공하고 있다.

▲ 월마트 디지털 사이니지 (출처: 디지털 사이니지 커넥션)

월마트는 구매 접점 마케팅을 지원하기 위해 약 3만 기의 광고용 인스토어 디지털 사이니지 미디어 스크린을 설치했다. 매장 내에 설치된 디지털 사이니지는 방문객의 움직임에 따라 영상과 배경음악이 인터랙티브하게 바뀌고 판매 데이터베이스를 바탕으로 한 고객 정보를 면밀하게 분석한 후 최적의 광고, 판촉 메시지를 전달하고 있다. 또한 과거 일반 LCD TV 형태의 가로형 디스플레이를 세로형 디스플레이로 전폭 교체하여 광고 효과를 증대시켰다.[13]

약 1천만 달러의 비용이 투자된 '쇼퍼 인텔리전트 네트워크Shopper-Intelligent Network' 프로젝트를 통해 디지털 사이니지 스마트 네트워크를 구축했다. 스마트 네트워크를 매장에 설치한 후 전자제품 파트에서는 7% 판매 증가를, 음식 파트는 13%, 그리고 건강 및 미용 파트는 28%의 판매 증가를 기록했다. 새롭게 론칭한 신제품의 경우에는 네트워크가 없는 타 매장에 비해 9%의 판매 증가를, 계절적인 판촉의 경우 18% 판매가 증가했다. 그리고 일방적으로 광고를 노출하는 것보다 매장 내 소비자 행동을 면밀히 분석한 후 광고를 집행했

---

13 유승철, 〈Digital Signage for Contact Point Marketing〉, 《HS애드웹진》, HS애드, 2011. 1. 10.

을 때 광고 효과가 증가했다.

메이시스는 매장 내 디지털 사이니지를 대폭 늘려 자사 브랜드에 대한 충성도를 강화하는 동시에 진열된 제품에 대한 현장 판매를 촉진하고 있다. 매장 벽면뿐만 아니라 천장걸이형 미디어까지도 다양한 형태의 디스플레이로 배치했다. 플래시 기반으로 천천히 움직이는 영상물로 편안하면서 온화한 백화점 이미지를 연출하여 방문 고객에게 백화점에 대한 통합된 이미지를 전달하는 동시에 충성도를 강화하고 있다.

테스코는 디지털 사이니지가 설치된 매장과 비설치 매장에서 각각 광고를 집행한 후 매출 변동 추이를 비교했다. 판촉 중심의 계절 효과를 거둘 수 있는 신제품 광고가 가장 크게 매출이 증가했으며, 판촉 메시지는 제품의 종류에 관계없이 모두 매출 상승 효과를 보여 구매 접점을 강화하는 미디어로서 디지털 사이니지 효과가 있는 것으로 나타났다.

▲ 메이시스백화점의 디지털 사이니지

Special Column

브랜드 경험 공간을 창출하라, 스페이스 마케팅

최근 기업의 매장이 단순히 상품을 판매하는 곳이 아닌 제품의 브랜드를 경험하는 브랜드 체험 공간으로 바뀌고 있다. 이러한 현상이 나타난 것은 제품의 성능이나 가격 등이 구매 결정의 중요 요소였던 매스마케팅 시대와 달리 최근에는 개인의 개성이 중시되면서 감성이나 경험에 기반하여 구매가 이루어지고 있기 때문이다. 브랜드 경험 공간은 매장Flag Shop이나 제3의 공간The Third Place에 고객과의 마케팅 커뮤니케이션 접점을 구축하여 개인의 감성이나 경험을 자극함으로써 기업이나 제품의 브랜드 아이덴티티를 각인시키는 전략이다. 기업은 브랜드 경험 공간을 활용하여 고객과 항시 커뮤니케이션할 수 있는 마케팅 채널을 구축할 수 있으며, 서비스 체험으로 고객에게 이제까지 경험하지 못한 제품의 브랜드 가치를 전달하여 장기적인 고객 관계를 구축할 수 있다.

브랜드 경험 공간은 타깃 고객이 밀집해 있는 지역 내에 위치하며 제품 판매뿐만 아니라 새롭게 출시될 신제품의 전시를 통해 고객에게 제품 정보를 전달하는 역할을 수행한다. 판매 및 전시된 제품은 고객이 직접 조작하고 테스트하여 서비스를 체험할 수 있게 하고 있다. 이곳은 고객이 편안한 분위기에서 자신의 감성이나 경험을 통하여 브랜드 이미지를 구축할 수 있도록 브랜드 아이덴티티에 기반한 인테리어, 음악, 향기, 서비스 등을 제공한다.

이제 고객은 상품을 구매하기보다는 상품에 담긴 이야기나 경험을 구매하기를 원하고 있다. 고객은 이러한 상품을 구매함으로써 자신의 개성을 강조할 수 있으며, 경험이나 느낌을 충족할 수 있기를 바라고 있다. 그렇기 때문에 브랜드 경험 공간은 단순한 제품 판매에서 벗어나 고객에게 기업 및 제품 브랜드가 가진 총체적 경험을 전달하는 역할을 하고 있다.

특히 명품 브랜드의 경우 오랜 기간 동안 지속되어 온 브랜드 명성을 유지하기 위해 건물 외관에 차별적인 아이덴티티를 부여하고 있으며, 내부 공간은 브랜드와 제품이 가진 아이덴티티를 고객이 매장에 들어오자마자 오감을 최대한 자극할 수 있도록 인테리어부터 조명, 향기까지 다양한 요소들을 고려하여 디자인하고 있다. 이러한 공간은 그 자체로 사람들이 많이 찾게 되는 '랜드마크'가 되고 마케팅적으로 고객과의 지속적인 관계 및 브랜드를 체험할 수 있는 마케팅 채널로서 활용할 수 있다.

건축가 피터 마리노Peter marino에 의해 홍콩의 랜드마크로 변신한 샤넬 홍콩은 LED 테크놀로지와 현대 미술이 어우러져 샤넬 특유의 스타일과 현대적인 멋이 느껴지는 공간이다. 이곳의 파사드는 햇빛을 받는 낮에는 블랙 라인의 고급스러운 샤넬 No.5 향수 케이스를 연상케 하며, 2만 개가 넘는 LED의 빛과 눈부신 화이트 글라스의 투명함은 어둠 속에서도 샤넬의 아이덴티티를 표현하고 있다. 3층으로 구성된 샤넬 부티크는 물처럼 부드럽게 흐르는 나선형 계단을 오르면서 의류, 액세서리, 신발 등을 자연스럽게 볼 수 있으며, 주얼리와 시계가 있는 공간은 프라이빗한 룸을 연상시켜 아늑함과 고급스러운 느낌을 제공해 샤넬만의 브랜드를 경험할 수 있다.

성공적인 스페이스 마케팅을 전개하기 위해서는 무엇보다 고객의 감성과 경험을 자극해 브랜드를 체험할 수 있는 자극 요소 개발이 중요하다. 자극 요소는 매장의 크기, 인테리어, 고객에게 제공하는 부가 서비스까지 다양하며, 공간의 테마를 지원해주고 일관성을 유지해야 한다.

시애틀에서 야외 장비를 판매하는 REI는 방문객의 모험심을 자극하고 제품을 체험할 수 있도록 매장 면적이 2.1에이커에 이른다. 산악자전거 테스트용 산길, 아동용 캠프, 비옷을 입어보는 비 내리는 방, 하이킹 신발을 신어보려는 쇼핑객들을 위해 다양한 지형으로 구성되어 있다.

익스트림 스포츠 상품을 판매하는 아드레날린 스토어 Adrenaline Store 의 경우 매장 내에서 고객이 직접 서핑을 즐길 수 있다. 아드레날린은 매장 내에서 서핑 시뮬레이션을 제공하는 '플라워 라이더 Flower Rider'를 설치하여 초보자 및 고급자 모두가 서핑 관련 제품을 체험할 수 있다.

그리고 브랜드 인식을 강화하기 위해서는 경험 공간에 기업이 고객에게 전달하고자 하는 브랜드 아이덴티티를 구축할 필요가 있다.

움프쿠아 은행 Umpqua Bank 은 세계적인 기업으로 발돋움하고, 고객에게 최상의 서비스를 제공하는 회사로 거듭나기를 바라면서 다양한 변화를 시도했다. 특히 은행을 금융업이 아닌 고객에게 서비스를 제공하는 소매업으로 정의한 후 직원, 은행, 공간 등을 바꾸었다. 《뉴욕타임스》는 움프쿠아 은행을 가리켜 '은행원이 일하는 스타벅스'라고 칭했다. 움프쿠아 은행을 찾는 고객은 이곳을 편안한 커피숍처럼 여기고, 은행 직원들은 자신들이 일하는 은행을 '매장'이라 부른다. 그들은 '은행은 이러이러해야 한다'라는 틀을 과감히 깨고, 은행 직원이라기보다 호텔이나 백화점 직원처럼 고객을 대하고 있다.

공간은 이제 단순 장소와 상품을 전시하는 매장이 아니라 제3의 공간으로 새로운 역할을 제공해주며 다양한 스토리텔링 기법과 오감 체험을 통해 고객이 브랜드를 열망하도록 만들고 있다. 기업이 성공적인 브랜드 경험 공간을 제공하기 위해서는 먼저 기업 및 제품 브랜드 아이덴티티와 연관된 체험 공간의 아이덴티티를 설정해야 한다. 체험 공간의 아이덴티티는 기업의 제품 브랜드 속성 및 타깃 고객의 경험 요소와 일치해야 한다. 이 공간을 통해서 기업이 고객에게 전달하고자 하는 브랜드 이미지를 심어주고 고객의 자발적인 참여에 따른 커뮤니케이션 공간으로 브랜드 로열티를 구축할 수 있기 때문이다.

코네티컷에 있는 식료품 매장 스튜 레오나드Stew Leonard's는 독특한 고객 서비스와 혁신적인 분위기로 최고의 소매 경험을 제공하고 있다. 매장의 콘셉트인 '신선함'을 부각시키기 위해 신선함을 자극할 수 있는 다양한 체험 요소를 제공해 고객에게 신뢰감을 주고 있다. 주차장 입구에는 소, 돼지, 염소, 오리, 닭 같은 가축들을 모아놓은 작은 동물농장을 마련해놓아 부모와 아이들에게 농장에 온 느낌을 제공하고 있으며, 내용물을 운반하는 컨베이어 벨트가 설치된 매장 내 모형 우유 공장에서는 우유가 포장되어 나오기까지의 전 과정을 보여줘 고객이 제품의 신선함을 체험할 수 있다. 스튜 레오나드는 이외에도 모형기차가 가게 주변을 돌면서 마치 농산품들이 매일매일 들어오는 것처럼 보이게 하고 있으며, 유제품 코너에는 세 마리의 노래하는 암탉이나 농장의 5인조 악단의 노랫

소리가 쇼핑객들의 호기심을 자극한다. 이 매장은 상품을 구매하는 장소로서가 아니라 고객의 오감을 자극하여 즐겁게 '신선함'을 체험할 수 있도록 매장을 일관성 있게 구성하고 있다.

랑콤의 콘셉트 부티크 '라 메종 드 보떼 랑콤'은 랑콤의 브랜드를 체험하고 고객의 오감을 자극하는 감성 공간을 제공하고 있다. 3층 높이의 건물은 여성의 몸을 형성화한 기둥이 돋보이며 쇼윈도에는 제품을 전시하지 않고 랑콤 이미지를 세련되게 전달하고 있다. 1층은 랑콤의 메이크업, 스킨, 바디케어, 향수 제품을 소개하고 판매하는 곳으로 고객이 직접 메이크업을 할 수 있도록 아늑하고 편안하게 구성했다. 2층은 에스테틱 공간으로 고급스럽고 우아한 분위기를 제공하고, 3층에는 VIP룸과 세미나실이 자리하고 있다. 고객의 오감을 자극하기 위해 1층의 바닥은 물 위를 걷는 듯한 느낌이 들도록 디자인하였으며, 매장 공간 내에 편안한 음악과 은은한 향기를 제공해 고객의 모든 감각을 일깨우도록 하고 있다.

이러한 것뿐만 아니라 고객이 브랜드 경험을 가질 수 있도록 체계적이고 통합적으로 관리해야 한다. 브랜드 경험 공간의 브랜드 아이덴티티가 차별화되고 고객의 감성과 경험을 자극할 수 있는 자극 요소가 뛰어나더라도 직원의 복장이 아이덴티티에 부적합하거나 대응이 불성실한 경우 기업이 의도한 브랜드 이미지를 구축할 수가 없다.

디즈니 테마공원의 캐스트 멤버들은 디즈니 공원의 이미지를 구축하기 위해 공연이나 퍼레이드 등의 체험이 연출되는 동안에는 절대 자신의 연기 캐릭터로부터 벗어나지 못하게 되어 있다. 캐릭터들 자체가 디즈니의 상상과 모험을 심어주는 역할을 하고 있기 때문에 이러한 환상 자체를 고객이 가지고 갈 수 있도록 철저히 관리하고 있는 것이다.

파코 언더힐Paco Underhill은 그의 저서《쇼핑의 과학》에서 성공하는 매장은 즐거운 체험, 곧 오감의 퍼포먼스를 만드는 매장이라고 말하고 있다. 그의 말처럼 미래의 매장은 상품을 구입하는 장소가 아니라 고객의 감성과 경험을 자극하여 브랜드를 체험하는 장소가 될 것이다.

고객에게 직접 배달하다, 드론

2015년 미국 라스베이거스에서 열린 세계 최대 가전 박람회 CES에서 처음으로 드론 전시관을 별도로 마련했다. 올해 CES 주인공이 '드론'이라고 할 만큼 독립 전시관에 전시된 20여 개 업체의 드론들에 관람객의 발길이 끊이지 않았다.

'드론Drone'의 원래 뜻은 벌이 내는 웅웅거리는 소리를 말하는데, 작은 항공기가 소리를 내며 날아다니는 모습을 보고 이러한 이름이 붙인 것이다. 드론이란 무인항공기Unmanned Aerial Vehicle, UAV를 말한다.

▲ 아마존 프라임 에어 (출처: 아마존)

사람이 타지 않고 무선 전파를 이용해 비행하는 무인기로, 비행기나 헬리콥터 등의 형태를 띤다. 처음에는 공군기나 고사포, 미사일의 연습 사격에 적기 대신 표적 구실로 사용되었으나, 무선 기술의 발달과 함께 정찰기가 개발되어 적의 내륙 깊숙이 침투하여 정찰 및 감시의 용도로도 활용됐다.

아마존이 드론을 활용한 배송 서비스 계획을 발표하면서 구글, DHL, 도미노 피자 등도 본격적으로 택배 및 배달에 드론을 활용하고 있다.

2013년에 아마존은 드론을 활용해 30분 이내에 배송을 하는 '아마존 프라임 에어 Amazon Prime Air' 서비스를 발표했다. 프라임 에어는 물류 창고를 기준으로 2킬로그램 이하 상품을 16킬로미터 내까지 당일에 배송해준다. 2킬로그램 이하는 아마존에서 주문되는 물건의 약 86%에 해당된다. 드론은 날개가 여덟 개 달린 옥토콥터 스타일을 활용할 예정이다. 아마존은 드론을 통해 기존의 배송 비용 2~8달러를 2달러까지 떨어뜨릴 수 있을 것으로 추정하고 있다. 아마존은 드론 배송을 강화하기 위하여 드론 전용 배송센터와 항공배송센터 Airborne Fulfillment Center 특허를 등록했다. 드론 전용 배송센터는 인구밀

▲ 아마존 프라임 에어 드론 배송 서비스

집도가 높은 도심의 빌딩에 수십 개의 드론이 착륙하여 신속하게 물건을 싣고 이륙할 수 있도록 설계되었다. 항공배송센터는 배송제품을 담은 비행선을 하늘에 띄워 배송센터를 활용하여 드론으로 가까운 거리에 신속하게 배송하도록 구현되었다.

아마존은 미연방항공청FAA의 규제에 부딪쳐 상용화가 지연되었으나, 2016년 12월 7일 영국에서 아마존이 시험서비스를 실시할 수 있도록 예외조치를 제공해 영국 케임브리지 인근에 사는 고객에게 처음으로 주문제품을 드론으로 배송하는 데 성공했다. 첫 배달 제품은 아마존의 파이어TV 셋톱박스와 팝콘 한 봉지로 무게는 2.17Kg으로 주문을 받은 지 13분만에 고객의 집 마당에 제품을 내려놓았다.

구글은 2012년부터 재난, 재해가 일어난 지역에 의료품이나 구호 물품을 보내기 위해 시작한 '프로젝트 윙Project Wing' 프로젝트를 택배에 활용할 예정이다.

▲ 알리바바 드론 (출처: 알리바바)

알리바바의 쇼핑몰인 타오바오는 물류 회사인 YTO익스프레스와 제휴를 맺어 드론을 통한 상품 배송 테스트를 진행했다. 베이징, 상하이, 광저우 등지에서 3일간 450명의 고객을 대상으로 생강차를 배송하는데 배송지 근처까지는 드론이 물품을 배달하고 택배기사가 물품을 전달하는 방식으로 진행했다. DHL은 소포 배송 프로젝트인 '파슬콥터Parcelcopter'로 육지에서 12킬로미터 떨어진 섬에 의약품과 긴급 구호 물품을 전달하였으며, 도미노 피자는 영국에서 드론을 이용해 4마일 거리에 있는 고객에게 10분 만에 피자를 배달했다. 국내에서도 CJ대한통운과 한진택배도 서비스를 실험하고 있거나 계획하고 있다.

최근 CES에서 제조 공정의 가격을 낮추고 소형화된 크기, 그리고 스마트폰, 태블릿, 헤드마운트 디스플레이HMD 등과 연동된 제품들이 대거 출시됐다. 점차 드론의 가격이 낮아지고 기술적인 발전이 이루어지면서 배송 이외에 산업 분야로 활용 분야가 계속 확대될 것으로 전망된다.

디지털 트랜스포메이션 시대, 옴니채널 전략 어떻게 할 것인가?

초판 1쇄 발행 | 2015년 6월 5일
개정판 1쇄 발행 | 2018년 1월 15일

지은이 | 김형택
펴낸이 | 이은성
펴낸곳 | e 비즈북스
편집 | 김은미, 김윤성
디자인 | 방유선, 이윤진

주소 | 서울시 동작구 상도동 206 가동 1층
전화 | (02)883-9774
팩스 | (02)883-3496
메일 | ebizbooks@hanmail.net
등록번호 | 제 379-2006-000010호

ISBN 979-11-5783-100-5 03320

e 비즈북스는 푸른커뮤니케이션의 출판브랜드입니다.

이 도서의 국립중앙도서관 출판예정도서목록(CIP)은 서지정보유통지원시스템 홈페이지(http://seoji.nl.go.kr)와
국가자료공동목록시스템(http://www.nl.go.kr/kolisnet)에서 이용하실 수 있습니다.
(CIP제어번호: CIP2017034634)